法律硕士系列教材编委会

主　任　蒋传光　许祥云
副主任　胡志民　张雪梅
委　员　马英娟　刘　诚　邓　杰
　　　　环建芬　丁戈文　陆云霞

Minfa Dianxing Anli Xuan

民法典型案例选

环建芬　艾围利 / 编著

北京大学出版社
PEKING UNIVERSITY PRESS

图书在版编目(CIP)数据

民法典型案例选/环建芬,艾围利编著. —北京:北京大学出版社,2016.1
(法律硕士系列教材)
ISBN 978-7-301-26618-2

Ⅰ.①民… Ⅱ.①环…②艾… Ⅲ.①民法—案例—中国—研究生—教材 Ⅳ.①D923.05

中国版本图书馆 CIP 数据核字(2015)第 297861 号

书　　名	民法典型案例选 Minfa Dianxing Anli Xuan
著作责任者	环建芬　艾围利　编著
责任编辑	黄　蔚　朱梅全
标准书号	ISBN 978-7-301-26618-2
出版发行	北京大学出版社
地　　址	北京市海淀区成府路 205 号　100871
网　　址	http://www.pup.cn
电子信箱	sdyy_2005@126.com
新浪微博	@北京大学出版社
电　　话	邮购部 62752015　发行部 62750672　编辑部 021-62071998
印 刷 者	三河市北燕印装有限公司
经 销 者	新华书店
	730 毫米×980 毫米　16 开本　18.25 印张　345 千字 2016 年 1 月第 1 版　2016 年 1 月第 1 次印刷
定　　价	40.00 元

未经许可,不得以任何方式复制或抄袭本书之部分或全部内容。
版权所有,侵权必究
举报电话: 010-62752024　电子信箱: fd@pup.pku.edu.cn
图书如有印装质量问题,请与出版部联系,电话: 010-62756370

目　录

第一部分　民法总论

案例一：赵某诉张某、甲市乙墓地有限责任公司墓地使用权案
　　——公序良俗原则在合同中的适用 ………………………………（3）

案例二：A省甲娱乐商城有限公司诉黄某承包经营协议纠纷案
　　——再审案件审理的核心问题 ………………………………（8）

案例三：X夫妇诉M撤除T的营养管案
　　——对植物人的法律人格的探讨 ………………………………（13）

案例四：吕炎诉合伙人柳军对内转让全部财产份额案
　　——合伙人对内转让合伙份额是否属于退伙行为 ……………（18）

案例五：罗某诉何某擅领骨灰案
　　——儿媳侵犯婆婆祭奠权被判赔精神损失费 …………………（23）

案例六：甲市海防区夜雨进修学校诉王强名誉权纠纷案
　　——微博侵犯名誉权行为判断标准 ……………………………（28）

案例七：张兴诉欣欣公司肖像权案
　　——角色形象与自然人肖像不能等同 …………………………（35）

案例八：肖某诉甲市某医院死胎处理案
　　——人体医疗废物的法律属性 …………………………………（40）

案例九：沈某诉辛某电视悬赏案
　　——戏谑行为的法律性质 ………………………………………（46）

案例十：杨某诉甲公司违约责任案
　　——表见代理的认定和无权代理人的法律责任 ………………（50）

案例十一：佟某诉范某、钱某购车案
　　——是善意取得还是表见代理 …………………………………（53）

案例十二：蒋某诉曹某、薛某合伙协议案
　　——合伙案件中代理制度的适用 ………………………………（56）

案例十三:尤某、沈某等诉甲镇政府等房产纠纷案
　　——取得时效制度的缺失,导致当事人利益不能获得有效保护
　　　　　　　　　　　　　　　　　　　　　　　　　　　　 (59)

第二部分　物　权　法

案例一:李晓军诉甲市冰阳科技发展有限公司虚拟财产纠纷案
　　——网络虚拟财产的法律属性 ………………………………(65)

案例二:王刚诉开洋房地产开发公司违约案
　　——房屋买卖合同的生效与登记无关 ………………………(68)

案例三:英华印刷厂诉荣房地产开发公司相邻关系案
　　——物权请求权的适用 ………………………………………(71)

案例四:张某、李某、王某诉申申房地产有限责任公司一房多卖案
　　——一房多卖的法律后果 ……………………………………(74)

案例五:应某诉包某、于某商铺买卖纠纷案
　　——承租人能否基于"买卖不破租赁"规则享有相关权利 ………(78)

案例六:柳某诉甲机电公司相邻通行权案
　　——业主的建筑物区分所有权与相邻权并存时引发的纠纷 ……(82)

案例七:黄某诉甲省A县B供销合作社房屋买卖纠纷案
　　——优先购买权与业主的建筑物区分所有权并存时引发的纠纷
　　　　　　　　　　　　　　　　　　　　　　　　　　　　 (86)

案例八:荣某某诉于某某换地纠纷案
　　——农村土地承包经营权流转不规范引发的纠纷 …………(92)

案例九:某银行甲省分行诉杨某某抵押合同纠纷案
　　——未经抵押权人同意,转让抵押房屋的买卖合同的效力 ……(98)

案例十:未办理抵押权登记时,抵押人应承担的责任
　　——以三个案例为探讨内容 …………………………………(101)

案例十一:星星公司诉洪山公司等货运车留置案
　　——行使商事留置权的当事人的法律责任探讨 ……………(106)

案例十二:中国农业银行甲市经济技术开发区支行诉甲市副食品禽蛋总公司禽
　　蛋批发部等抵押纠纷案
　　——最高额抵押合同签订后对当事人的影响 ………………(112)

案例十三：常某诉鲁某质押纠纷案
　　——质权人将质押财产交还还后不享有质权 ………………（116）
案例十四：甲信用社等诉卢小某债务纠纷案
　　——抵押权与留置权并存时的优先效力问题 ……………（120）

第三部分　债　　法

案例一：汪某诉马某、程某债权纠纷案
　　——连带之债与按份之债的区分及连带之债的涉他性 ………（127）
案例二：温某诉李某不当得利纠纷案
　　——本案是无因管理之债还是不当得利之债 ………………（133）
案例三：张某诉某建设局代位权纠纷案
　　——债权人代位权的构成及其与财产保全的竞合 …………（138）
案例四：丁某某诉丁Ａ、丁Ｂ、丁Ｃ、丁Ｄ房屋买卖合同纠纷案
　　——精神分裂症患者生前自行处分财产合同的效力认定 ……（144）
案例五：北京亚环影视公司诉某电影学院合同履行纠纷案
　　——涉他合同之履行 …………………………………………（152）
案例六：令狐某某诉某某教育咨询服务公司教育培训合同纠纷案
　　——继续性合同的解除事由及合同解除的效力 ……………（157）
案例七：李某、吴某等诉张某、王某等房屋买卖合同纠纷案
　　——国家房地产调控政策能否作为请求法院降低约定违约金的
　　　　理由 ……………………………………………………（165）
案例八：马某、章某等诉某置业公司商品房买卖合同纠纷案
　　——出卖人瑕疵担保义务以及因质量问题引起的迟延交付 …（172）
案例九：崔某某、温某某诉唐某某买卖合同纠纷案
　　——买卖合同中的风险分担 …………………………………（179）
案例十：某饮食公司诉相某房屋租赁合同纠纷案
　　——房屋用途对于租赁合同的意义 …………………………（184）

第四部分　侵权责任法

案例一：马某、王某等诉某农林开发公司财产侵害案
　　——侵权责任法规定了哪些归责原则 ………………………（193）

案例二：李某诉吴某等隐私权侵权案
　　——从本案看侵权责任的构成要件 ………………………（200）

案例三：尤某诉李某机动车交通事故侵权案
　　——交通事故中特殊主体的责任 …………………………（207）

案例四：钟某娣等诉钟某祥等交通事故侵权案
　　——无意思联络的数个侵权人应承担连带责任还是按份责任
　　……………………………………………………………（211）

案例五：徐某镔诉吴某泷等共同危险行为侵权案
　　——从本案看共同危险行为与被告不明确案件的区别 ………（218）

案例六：石某诉某鞭炮礼花厂产品侵权责任案
　　——从本案看产品缺陷与产品使用不当的区别 ……………（224）

案例七：张某等诉李某等机动车交通事故责任纠纷案
　　——未办理交强险、借用他人车辆时交通事故责任的承担 …（231）

案例八：周某某、徐某某诉上海某某医院医疗损害赔偿纠纷案
　　——医疗损害责任中"损害"的界定 ………………………（237）

案例九：杨某诉某聚酯公司等环境污染侵权纠纷案
　　——环境污染责任中的因果关系及其证明 …………………（244）

案例十：黄某诉某区供电公司高度危险作业致人损害纠纷案
　　——事发地点对于高压电致害责任的影响 …………………（251）

案例十一：张某某诉王某某饲养动物致人损害赔偿纠纷案
　　——《民法通则》和《侵权责任法》对动物损害责任的不同
　　　　规定 ……………………………………………………（256）

案例十二：杨某某诉中国电信股份有限公司某区局物件脱落、
　　坠落损害责任纠纷案
　　——如何区分物件致害责任与机动车交通事故责任 ………（261）

案例十三：南方数据公司诉福步数科侵害商业秘密案
　　——各种侵权责任方式的适用范围 …………………………（266）

案例十四：汪某诉某文化公司损害赔偿纠纷案
　　——侵权损害赔偿与违约损害赔偿的选择 …………………（274）

案例十五：李某某等诉某水电段等高度危险作业致人损害案
　　——高度危险责任的免责事由 ………………………………（280）

后记 ………………………………………………………………（285）

第一部分 民法总论

案例一：赵某诉张某、甲市乙墓地有限责任公司墓地使用权案

——公序良俗原则在合同中的适用

一、基本案情

原告：赵某

被告：张某

被告：甲市乙墓地有限责任公司

第三人：韩某（张某之母）

原告赵某与被告张某系翁婿关系。2002年10月5日，被告张某与另一被告甲市乙墓地有限责任公司（以下简称"乙墓地公司"）签订墓穴购销合同一份，约定购买墓穴位置为101区8排东5穴双穴墓，墓穴（寿穴）使用人姓名赵某、吴某，总价16422元，预付3000元，结欠13422元。合同约定：凭"火化证明"认购墓穴，墓穴不得转让或转卖。退购墓穴按墓穴总价5%向乙墓地公司支付退购手续费，造成损失的另行赔偿，墓穴落葬骨灰后不再退购。当日张某支付预付款人民币3000元。2002年12月22日，张某支付余款13422元，并支付护墓费792元。被告乙墓地公司出具的认购墓穴证上登记墓穴穴号为101区8排第5号墓穴，落葬（寿穴）人姓名为赵某、吴某，经办人张某。

2009年4月2日，原告赵某之妻吴某死亡。同年9月，赵某至被告乙墓地公司，联系吴某落葬事宜，因未持有墓穴证不能落葬。赵某要求重新购买墓穴，因吴某在该墓园已有墓穴，也不能另行购买。被告乙墓地公司遂联系被告张某。9月12日，被告张某至被告乙墓地公司申请退墓，在退（迁）墓登记表中填写退（迁）原因为更改使用人。被告乙墓地公司退还被告张某15200元。同日，两被告重新签订墓穴购销合同一份，约定购买墓穴位置为老墓区北100区8排4号，即原101区8排第5号墓穴，墓穴（寿穴）使用人姓名为张某父母张父、韩某。总价34220元，预付15200元，欠19020元。

审理中，第三人韩某确认知道购买的墓穴登记使用人原系原告和吴某。其得知原告要求退墓后，因该墓穴风水较好，故要求被告张某购买同一墓穴。同时

陈述,第三人靠退休金生活,已将3.5万元购买价款支付给被告张某。但经法院释明未在指定期限内提供相应证据。

二、争议焦点

本案争议的焦点是,以从善良风俗延伸出的合同道德义务来处理有关墓地使用权问题。

原告诉称:2002年10月5日,原告与妻子吴某及被告张某等前去乙墓地公司处,在乙墓地公司为原告和妻子吴某订购该墓园101区8排东5穴,总价17000余元,预付墓穴款人民币3000元,余款于2002年12月22日付清,相关手续委托被告张某办理,并由张某出面与乙墓地公司签订墓穴购销合同。2009年4月2日吴某死亡,9月中旬原告前往乙墓地公司联系吴某落葬事宜,被告知需凭认购墓穴证,才能办理相关落葬手续。因相关凭证由张某保管,原告遂要求被告张某交付凭证,但被拒。被告张某于2009年9月12日前去乙墓地公司擅自将墓穴使用人由原告、吴某变更为张某的父母张父、韩某。现起诉要求判令确认张某与乙墓地公司于2009年9月12日签订的墓穴购销合同无效;确认张某于2009年9月12日将位于乙墓地公司墓园内墓穴号为101区8排东5穴退墓的行为无效;判令乙墓地公司继续履行2002年10月5日签订的墓穴购销合同的约定内容。

被告张某辩称,其对原告及吴某没有赡养义务。作为取得原告与吴某房产的交换条件,其出资为原告和吴某购买了系争的墓穴。吴某死亡后,原告未通知被告,擅自与乙墓地公司交涉,要求去掉张某的名字,写上原告和吴某的名字。由于乙墓地公司未认同,原告要求另行购墓。乙墓地公司通知张某退墓,其才不得已退墓。张某表示不同意原告的诉讼请求。

被告乙墓地公司辩称,争议墓穴的购买人、认购人、付款人、墓穴证书持有人均为被告张某,因此张某有处分权,张某要求退墓符合规定。乙墓地公司重新签订墓穴购销合同并无过错,不同意原告的诉讼请求。

第三人韩某辩称,本案中韩某已作为被告参加诉讼,原告申请将韩某作为第三人,属诉讼主体变更,不符合法定程序。因得知张某要退墓,才与张某协商将系争墓穴买下。韩某对系争墓穴系善意有偿取得。韩某已先后向张某支付了3.5万元,故不同意原告的诉讼请求。

三、案件处理

一审法院认为:本案中,2002年合同及立碑等行为均已反映系争墓穴(寿穴)使用人为赵某、吴某。原告要求对吴某骨灰落葬未果情况下,无奈准备另行购买墓穴,不能认定为原告同意解除2002年合同。被告乙墓地公司应根据合同约定协助吴某的继承人履行吴某骨灰的落葬手续。

原告称系由其出资委托张某购买墓穴,但未能提供相关证据,本院不予采信。张某虽签订2002年合同并出资,但不是2002年合同的唯一债权人。被告张某为达到更改使用人的目的,退墓并签订2009年合同,将墓穴使用人变更为其父母张父、韩某;被告乙墓地公司在张某申请更改使用人时,仍配合办理退墓手续。两被告之行为构成恶意串通,侵害了他人利益。原告作为吴某的继承人,其他相关继承人放弃参加诉讼,故原告要求确认该行为无效符合法律规定,依法应予准许。对此,被告张某、乙墓地公司签订的2009年合同亦无效。

韩某虽然非涉案合同的签订方,但与2009年合同有利害关系。原告从善良风俗出发,为尽快解决争议,在本案中申请将韩某的诉讼地位从被告变更为无独立请求权第三人并无不妥。第三人关于主体变更违法的意见,不予采信。

第三人韩某作为被告张某的母亲,明知争议墓穴使用人系原告夫妇,在得知张某要退墓情况下,未向原告确认有关情况,以该墓穴风水好为由购买同一墓穴有违常理;也未提供证据证明为购买墓穴已支付了对价。故对第三人关于善意取得的意见,不予采信。

依照我国《民法通则》第5条、第58条,我国《合同法》第64条之规定,判决如下:(1)被告张某与被告乙墓地公司于2009年9月12日解除2002年墓穴购销合同的行为无效;(2)被告张某与被告乙墓地公司于2009年9月12日签订的墓穴购销合同无效;(3)被告乙墓地公司应在本判决生效之日起30日内协助原告赵某履行2002年墓穴购销合同。一审判决后,原、被告均未提出上诉。

四、分析思考

本案是一起因墓地使用权合同引发的纠纷,本书同意该案一审法院作出的判决,同时认为,该案不仅仅是一起简单的、涉及一般财产利益的合同纠纷,而是一起涵盖公序良俗基本原则问题的合同纠纷。具体看法如下:

(一)本案的合同不完全属于为第三人利益所订立的合同

一般而言,以订约人是否仅为自己设定权利义务为标准,可将合同分为束己合同与涉他合同。涉他合同,是除了当事人之外还为第三人订立的合同。涉他合同突破了合同的相对性原则,即合同当事人在合同中为第三人设定了权利或约定了义务,具体包括两种情况:一是双务合同中的义务由订约人承担,但是权利归第三人享有,比如A到花店买花却对花店老板说把花邮寄送给自己的女朋友;二是合同的订约人与相对人约定,其所承担的义务由第三人履行,如A委托快递公司送快递给B,但是快递费用由B现场支付。

涉他合同具有如下特点:其一,第三人不是订约当事人,不必在合同上签字,也不需要通过其代理人参与缔约。其二,涉他合同如给第三人设定权利,不需要征得第三人同意;如为第三人设定义务,则必须征得第三人的同意。其三,在涉他合同中,第三人对合同为其设定的债权有接受或拒绝的权利。接受时,第三人就是债权人;拒绝时,合同所设之债权则由缔约人自己行使。

从本案事实情况看,被告张某为原告赵某及其妻子吴某购买墓地使用权,合同订约当事人是被告张某与被告乙墓地公司,但墓穴(寿穴)使用人是赵某、吴某,即赵某、吴某是该墓穴合同的利益享受人。故该合同应该属于涉他合同中的为第三人设定权利的合同,此类合同一经成立,该第三人如不拒绝,便可独立享受权利。

问题是,作为涉他合同,第三人应该具有独立请求权,即如果合同一方当事人不履行义务,第三人可以基于该合同主张第三人利益的请求权,这是该类合同的重要特征。但这种请求权必须在其权益被侵害时才可以主张。就本案而言,只有在赵某、吴某死亡之后,墓地管理者不给死者入葬,权利人才有权利去主张权利。而此时权利人在法律上已经失去了主体资格,不可能去主张权利。所以,就现有的合同法理论看,本案的合同虽然是为第三人利益订立的合同,但因缺乏这种合同的重要特性,故不能完全作为涉他合同看待,它仅仅符合涉他合同的部分特性。事已至此,合同当事人有权解除合同、变更合同,即两被告可以基于意思自治原则,解除或变更之前签订的墓地使用权购销合同。

(二) 基于公序良俗原则,法院应该支持原告的诉讼请求

根据上文分析,基于本案事实,可以认定两被告有关墓地使用权的购销合同有效,基于当事人意思自愿,双方变更合同有效。但是,本案另有两个事实值得关注:首先,原合同利益享受人吴某之所以不能入葬,是因为相关凭证由被告张某保管,原告要求被告张某交付凭证,但被拒。被告张某于 2009 年 9 月 12 日前去乙墓地公司擅自将墓穴使用人由原告、吴某变更为张某的父母张父、韩某。其次,审理中,第三人韩某确认知道购买的墓穴登记使用人原系原告和吴某。其得知原告要求退墓后,因该墓穴风水较好,故要求被告张某购买同一墓穴。由此发现,被告张某原先是为原告赵某及其妻子吴某购买的墓地使用权,但事后张某基于自己的私利不愿意将该墓地供赵某和吴某使用,同时作为第三人的张某的父母知晓这一情形却依然将墓地使用权购入。被告和第三人的行为从合同的道德义务看,显然是欠妥的。

另外,《民法通则》第 7 条规定:"民事活动应当尊重社会公德,不得损害社会公共利益,破坏国家经济计划,扰乱社会经济秩序。"该规定被认为是公序良俗原则在民法中的体现。所谓公序良俗原则,是指民事主体在民事活动中不得违反公共秩序和善良风俗,不得违反社会公德,不得损害社会利益和国家利益。公序良俗原则由公共秩序和善良风俗组成。所谓公序,即社会一般利益,在我国现行法上包括国家利益、社会经济秩序和社会公共利益;所谓良俗,即一般道德

观念或良好道德风尚,包括我国现行法上所称的社会公德、商业道德和社会良好风尚。从词义上看,公共秩序的落脚点在于秩序,正是在这一秩序下,生活于社会之中的人们能够处于一种安全、稳定、有序的环境中并获得一种可持续的发展。

墓穴系存放象征使用人人格利益遗物的构筑物,墓穴购销合同系存放象征使用人人格利益遗物的构筑物使用权转让合同。购墓、立碑作为中华民族的善良风俗,应当得到尊重。2010年上海市人大常委会修订的《上海市殡葬管理条例》第23条规定:"墓穴和骨灰存放格位的购买者不得转让墓穴和骨灰存放格位。"第24条规定:"公墓和骨灰堂出售墓穴、骨灰存放格位时,应当与购买者签订购销合同。墓穴、骨灰存放格位使用人的姓名不得变更。"基于这些规定,墓穴使用人确定后,除非其本人或全体继承人同意,不得随意变更。为此,张某擅自将墓地使用人赵某、吴某变更为张父和韩某,此行为明显违背该条例规定,也是对象征人格意义的墓地使用权的不尊重。

据此,从合同的义务上分析,张某随意更改墓地使用人的行为违反相关法律规定,违背我国民法中的公序良俗原则。因此,法院应该支持原告的诉讼请求。

透过本案还需要关注的是,随着市场经济的发展,有关死者埋葬引发的纠纷将会越来越多,如死者与谁埋葬、葬在何处、谁负责安葬、如何安葬等。从法律的角度处理该问题一般可以基于公序良俗的原则展开。

案例二：A省甲娱乐商城有限公司诉
黄某承包经营协议纠纷案[①]

——再审案件审理的核心问题

一、基本案情

申请再审人（一审原告、二审被上诉人）：A省甲娱乐商城有限公司

法定代表人：程某，该公司总经理

被申请人（一审被告、二审上诉人）：黄某

一审法院审理查明：1996年5月17日，A省甲娱乐商城有限公司（以下简称"甲公司"）获《企业法人营业执照》。公司注册资本1000万元，A省乙公司出资550万元占55%的股份，黄某出资380万元占38%的股份，奚某出资60万元占6%的股份，秦某出资10万元占1%的股份；乙公司职员程某任董事长、总经理，奚某任副董事长，黄某任董事兼副总经理，乙公司法定代表人陈某和秦某任董事。

1997年2月16日，黄某与甲公司签订《甲公司丙酒店承包经营协议》（以下简称《承包协议》）约定，丙酒店由黄某承包四年（自1997年7月1日至2001年7月1日），承包金7000万元，分别为第一年1000万元，第二年1600万元，第三年2000万元，第四年2400万元。如黄某连续六个月未上缴利润，甲公司有权终止《承包协议》。1997年4月，甲公司依约将丙酒店交黄某经营。

1997年11月18日，甲公司向B市工商局申请撤销丙酒店，但该申请是黄某在未经董事会决定的情况下以甲公司名义出具的。1997年12月10日，黄某向B市工商局申请设立A省丁公司，并获"企业法人营业执照"。公司注册资本500万元，黄某持60%的股份，任法定代表人，其妻杨某持40%的股份。

1998年8月28日，黄某代表戊公司，与乙公司签订股权转让协议，约定戊公司承担乙公司项下2780万元和与甲公司自双方合作以来董事会确认的债务，乙公司将其在甲公司55%的股份转让给戊公司，但未实际履行。

1998年8月29日，甲公司召开第十七次董事会，并作出决议：根据股权转让

[①] 本案案情及其分析参考最高人民法院民一庭：《民事审判指导与参考》（第44集），法律出版社2011年版。

协议约定，经董事会研究决定，即日起停止程某以公司名义对外一切经营活动，9月15日前将印章、账簿等交董事会，由戊公司法定代表人黄某任甲公司董事长。

此后，黄某新刻甲公司公章，以甲公司名义于1998年10月1日在《B市晚报》刊登声明：甲公司营业执照正本、印章、财务专用章遗失，声明作废。但甲公司1997年9月29日给黄某的复函、程某于1999年2月7日向B市工商局出具的声明，仍加盖了甲公司原公章。甲公司财务部1998年4月12日、5月21日给董事会和黄某的复函上，也加盖了甲公司原财务章。

一审法院另查明：根据A省C市人民法院民事执行裁定记载，2001年7月6日，该院根据生效的民事判决，将乙公司抵押给C市工商银行的丙酒店剩余6年经营权，按乙公司在甲公司55%的股份评估价129.47万元，裁定给C市工商银行。当月10日，该行将裁定归其所有的乙公司在甲公司55股份的剩余6年经营权出售给丙酒店。

一审法院还查明：2001年8月23日，甲公司、丙酒店被吊销"企业法人营业执照"，为此，甲公司提起行政诉讼。B市D区人民法院作出行政判决，撤销了丁"企法人营业执照"。B市中级人民法院作出终审判决，维持了原审判决。

二、争议焦点

2001年12月10日，甲公司以双方签订的《承包协议》期限届满，黄某不按约定退出丙酒店为由提起诉讼，请求黄某退出丙酒店，赔偿超期损失24.7万元。一审法院审理期间，甲公司变更请求为黄某停止侵权、归还丙酒店经营权。

黄某二审答辩称，依据甲公司第十七次董事会形成的决议，由其担任甲公司法定代表人职务，并登报声明公司印章作废，限期程某交回公司营业执照、公章等。另外，其取得甲公司股东乙公司的股份后，酒店承包协议实际已经终止。其作为新的甲公司法定代表人，经营管理甲公司和丙酒店，是履行管理职能的行为，不存在非法经营和退出，亦不存在赔偿损失的问题。故请求驳回甲公司的上诉请求。

本案的争议焦点是究竟谁合法拥有丙酒店经营权。

三、案件处理

本案经过了一审、二审和再审程序。

一审法院审理认为，《承包协议》为双方当事人真实意思表示，属有效合同。黄某在承包经营丙酒店期间，明知甲公司的营业执照、公章、财务章未遗失，却在《B市晚报》刊登"甲公司营业执照、公章、财务章遗失"的声明，其行为侵犯了甲公司合法权益。甲公司的诉讼主体资格适格。黄某以1998年8月29日的第十七次董事会决议证明程某不能代表甲公司，请求撤销本案。因该第十七次董事会决议以1998年8月28日戊公司与乙公司签订的股权转让协议为依据,作出了更换公司董事长的决议,但该股权转让协议未履行,所以第十七次董事会决议没有生效,亦违反公司法的相关规定,且工商行政管理机关至今未办理公司法定代表人变更登记,甲公司原告主体适格。黄某承包期限届满,继续经营不退出承包酒店,是不守信用的行为,甲公司请求黄某交还丙酒店合理合法,应当予以支持。据此,该院于2002年10月10日作出判决:黄某于判决生效一个月内退出丙酒店,将丙酒店交还甲公司(含酒店所有财产及证照)。

二审法院审理认为,一审判决认定事实清楚,适用法律正确。据此,该院于2002年12月7日作出终审判决:驳回上诉,维持原判。

黄某不服该判决,以原抗辩事实与理由向二审法院申请再审,请求依法改判,驳回甲公司的上诉请求。该院于2003年12月2日以甲公司被吊销"企业法人营业执照"后,股东之间应当进行清算等为由作出驳回再审申请通知书,驳回了黄某的再审申请。

黄某不服,以原抗辩事实与理由向A省人民检察院申诉,请求驳回甲公司的上诉请求。2004年3月29日,A省人民检察院根据甲某的申诉,以原判认定甲公司有诉讼主体资格错误、原判认定股权转让协议未履行,判令黄某返还丙酒店股份、己公司应作为有独立请求权的第三人参加诉讼等为由作出抗诉决定。2004年4月7日,A省高级人民法院作出民事裁定,决定提审本案。

A省高级人民法院审理认为,抗诉机关的抗诉证据内容真实、来源合法,与其抗诉事由密切相关,应当予以采信。二审判决忽视了甲公司承包开发关系已发生的巨大变化,以致对当事人权利归属缺乏正确把握,致判决结果明显不公。此虽与黄某原审时未充分提交股权转让协议已部分履行,并由此致其与己公司合作开发甲公司发生的巨大变化相关证据有关,但仍应实事改判。据此,该院于2004年10月13日作出民事判决:(1)撤销二审判决和一审判决。(2)驳回甲公司的诉讼请求。

甲公司不服A省高级人民法院判决,向最高人民法院申请再审,请求撤销A省高级人民法院的判决,依法改判:黄某返还丙酒店财产、赔偿损失,无法返还原物的,折价赔偿。

根据甲公司申请再审依据的事实与理由,最高人民法院归纳双方当事人争议的焦点为:黄某应否向甲公司归还丙酒店经营权。最高人民法院再审认为,对该争议焦点的认定与处理,应结合《承包协议》的名称、内容、当事人履行情况、纠纷起因以及双方当事人争议的法律关系的性质等方面综合分析认定。据此,根据我国《民事诉讼法》第186条第1款、第153条第2项之规定,最高人民法院于2010年10月11日作出判决:(1)撤销A省高级人民法院民事判决;(2)维持二审判决。

四、分析思考

本案从甲公司 2001 年 12 月 10 日提起诉讼，到最高人民法院 2010 年 10 月 11 日再审结案，历时近九年，同一起承包经营协议纠纷案件，同一争议焦点，四级法院先后作出两种截然相反的裁判结果。本书认为，最高人民法院再审改判 A 省高级人民法院再审判决，主要遵循了以下裁判原则：

（一）准确认定双方当事人争议的民事法律关系性质

民事法律关系性质的认定取决于两个方面，即民事法律事实和民事法律规范。民事法律事实是民事法律关系发生的前提，民事法律关系是民事法律事实发生的结果，民事法律事实决定了民事法律关系的性质；民事法律规范调整民事法律关系，不同性质的民事法律关系，民事法律规范的调整内容也不同，由此当事人的权利和义务的具体内容也不相同。

法官在审理具体案件时，首先应准确确定该纠纷的民事法律关系性质，这样，对于明确双方当事人具体的权利和义务具有积极作用。

就本案来说，甲公司在向黄某请求退丙酒店经营权未果的情况下提起本案诉讼，其诉因与诉讼请求均源于双方签订的《承包协议》，一审法院也正是基于甲公司该诉因与诉讼请求，确定本案为承包经营协议纠纷。该纠纷性质的确定，反映了本案所涉及的法律关系性质和当事人双方争议的核心，即当事人双方的承包金纠纷案件的法律关系特征。丙酒店经营权的归属作为本案争议的焦点，像一条红线，贯穿于整个诉讼过程（包括再审程序），是本案据以裁判的灵魂。A 省高级人民法院对案外人乙公司与戊公司订立的股权转让协议、对乙公司与己公司订立的协议书等进行审理，并作出驳回甲公司上诉请求的判决。

（二）正确理解企业法人被吊销营业执照的法律后果

具有法人资格，意味着企业可以独立于其成员和其他社会组织而存在。这种独立性体现在企业可以独立进行各种民事活动，并独立承担民事责任。营业执照是企业营业资格的证明，其主要作用是向社会进行公示。营业执照被吊销，意味着该企业被停止营业资格。企业法人被吊销营业执照后，其法律后果是，首先丧失了生产经营权。企业未经登记注册，严禁进入市场，否则以非法论处。其次，丧失了法律保护的请求权。法律只保护和调整合法主体的合法行为，而不保护非法行为，企业一旦被吊销营业执照，其一切经营行为均为非法行为，更不能要求自己或他人作为或不作为。再次，丧失了法律救济权。企业法人营业执照被吊销，除清算范围外的一切活动均停止，即企业只能从事与清算行为有关的活动。清算程序结束至工商部门注销前，企业法人仍可以自己名义或清算组名义（已成立清算组）从事清算范围内的行为，包括起诉、应诉等，它具有民事诉讼的主体资格。①

当然，对于企业被吊销营业执照的后果，理论界曾经有不同观点，有的认为其消灭的只是企业的营业能力，并不消灭企业的法人资格；有的认为，其同时消灭了企业的营业资格和法人资格。②

审判实践中，对于企业被吊销营业执照的，一般情况下都承认其具有法人资格。2005年修改的《公司法》对此明确：公司被吊销营业执照导致公司解散、公司进入清算程序，但是公司法人资格仍然存续。

本案甲公司2001年8月23日被当地工商行政管理部门吊销"企业法人营业执照"，但未被注销，亦未对股东股权、债权债务以及与其利益相关的事项，成立清算组进入清算程序。根据《公司法》的规定以及审判实践，可以理解为：甲公司的经营资格被终止，但其法人资格并不因此而终止，其法人资格的终止，应当以企业登记主管部门的注销登记行为为准。

A省高级人民法院的再审判决，虽然不是以甲公司被吊销"企业法人营业执照"为改判二审判决的依据，但其所审理的乙公司与戊公司签订的股权转让协议、乙公司与己公司签订的协议书等事实，均没有承认作为乙公司最大股东的最终控制者A公司的存在。因为，乙公司是否转让其股权，不仅依赖于股权的享有，更依赖于股权的行使，即甲公司股东大会表决。正是基于这一点，一、二审判决甲公司第十七次董事会以戊公司与乙公司签订的股权转让协议为依据，作出更换公司董事长，股权转让协议未履行，第十七次董事会没有生效，亦违反《公司法》的规定。

综上，解析最高人民法院对本案的裁判思路与裁判结果，不难看出，民事案件的审理（包括再审案件），每一种法律关系性质对应每一具体案件。该民事法律关系性质，决定了人民法院审理的方向和范围。因此，正确理解当事人争议的民事法律关系性质，并对此作出准确的判断，有利于法官迅速、简捷地明确具体案件所适用的法律规范，最终作出认定事实清楚，适用法律正确的裁判。

---

① 参见王林清、顾东伟：《新公司法实施以来热点问题适用研究》，人民法院出版社2009年版，第17页。

② 同上书，第429页。

案例三：X夫妇诉M撤除T的营养管案[①]
——对植物人的法律人格的探讨

一、基本案情

原告：X夫妇

被告：M

1990年，美国公民T因体内钾失衡导致心脏停搏、缺氧，最终造成大脑永久性伤害。尽管T能自主呼吸，但却无法咽食，并失去意识，只能靠营养管维持生命。法庭根据F州的法律，指定她的丈夫M为她的法定监护人。1992年，州法庭陪审团认定这是一起医疗事故，判决100万元赔偿，其中70万元专门用于T的护理。T的父母X夫妇一直和女儿女婿相处得非常好。T出事后，一开始X夫妇把T接到家里，M也搬了过来，以便照顾T。后来他们将T送进专门的护理医院，同时X夫妇申请改变T的监护人，但没有成功。

1998年，M向法庭提出，由于T处于"持续植物状态"，申请法庭下令撤掉T的营养管。他说，T自己不愿意这样没有知觉、没有意识地生活。他说，之前他们一起出席一个葬礼的时候，T曾经说过这样的话。所以，他坚持撤掉营养管死去是T自己的意愿。然而，X夫妇却坚决反对，他们寄希望于医学奇迹的发生。自此M和X夫妇为T的生和死开始了长达七年的司法诉讼。不同的法院作出了不同的判决，T的进食管几度拔出和插上。

二、争议焦点

本案涉及植物人的民事权利问题，即能否对没有康复可能的"持续植物状态"的病人停止用药和输送营养，终止其生命？有两种观点：一种是肯定，一种是否定。

三、案件处理

2000年，F州法官G判决，根据F州的法律，可以将T的营养管除去。这一

[①] 本案案情及其分析参考杨立新主编：《民法总则重大疑难问题研究》，中国法制出版社2011年版。

判决的依据是,F州法律允许对没有康复可能的"持续植物状态"的病人停止用药和输送营养,只要病人本人没有留下反对的遗嘱,或者代表病人的监护人提出申请。2001年4月24日,T的营养管第一次撤除。X夫妇立即提出上诉,两天后州上诉法院下令,此案应重审,在重审期间仍然使用营养管来维持T的生命。

2002年,州上诉法院对此案进行听证。有三个医生——其中两个是M指定的,一个是法庭指定的——在法庭上作证说,T处于"持续植物状态",没有康复希望。但是,X夫妇指定的两个医生作证说,T仍然有可能恢复。后法官L再次作出撤除T的营养管的判决,但这一次不是立即执行,而是让X夫妇有上诉的时间。

结果,州上诉法院维持了L法官的判决。2003年10月15日,L法官第二次下令撤除泰丽的营养管。这时,此事已经惊动了F州的议会。州议会通过了一个紧急法案,授权州长可以阻止执行法庭的这一判决。此法案因此被称为"T法"。法案通过两个小时后,州长命令重接T的营养管。这一次,T的营养管中止了6天,但是T仍然活着。

2004年9月23日,F州最高法院裁决,"T法"不适当地干预了本来属于司法决定的职权,作为行政首脑的州长,无权阻止法庭的裁决,因此该法是违宪的,宣布无效。州长随之向联邦最高法院上诉。

2005年1月24日,联邦最高法院拒绝了F州州长的上诉。州法官L随之确定,3月18日可以撤除T的营养管。2月28日,X夫妇向法官L提出,让T和M离婚,重新指定监护人。L驳回了这一申请。T父母提出上诉。之后,F州上诉法院驳回了X夫妇的上诉。此后,X夫妇又向联邦第十一上诉法院提起上诉。再一次遭拒绝后,他们向联邦最高法院上诉,最终被最高法院拒绝。3月31日,在拔掉营养管后的第13天,T终于死了。

四、分析思考

目前,在美国像T这样活着的植物人有1万人以上,在我国,粗略统计有10万人左右。[①] 因此,民法不能不关注植物人问题,而关注的重点是植物人的法律人格及其补正问题。

由于植物人特殊的生命状态和行为能力,他们在行使民事权利以及在权利保护方面可能陷入法律的困境,其中主要问题有:

(一) 终止对植物人的救治是否有法律依据?

1. 对植物人终止救治的依据

对于永久性植物状态的植物人终止救治的依据包括:

(1) 伦理依据。患者享有身体权,其内容之一是支配权,即其有权要求对自

---

① 参见周欣宇:《中国目前约有10万人植物人生与死的尴尬选择》,载《中国青年报》2005年4月28日。

己的身体终止治疗。事实上,当一个"身患绝症"者在精神和肉体上都遭受沉重打击和折磨时,仍然以人工方式毫无医学意义地延长其存活时间,实际上是延长其受折磨的时间。对这样的病人实施的所谓"治疗"实际上已失去治疗的目的,是无谓消耗卫生资源。①

一个垂死的或已知"身患绝症"的病人对自己生命的质量和意义有最深的了解,对死亡这一事件有最终的决定权。因此,病人基于自决权,对其所患之病有权决定是否放弃治疗,即使放弃治疗会导致其死亡,而且这种权利是绝对的。从植物人的生命质量看,植物性生命是低质量、低价值的生命,且进入永久性植物状态后,恢复的概率近乎为零,若耗费大量人力、物力去维持这种生命,不仅会增加他人、家庭、医学和社会的沉重负担,对植物人本身而言,也没有任何意义。因此,对植物人放弃救治,在伦理上是可以得到有力的辩护的。

(2) 法律依据。从民法角度看,当植物人脑死亡,其法律人格已经终止,不再具有人的主体资格,也就没有是否继续救治的问题。法律应当允许他自己根据自己的预先指示或者其意定监护人或其法定监护人的决定,确定是否终止救治,但是这种决定必须满足一定的条件和程序。

事实上,不少国家已在其法律中对病人放弃治疗和拒绝治疗权的问题作了明确规定。如1988年澳大利亚维多利亚州的《医事法》;美国医院协会于1973年1月通过的《患者权利宣言》第4条规定,患者在法律准许的范围内,具有拒绝治疗的权利,并拥有被告知他的拒绝行为的医学后果的权利,即承认患者具有拒绝治疗的权利,但必须是在法律允许的范畴内履行。②

2. 植物人终止救治的条件和程序

一些国家实体法上对植物人终止救治采取肯定态度,但是终止救治毕竟是人为地结束他人生命。为此,法律上必须规定严格的条件和程序。通常法律上要求必须是成年人并且心智健全的人,在没有欺诈、胁迫、不当影响的情形下,才能作出有效的放弃治疗。但由于植物人丧失意志能力,因此,法律面临的主要问题是:植物人可以终止治疗吗?在何种情况下可以?谁有权作这样的决定?

从民法角度看,植物人终止救治必须满足以下条件和程序:

(1) 医学——医生出具永久性植物状态诊断。必须是对医生运用现代医学知识和技术对病人病情作出准确的"永久性植物状态"诊断的植物人,才可以终止治疗。植物人的状态包括永久性植物状态、植物状态和持续性植物状态。处于永久性植物状态的人,他们虽具有所有的人类基因组,并且有一个人体,但他

---

① 参见戴庆康:《医生主动放弃治疗的法律问题》,载《医学与哲学》2000年第6期。
② 参见李燕:《国外的患者自己决定权研究》,http://www.med8th.com/humed/2/20031121gwdhzzjjdqyj.htm,2013年7月17日访问。

们大脑的主要部分已经死亡,他们没有或者业已不可逆地丧失了意识经验能力、丧失了与社会互动的能力。更重要的是,他们的意识恢复率极低,大约只有1%—6%。

对于"植物状态"和"持续性植物状态"的植物人患者,由于其苏醒的可能性较大,康复率达11%—41%,因此,应给予其充分的时间予以积极治疗,而不可轻易终止其治疗。

(2) 主体——必须有本人的预先指示或者监护人的决定。必须经永久性植物状态患者本人预先指示或其意定监护人或法定监护人的同意。具体的情形如下:

首先,如果永久性植物人对自己的健康护理和终止救治有明确的预先指示,则其监护人和医生应尊重他的意愿。在预先指示中所作出的指示比一般的委托书具有优先性,预先指示不因指示人变为无行为能力人或者已经丧失了法律人格而被撤销。预先指示的内容如果是拒绝治疗,应遵从其指示执行,但不适用于以下情况:拒绝因危害该人的生命而危害胎儿的生命。也就是说,如果植物人处于怀孕状态,则不能对植物人终止治疗,主要是为了保护胎儿的健康成长。

其次,如果永久性植物人对自己的健康护理和终止救治没有预先指示,则其法定监护人或意定监护人有"代作决定权",但这种代作决定权须具备一定的条件。

(3) 司法机关——法院具有最终决定权。如果对植物人是否终止救治,监护人、监护监督机关、医生意见不一致,则最终应由法院判决。法院作出决定的依据是:一是医学基础;二是最佳利益标准,法院的判决要从整体上体现患者的最佳、最大利益,这种利益的考量包括医疗因素、社会经济问题、患者的潜在发展、可以得到的长期护理资源、对患者可能具有未来的评估;三是替代性的判断标准,即作出决定的人试图把自己置于患者的地位,进而考虑如果患者懂得决定者所知的事情,患者将会作出的决定。

(二) 植物人的监护问题

1. 植物人的监护人资格

T失去知觉和表达能力的时候,只有26岁,她没有留下任何书面材料,表明当自己处于植物人状态时他人应该对自己的生命作何处置。根据F州的法律,在病人进入"持续植物状态"以后,如果病人本人没有留下明确意愿,那么是否拔掉营养管的决定权,就在法定的监护人手里。F州法律把婚姻看得很重,T的法定监护人是她的丈夫M。所以,法庭最终基于M的意见,裁决可以拔掉T的营养管。

可是T的父母X夫妇认为这件事情是有问题的。他们认为,M向法庭提出拔掉T营养管的申请时,说"想起"T以前说过有这样的愿望,而M之前从未"想起"此事,该事实的真实性值得怀疑;同时需要关注的是,M 这时候已经有了另一个未婚妻,并且和未婚妻生育了两个孩子,客观上已经组成了新的家庭。但是,F 州法律仍然承认 T 和 M 的婚姻,承认 M 是 T 的监护人。

事实上,在 M 有了未婚妻及子女之后,让其继续担任 T 的监护人从情理上看是不合适的。但本案的关键就是 M 仍然是 T 的监护人。T 的父母 X 夫妇向美国州法院、州政府、联邦最高法院等机构寻求法律援助,这在遵从程序法律至上的美国是不可能成功的。X 夫妇正确的做法应该是首先质疑 M 的监护人地位,然后以自身为 T 监护人的身份做司法努力,才有可能成功。然而,T 没有等到这一天。我国在未来立法中应当对此加以特别关注的。

2. 植物人监护人的权利

关于植物人监护人的权利,本书认为,一般情形下,可以将植物人作为无民事行为能力人对待,如按照我国《民法通则》第 13 条的规定,法定代理人(即法定监护人)可以代理植物人的一切民事活动。就本案而已,T 的合法监护人是她的丈夫 M,有权代理 T 决定她的生和死,逻辑上看似乎没问题,但是其中确有值得推敲的地方,即 M 在有了未婚妻的情况下还能否作为 T 的合法监护人?这一点美国法律没有明确,后来 X 夫妇曾寄希望于更改 T 的监护人,但是当时时间已不允许。

从法律上讲,监护人权利的享有必须以所做的一切行为能保障被监护人利益最大化为前提。那么,在决定植物人生死的问题上,其生存比死亡应该更有利。因为,活着,随着医学的进步,也许某一天植物人会醒过来;而死了,则一切希望都没有了。何况,植物人躺在床上并没有什么痛苦。显然,拔掉 T 的营养管不是为了 T 本身,而是让监护人自己解脱。但是,植物人监护人的权利应该在充分保障被监护人利益的情况下行使。

因此,从本案看,其法律上的问题并没有在案件处理时得到比较好的解决,但却给人们留下了一些民法问题去思考,尤其是对于如何充分保护植物人利益,有待于从立法上完善,再在司法上弥补立法的不足。

案例四：吕炎诉合伙人柳军对内转让全部财产份额案[①]

——合伙人对内转让合伙份额是否属于退伙行为

一、基本案情

原告：吕炎

被告：柳军

2009年9月，柳军与章明、吕炎签订书面合伙协议成立了一家普通合伙企业，名为甲汽车修理厂。2009年11月，柳军因故急需用钱，打算转让其在合伙企业中的全部财产份额（共计50万元）以换取资金。合伙人章明得知该消息后，与柳军协商，达成了有关50万元合伙财产份额的转让协议。吕炎听说此事后，遂向柳军明确提出反对其转让合伙财产份额的意见。柳军则认为，自己作为合伙人有权处分属于自己的财产份额，无须事先经吕炎同意。为此，吕炎向法院提起诉讼，以柳军签署该转让合伙财产份额协议，违反我国《合伙企业法》第45条规定为由，请求法院判令该合伙财产份额转让协议无效。

一审法院查明如下事实：（1）合伙协议约定柳军出资人民币50万元，章明以汽车维修设备出资，评估价值100万元，吕炎则将其自有房屋使用权折价200万元作为出资；（2）合伙协议约定合伙期限为10年；（3）合伙协议未约定财产份额的转让方式。

二、争议焦点

本案属于合伙人对内转让全部财产份额引起的纠纷。该纠纷涉及合伙人对内转让全部合伙企业财产份额的行为与退伙行为之间的关系，以及如何正确适用《合伙企业法》第22条与第45条等复杂问题。

三、案件处理

一审法院在审理本案过程中，就本案的法律适用出现几种不同观点：

[①] 本案例及其分析参考最高人民法院民一庭编：《民事审判指导与参考》（第40集），法律出版社2010年版。

第一种观点认为,柳军向章明转让全部合伙企业财产份额的行为构成退伙。该退伙行为未经吕炎同意,违反了《合伙企业法》第45条第2项规定,应认定为无效。

第二种观点认为,虽然柳军向章明转让全部合伙企业财产份额的行为从最终结果看,可能导致事实上的退伙,但究其本质仍属于财产处分行为。其财产处分行为的本质决定了其导致的事实退伙与一般意义上的退伙仍有区别。本案在法律适用上应适用《合伙企业法》第22条而排除该法第45条的适用。

一审法院经审理认为:柳军持有的甲汽车维修厂的合伙财产份额,系其以个人出资取得,属于个人合法财产,故柳军有权对该合伙财产份额进行占有、使用、收益和处分。但合伙财产份额相比一般财产利益有其特殊性。一方面,合伙财产份额作为合伙人向合伙企业出资的对价,具有财产属性;另一方面,合伙财产份额是合伙人在合伙企业中保持合伙人身份资格的前提。因此,合伙财产份额既涉及合伙人的财产利益又涉及其在合伙企业中的身份利益。本案中,合伙人柳军将其在合伙企业中的全部财产份额转让给另一合伙人章明的行为属于合伙人内部之间财产份额的转让,并未破坏合伙人之间的人合性,无须取得其他合伙人的一致同意。故根据《合伙企业法》第22条第2款之规定,柳军有权在未经合伙人吕炎同意的情况下,与章明签订合伙财产份额转让协议,转让其在甲汽车维修厂的全部财产份额。虽然柳军与章明签署的上述协议履行后将事实上导致柳军在合伙中的财产份额全部丧失,但这并不影响该协议合法有效。另外,《合伙企业法》第45条规定:"合伙协议约定合伙期限的,在合伙企业存续期间,有下列情形之一的,合伙人可以退伙:(一)合伙协议约定的退伙事由出现;(二)经全体合伙人一致同意;(三)发生合伙人难以继续参加合伙的事由;(四)其他合伙人严重违反合伙协议约定的义务。"由此可知,该条并未将合伙人转让全部财产份额明确规定为退伙事由。综上,一审法院驳回吕炎的诉讼请求。

一审判决之后,吕炎不服判决并向某市中级人民法院提出上诉。

吕炎在上诉中对一审法院判决驳回其诉讼请求提出了异议,其主要理由是:柳军通过转让全部财产份额事实上从甲汽车维修厂退伙,该退伙行为违反了《合伙企业法》第45条第2项中合伙协议约定合伙期限的,应该经过全体一致同意的规定。而柳军转让全部财产份额的行为造成其在未经其他合伙人同意的情形下事实上退伙,该行为属于双方恶意串通,规避了《合伙企业法》第45条第2项的规定,损害了吕炎的合法权益,应属于无效。

二审法院经过审理之后判决:驳回上诉,维持原判。

四、分析思考

本案一审法院在审理中提及关于法律适用问题有两种观点,本书同意第二

种观点。具体理由如下:

(一)柳军作为合伙人将合伙财产份额全部转让的行为属于退伙行为

柳军为自己经济上的需要,将自己的合伙财产转让给另一合伙人章明,双方签订了转让协议。从协议的效力而言,双方当事人意思自愿、内容合法,应认定为有效;从物权方面而言,合伙财产份额属于柳军,柳军转让自己的份额是行使财产处分权的表现,属于法律许可范围。在明确这两个问题的基础上,本书认为本案讨论的关键点应该是,柳军将合伙财产份额全部转让的行为是否属于退伙行为。

退伙是指在合伙企业存续期间,合伙人因一定的法律事实而退出合伙组织,从而消灭合伙人资格的法律行为。退伙包括任意退伙和法定退伙。任意退伙,也称声明退伙,是指基于合伙人单方的退伙意愿而终止与其他合伙人之间的合伙协议,退出合伙企业的单方法律行为。法定退伙,也称强制退伙,是指非基于合伙人的意思表示,而基于法律规定或者法定事由发生的当然退伙。例如,合伙人死亡或者被依法宣告死亡、被依法宣告为无民事行为能力的人等等。我国《合伙企业法》第16条规定:"合伙人可以用货币、实物、知识产权、土地使用权或者其他财产权利出资,也可以用劳务出资。"出资是取得合伙人身份的前提,即合伙人对合伙企业的出资是维持合伙人资格的必要基础,当合伙人丧失在合伙企业中的全部财产份额时,则意味着合伙人在合伙企业中的财产基础不再存在。相应地,合伙人将因为在合伙企业中享有的权利、承担的义务缺乏财产根据而只能丧失合伙人资格。虽然我国立法未明确规定合伙人之间转让其全部财产份额为退伙的法定事由,但是《合伙企业法》第48条第1款第5项规定了"合伙人在合伙企业中的全部财产份额被人民法院强制执行"的,作为"当然退伙"对待。事实上,不论是通过自愿转让全部财产份额还是被人民法院强制执行全部财产份额,两者都是合伙人丧失了全部财产份额。从立法者规定《合伙企业法》第48条第1款第5项的意图而言,其是秉承了合伙人丧失全部财产份额即为退伙的立场。相应地,将合伙人自愿协商转让全部财产份额作为合伙人法定退伙的事由也符合立法的理念。本案中,柳军转让全部合伙财产份额最终导致其合伙人资格的消灭,其行为本质上属于退伙。

(二)柳军退伙无须征得全体合伙人一致的同意

一般而言,合伙人退伙可能会影响其他合伙人的利益,所以法律上对合伙人退伙设置了限制条件,即规定合伙人退伙要征得其他合伙人的同意。但就本案来说,柳军转让自己的全部财产份额给其他合伙人而导致退伙,并不需要征得其他合伙人全体一致同意。具体理由如下:

第一,柳军与章明之间转让合伙财产份额不会导致新合伙人的加入以致破坏合伙企业原有的人合性,因此,没有必要通过事先经过其他合伙人同意的方式作出限制。否则,会妨碍交易自由,也与民法的意思自治原则相悖。

第二,柳军通过转让其全部合伙财产份额导致的退伙,只需将合伙财产份额在不同合伙人之间移转,而不需要进行退伙结算。既然该退伙不会减少合伙企业的财产从而间接损害其他合伙人的利益,就没有必要以经过全体一致同意的方式作限制。

由此可知,本案涉及的柳军转让其全部合伙财产份额给其他合伙人而导致的退伙与一般退伙有所不同。其主要区别是:其一,财产份额转让的主体不同。前者是合伙人将财产份额对内进行转让;后者大多数情况是合伙人将财产对外进行转让,即将财产份额转让给合伙企业以外的其他民事主体。其二,财产份额转让之后对合伙企业本身的法律后果不同。前者不会导致新合伙人的加入以致破坏合伙企业原有的人合性;而后者则会导致新合伙人的加入以致影响合伙企业原有的人合性。其三,是否会发生合伙结算的情形不同。前者不会,后者会。

(三)柳军转让其全部合伙财产份额的行为应适用《合伙企业法》第22条第2款的规定,而非第45条的规定

《合伙企业法》第22、45条都对合伙人退伙行为作了规定。第22条规定:"除合伙协议另有约定外,合伙人向合伙人以外的人转让其在合伙企业中的全部或者部分财产份额时,须经其他合伙人一致同意。合伙人之间转让在合伙企业中的全部或者部分财产份额时,应当通知其他合伙人。"第45条规定:"合伙协议约定合伙期限的,在合伙企业存续期间,有下列情形之一的,合伙人可以退伙:(一)合伙协议约定的退伙事由出现;(二)经全体合伙人一致同意;(三)发生合伙人难以继续参加合伙的事由;(四)其他合伙人严重违反合伙协议约定的义务。"

第一,本案中柳军的行为属于合伙人之间转让财产份额的行为,应该适用《合伙企业法》第22条第2款的规定,而不适用于《合伙企业法》第22条第1款的规定,因为该款针对的是"合伙人向合伙人以外的人转让其在合伙企业中的全部或者部分财产份额"的情形。

第二,基于本案属于合伙人之间进行的财产份额转让,故为了保障交易自由,充分体现当事人的意思自治,在现有法律未明确规定的情况下,作为合伙人的柳军转让自己全部的财产份额应适用"应当通知其他合伙人"的情形,无须"经全体合伙人一致同意"。合伙人之间转让全部合伙企业财产份额虽然可导致事实退伙的法律后果,但并不适用于《合伙企业法》第45条的规定。一般认为,该条规定是属于声明退伙的情形。声明退伙通常分为两类:合伙协议没有约定合伙期限的,合伙人提前通知其他合伙人即可退伙,无须经其他合伙人一致同意;约定了合伙期限的,则从维护合伙企业的稳定性以及合伙人之间的信赖利益出发,当出现特定情形时,合伙人可以声明退伙。这里的特殊情形主要指《合伙

企业法》第 45 条所列四项情形,其中包括全体合伙人一致同意。

表面上看来,《合伙企业法》第 45 条第 2 项规定可以适用于合伙人之间转让全部合伙企业财产份额导致的事实退伙,即《合伙企业法》第 22 条第 2 款规定的情形,实则不然。这两条规定的区别如下:

首先,两者的调整范围不同。前者所指退伙只限于合伙协议约定了合伙期限的情形;后者并未区分合伙协议是否有期限约定。

其次,两者退伙的类型不同。前者所指退伙必须是以合伙人提出退伙为前提;后者指因转让全部财产份额导致的退伙具有当然性,不以合伙人声明退伙为前提。

最后,两者存在适用上的先后关系。前者针对的是一般性的声明退伙;后者是对合伙人转让在合伙企业中的全部财产份额导致退伙是否需要其他合伙人一致同意作了特别规定。

由上可知,柳军作为合伙人转让其全部财产份额的行为应适用《合伙企业法》第 22 条第 2 款的规定,而非第 22 条第 1 款以及第 45 条规定。

案例五：罗某诉何某擅领骨灰案

——儿媳侵犯婆婆祭奠权被判赔精神损失费

一、基本案情

原告：罗某

被告：何某

2008年7月，罗某的丈夫徐某因患病救治无效而死亡。当月，徐某的遗体火化，骨灰寄存在殡仪馆骨灰堂。火化当天，其妻何某从殡仪馆取走骨灰存放证。2011年8月，何某将徐某的骨灰取出。

后罗某诉至一审法院称，儿子火化后，何某不顾家人丧失亲人的痛苦，私自离家出走，至今下落不明。何某单方持有儿子的骨灰存放证，导致自己至今未能对儿子进行安葬和祭奠，现要求何某返还儿子的骨灰存放证，不得妨碍自己对儿子进行安葬和祭奠，并给付10万元精神损害赔偿金。何某答辩称，自己从来没有私自离家出走，更没有下落不明，在双方发生矛盾前曾一起祭奠过丈夫几次。

二、争议焦点

本案的争议焦点是对死者的祭奠权问题。原告罗某认为，作为母亲，在儿子去世后，有对儿子尸体进行安葬和祭奠的权利。被告何某认为，丈夫去世后，罗某未尽举办丧事义务，整个丧葬事宜均由何某完成，并自行承担了所有费用，且骨灰存放证虽由自己经办，但只要罗某提出祭奠要求，何某都积极予以配合，因此，自己并没有侵害罗某的祭奠权。

三、案件处理

经过审理，一审法院支持了原告罗某的诉讼请求。法院判决后，被告何某以一审判决精神损害赔偿金数额过高为由上诉至甲市中院。

在二审审理中，何某称已将丈夫的骨灰葬于乙市一陵园墓地。罗某认为儿子原在甲市，何某将儿子葬于乙市有违情理。

甲市中院经审理认为，罗某与何某理应享有对徐某平等的祭奠权。何某在行使祭奠权的同时，不得妨害罗某行使这一权利。根据查明的事实，何某将徐某骨灰从甲市的殡仪馆取走进行安葬,但未通知罗某,侵犯了罗某的祭奠权,致使罗某精神上受到损害,罗某应承担相应的精神损害赔偿责任。何某上诉认为一审判决精神损害赔偿金数额过高,无事实及法律依据,法院不予支持。至于何某上诉主张其已承担徐某的丧葬费用一事,可另行解决。据此,甲市中院作出终审判决,驳回何某的上诉请求,维持原判。

四、分析思考

本案涉及对死者的祭奠权问题。祭奠权是近亲属对亡故亲属进行祭奠、悼念的权利,是基于某种特定的身份而享有的民事权利,属于自然人亲属权的一种具体形式,死者的共同近亲属之间应当相互尊重各方的这一权利。

祭奠纠纷形式多样。法院受理的因祭奠权而产生的纠纷案件,多集中于以下几种情形:未被通知逝者去世或举办葬礼、对在逝者墓碑上的署名问题有异议、对于安葬或处置骨灰有异议以及基于对逝者墓碑、骨灰保护而产生的纠纷。

祭奠通常是基于血缘或者婚姻形成的亲属关系而产生的,其在主体上没有严格的范围限制,具有无限的亲系延伸性。按照传统习惯和道德伦理的要求,所有具有亲属关系的成员都能够成为祭奠的主体,也只有在特定的身份关系群体中,才会产生祭奠现象及祭奠权的问题。所以,这类纠纷常发生在逝者的直系近亲属之间。在祭奠权纠纷的背后常存在较深的家庭矛盾,比如因赡养老人、继承遗产等积怨已久,当事人之间对立情绪严重,常难以调解。矛盾双方诉争的理由多基于传统文化、伦理道德和风俗习惯,甚至是祖训家规。诉请的内容多与钱款无关,常为要求具体履行何种行为,并伴有精神损害赔偿的请求。

我国现有立法未对祭奠权作出明确规定。即使在作为"权利救济法"的《侵权责任法》中,也没有明确的法律条文可以引用,该法第2、6、22条也仅在一定程度上与祭奠权有关联。司法实践对这一权利的保护态度和保护原则是:祭奠权是一种应受到法律保护的人格权,但权利的行使应当受到一定限制。由于限制是在权利行使过程发生的,那么,权利人如何行使祭奠权?回答这些问题,首先需要从对祭奠权的基本理解入手,由此才能讨论祭奠权的法律保护问题。

(一)对祭奠权的基本理解

1. 祭奠权的概念

祭奠,原意是为死去的人举行仪式,表示追念,引申为对过去的人或者事情的一种缅怀或者思念。祭奠权,其实质是基于与逝者的亲属身份关系而享有的对逝者寄托哀思的一种人格利益及可能性。故祭奠权属于人身权利的一种。鉴于法律条文中尚未对其有明确的规定,应以一般人格权定性较为适宜。

祭奠主要是一种民间习俗,其含义非常广泛,形式也非常多样,但不管怎样,其核心主要是通过祭奠,寄托对死者的哀思和怀念,表达希望死者的灵魂得到安息和超度的虔诚心意。可见,祭奠行为主要是生者对死者寄托哀思的一种方式,是存在于人内心的一种精神利益,并通过一定的形式表达出来,主要是一种受习俗和道德调整的行为自由。

作为一种民事权利的祭奠权,则仅指死者近亲属对死者寄托哀思的一种权利。法律之所以应当从广义的祭奠行为中抽象出这一权利进行保护,是因为对死者的祭奠行为,是死者近亲属人格的发展和完满的实现,不仅涉及死者近亲属的内在人格利益,同时也可能影响到死者近亲属的外部社会评价。当然,对死者近亲属祭奠权的侵权行为,主要是给其造成精神痛苦,而随着社会的发展,对于内在人格的救济成为法律关注的重点。民法对于侵害死者近亲属祭奠权从而使其遭受精神痛苦的行为应当予以救济,而司法实践中不容回避的现实也表明,将祭奠权上升为一种法定民事权利是刻不容缓的问题。

2. 祭奠权的法律关系

(1)主体。基于民间习俗与司法实践经验,祭奠权的主体应当限定为死者的近亲属。《最高人民法院关于确定民事侵权精神损害赔偿责任若干问题的解释》第 7 条规定:"自然人因侵权行为致死,或者自然人死亡后其人格或者遗体遭受侵害,死者的配偶、父母和子女向人民法院起诉请求赔偿精神损害的,列其配偶、父母和子女为原告;没有配偶、父母和子女的,可以由其他近亲属提起诉讼,列其他近亲属为原告。"根据该司法解释,自然人死亡后,精神损害赔偿的请求主体仅限定于其近亲属,这是对死者人格利益的一种延伸保护,也表明我国法律仅认可死者近亲属对于侵权行为产生的精神利益损失,而不宜将此精神利益的保护扩大至其他亲属。因为近亲属与死者关系密切,其受到侵害所导致的精神痛苦比其他人更严重、更应比一般的亲属受法律保护。

(2)客体。祭奠权的客体是指死者近亲属的人格利益,即死者近亲属对死者进行安葬、祭奠、竖立墓碑等行为自由。其中,关于安葬包括了决定骨灰是否安葬、安葬方式、安葬在何处等。

(3)内容。祭奠权的内容主要包括对死者进行祭奠的权利和义务。具体权利包含对死者死亡事实的知情权,对遗体、骨灰的占有权,以妥善的方式安葬死者,对死者悼念的权利,在墓碑上署名的权利,以及保持墓葬完整的权利等。具体义务既包括作为的义务,如通知死者其他近亲属死者死亡的事实、在墓碑上对死者近亲属署名的义务等,也包括不作为的义务,如不得侵害遗体、骨灰,不得妨害其他近亲属行使祭奠权等义务。本案中,何某在行使祭奠权的同时,不得妨害其他近亲属即罗某行使这一权利,这是祭奠权人在享受权利的同时应尽的义务。

3. 祭奠权的性质

关于祭奠权的性质,我国理论界和司法实践中持有不同观点,主要有身份权说和一般人格权说之分。身份权说中又包含独立权利说和附属权利说两种观点。附属权利说认为祭奠权不是一种独立的身份权,而是亲属权、配偶权、亲权的具体内容;独立身份权认为祭奠权应该是一种独立的身份权,应当对其通过一般身份权框架进行保护。一般人格权说认为祭奠权是一种人格权。

祭奠权是基于近亲属关系享有的人格利益,是一种比较特殊的一般人格权。一方面,祭奠权是因为近亲属身份而产生,尽管近亲属身份已经随着死者的死亡事实而消灭,但近亲属的内在人格或者近亲属的精神利益却并未随之消灭。因此,就死者近亲属的祭奠权而言,保护的并非是身份关系或者是死者的精神利益,而是死者近亲属的精神利益,故祭奠权应属人格权。

另一方面,从权利客体看,人格权客体是人格利益,身份权客体是身份利益。人格利益是人之所以为人的资格,而身份利益具有双重性。祭奠权的客体是死者近亲属对死者进行安葬、祭奠、保管遗体和墓葬等行为自由,祭奠权的行使没有相对人,也没有法定义务,不具有双重性。就对死者的安葬权利而言,尽管对死者妥善安葬受到道德和伦理驱使,但我国民法中并未将安葬死者作为一种民事义务而加以规定,如果近亲属不行使祭奠权,其也并未侵犯任何人的权利,即使有义务,也仅是一种道德义务,而非法律意义上的义务。

(二) 祭奠权法律保护遵循的原则

通过上述分析,我们发现祭奠权是一种人格权,它不仅体现生者的利益,而且还关乎死者;它不仅是一种法律制度,更需要道德的调整;它不仅有着权利,同时也联系着一定的义务。基于这些特殊性,笔者认为,对祭奠权进行法律保护应当遵循下列四个原则:

1. 公序良俗原则

公序良俗,即公共秩序与善良风俗的简称,是一些大陆法系国家或地区,如法国、日本、意大利以及我国澳门和台湾地区民法典中使用的概念。在德国民法中,与公序良俗相当的概念是善良风俗。在英美法中,与此类似的概念则是公共政策。我国现行法并未采纳公序良俗的概念和表述,但《民法通则》第7条、《合同法》第7条和《物权法》第7条关于社会公德、社会公共利益和社会经济秩序的规定,通常被认为是承认了公序良俗原则。

公序良俗原则是民法的一项基本原则。祭奠权作为一种与死者相关联,事关伦理、道德性较强的权利,自然应该受到公序良俗的制约,该权利的行使不能违反一般人内心基于公序良俗的判断,行为人应当以公序良俗原则作为权利行使的基本准则。

2. 尊重死者生前意愿原则

祭奠权是一种比较特殊的人格权,保护的是死者近亲属的人格利益,但这种人格利益的产生是基于近亲属身份关系。尽管死者的利益不为法律所保护,但祭奠行为仍然涉及公众对死者的评价,某种意义上可以被视为生者的一种期待利益。因此,祭奠权的行使应当尊重死者的意愿,只要不违反社会公序良俗,死者的意愿就应该得到执行。

实践中,死者生前订立遗嘱的现象并不少见。在遗嘱中,除了对财产进行分配外,还有对自己身后事的安排。当死者生前已经对以后关于自己死亡时近亲属的祭奠权行使作出安排时,应当尊重死者生前的意愿,祭奠权的行使应该按照遗嘱处理。

3. 共同协商原则

一般情况下,死者近亲属为数人,如此一来,数个近亲属就共同享有对死者寄托哀思的相关权利,所以,祭奠权是一种准共有的人格权,而且不存在份额,是一种共同共有。由于侵犯祭奠权的行为一般发生在近亲属之间,故实际上涉及这个准共有的权利如何行使的问题。本书认为,数个近亲属应该遵循共同协商的原则,即近亲属之间应当在善良的心态下,出于对死者进行悼念、安葬、祭奠的目的,合理、平等地协商祭奠权的行使。

一般来说,祭奠权应该为数个近亲属平等地享有。但考虑到数个近亲属与死者之间的亲疏远近,本书认为可以参照我国《继承法》对于法定继承顺序的规定,即将配偶、子女、父母作为第一顺序的权利人,将兄弟姐妹、祖父母、外祖父母作为第二顺序的权利人。共同协商的原则是指同一顺序的近亲属应共同协商,如果协商不成,任何一个近亲属可以向法院起诉,由法院来具体确定;此外,如果存在第一顺序的近亲属,则第二顺序近亲属无权参与协商,只有在第一顺序近亲属不存在的情况下,才能由第二顺序的近亲属共同协商。本案中,罗某和何某作为第一顺序的近亲属应基于共同协商原则解决徐某的安葬、祭奠方面的具体事项,这样,才能让死者安息,才有利于社会的稳定和和谐。

(三)祭奠权的法律规范

值得一提的是,随着司法实践的发展,将祭奠权作为一项民事权利的呼声越来越高。作为成文法国家,《侵权责任法》应该明确规定司法实践中已经多次出现且不容回避的祭奠权,否则会导致司法实践部门执法的困惑,这不利于纠纷的解决和案件的处理。目前,从学理上观察,祭奠权作为一般权保护,在审判过程中会显示其较多的局限。因此,本书认为,应当在时机成熟的情况下,明确把祭奠权写进相关民事法律规范中,将其上升为具体人格权,从而加强对祭奠权的保护。

另外,由于祭奠权是一种人格权,保护人的精神利益,与财产几乎没有关联,因此,本书建议,法院在处理此类纠纷时,应当加大赔礼道歉和精神损害赔偿等责任方式的适用。在具体适用中,当侵权人主观上存在过错时,应当首先适用赔礼道歉;如果赔礼道歉不足以消除或者减轻受害人的精神痛苦,则可以基于受害人精神痛苦的程度以及侵权人的过错程度判决一定的精神损害赔偿金。

案例六：甲市海防区夜雨进修学校诉
王强名誉权纠纷案

——微博侵犯名誉权行为判断标准

一、基本案情

原告：甲市海防区夜雨进修学校

被告：王强

原告系甲市海防区教育局批准成立，办学内容为中等非学历业余教育（外语类）的民办培训机构。被告系《海防周刊》新闻记者。

2009年4月及2010年3月，原告与宏大政府管理学院（以下简称"宏大"）签订协议书，合作举办区域经济学专业研究生课程进修班，原告负责生源的组织和报名工作。2010年11月，原告与宏大心理学系、宏大南海研究生院三方签订委托培养合同，合同约定：原告须向招收的学员明确宣讲此研修班的各项教学活动如授课、课程考试、同等学力考试及其现场报名等均在南海举行，并在学员知情并同意的情况下接受学员报名和缴费，同时需提供学员亲笔签署的承诺书，承诺可参加在南海举行的上述各项教学活动。原告完成该义务，委托合同方生效。

2009年年底，原告开始招收宏大2009级（实为2010级）区域经济学研究生课程进修班学员，并向学员收取与宏大约定的学费，同时至少向部分学员收取了同等学力申请硕士学位考试培训费、教材费等，并统一开具临时收据，收据上仅注明为学费。直至2011年，宏大才开具了正式的学费收据。而原告所收取的同等学力申请硕士学位考试培训费，其正式发票的开票日期虽为2009年底，但原告并未及时交付学员。在原告招收的上述进修班学员中，部分学员未达到宏大有关工作年限须满三年的入学规定，无法取得宏大学籍并参加专业考试，对此，原告称这部分学员属预备班学员，相关考试属测验考试。

2010年，原告招收宏大2010级应用心理学研究生课程进修班学员，但未告知学员其学籍归属为宏大南海研究生院，相关考试须至南海参加。

2011年，被告接到原告学员的投诉，主要涉及：原告在收取培训费时未告知其并不属于学费，学员可选择不参加相关培训及缴费；学员未满足宏大招生简章所要求的工作年限,致使其无法按时取得宏大学籍及参加宏大的专业考试和同等学力申请硕士学位考试,而原告隐瞒上述事实并自行出卷组织学员进行虚假专业考试;原告隐瞒应用心理学进修班学员学籍归属情况,造成学员无法及时准备等。

2011年6月,被告在其实名注册为"海防周刊王强"的新浪微博上发表文章,具体内容包括:"甲市海防区夜雨进修学校与宏大合作在职研究生进修项目,用校长杨公历的话讲'先上车后买票,整个行业普遍这样操作',把毕业年限暂不符条件的学生招进来,却不告知学生。收了近三万学费后,组织学生上课、假考试,两年后终于谎言被揭穿,却竭尽推诿,放大话变相恐吓学生休想维权,协商未果后学生们闹开了!""就甲市海防区夜雨违规招生组织假考欺骗学生一事,校领导表示你们闹吧,大不了以后不与宏大合作了。只同意退学费,拒不赔偿,'告宏大去吧!''退一赔一不适用事业单位''你已经学到了知识。'这话说得好比买假鞋因享受了几天非光脚故不能赔,好比强奸犯说:你也享受了性爱的刺激,所以不存在侵权。""这其实已经是诈骗行为了,按照杨公历校长的话,貌似还有比他们严重的进修学校,是一个潜规则?""不打自招!学生退学要求学校对欺诈行为退一赔一,何过分之有?继续蒙骗其他学生实在恶劣!请报名或者已经在读的学生注意保护自身权益。"

由于王强的行为给甲市海防区夜雨进修学校在社会上造成了很不好的影响,因此,该学校将王告上法院。

二、争议焦点

本案争议焦点在于王强在微博中发表"诈骗""欺诈""乱收费""组织假考"等言论是否构成对甲市海防区夜雨进修学校的名誉侵权。

原告诉称,被告于2011年6月15日、16日两次和其妻子及学员钱某至原告处,表明其《海防周刊》记者身份,以曝光相威胁,要挟原告补偿20000元,遭原告严词拒绝。为此被告在其实名认证的新浪微博上散布不实及虚假言论。被告拥有记者的特殊身份,致使其微博上的不实言论被广泛转发,给原告的名誉造成严重的负面影响,且影响了原告的经营和招生,给原告造成巨大的经济损失。现诉至法院要求判令被告停止发布并删除其在名为"海防周刊王强"的新浪微博上发表的侵犯原告名誉权的文字;判令被告在新浪微博首页及本市的主要报刊上发表致歉声明,向原告公开道歉以消除影响;判令被告赔偿原告经济损失500000元及公证费用2000元,本案诉讼费由被告负担。

被告辩称,其系《海防周刊》记者,2011年第二季度以来,陆续收到来自原告学员的投诉和举报,反映原告违规招生、乱收费且不开发票、组织假考等问题。被告对相关内容进行了调查核实,经查原告确实存在违法、违规行为,根据法律规定,公民有言论自由的权利,消费者对经营者有舆论监督的权利,而原告的经营行为及服务质量并非其隐私,任何公民都有权披露事实及发表批评意见等。被告对原告违法、违规行为的关注和批评,完全是出于媒体工作人员的良知和职业道德,并无任何私人目的及诋毁原告的意图。故被告不同意原告的全部诉讼请求。

三、案件处理

一审法院认为,本案原告作为合作方在招收宏大区域经济学研究生课程进修班学员时,向部分学员收取了所谓的培训费,并将此费用归类为学费,统一出具了临时收据,但未出具培训费发票,且没有证据证明其在收费时告知了学员该费用的用途,故可以认定原告隐瞒了相关事实。原告与宏大签订的上述进修班合作协议并未约定有课程学习计划外的培训费用,而原告作为中等非学历业余教育(外语类)的培训机构,显然亦没有同等学力申请硕士学位考前培训的资质,故其收取该项培训费非正当。作为受托招生机构,原告理应审查学员的入学资质,但其却将未达在职年限规定的学员招录并收取学费,以致部分学员不能取得当年的宏大学籍及参加相关考试,原告亦没有证据证明其告知过相关学员真实情况。原告与宏大心理学系、宏大南海研究生院三方签订的委托培养合同,明确约定其必须告知学员2010级应用心理学研究生课程进修班归属于宏大南海研究生院,各项教学活动须至南海参加,并需事先取得学员书面同意,但原告并未完成约定的告知义务,亦可以认定其隐瞒了相关事实。被告作为新闻记者,在接到作为普通消费者的原告学员投诉后,审查了学员提供的材料并在与原告进行交涉后了解了部分情况,其调查行为属正当。结合原告存在的上述经营不规范情况,涉案被告撰写的文字,其反映的内容有一定的事实依据,没有虚构或杜撰的事实,应认定为基本属实。作为记者的被告在实名认证的个人微博上所发表的文字,其可信度虽然比普通公民高,但尚不及于新闻媒体。而从社会危害性角度考虑,相对于或许普遍存在的经营不规范现象,作为普通维权者的言论即使过于激烈,也应该更值得被容忍。综上,一审法院认为,本案原告提供的证据不足以证明被告在其新浪微博上所发表的言论失实,达到了侵害原告名誉权的程度,故原告要求被告承担侵权损害责任,缺乏事实及法律依据,其诉讼请求不予支持。据此,依照我国《民法通则》第5条的规定,判决驳回原告的全部诉讼请求。

甲市海防区夜雨进修学校不服一审判决,上诉请求撤销原判,改判支持其原审全部诉讼请求。其上诉理由是:王强在微博中所称的夜雨学校存在诈骗、欺诈等行为,均没有事实依据,原审法院未向各主管部门进行调查,就认定王强微博内容属实,有所不当。夜雨学校在办学过程中,仅采取口头告知的形式而未采取书面告知的形式告知学员部分事项并不能和故意隐瞒事实相对应,原审法院加重了夜雨学校的举证责任。王强作为记者,未经调查核实,在其实名认证的微博上发表恶意诽谤的不实言论,对学校本身及其经营活动均产生了极其严重的恶劣影响,构成侵权。

被上诉人王强辩称,他发布本案系争的微博完全是出于一个媒体工作者的责任感,对于夜雨学校学员的举报内容他也找夜雨学校核实过。他认为其主观上没有损害夜雨学校名誉权的故意,客观上也没有实施这样的行为,言辞中或许存在激烈的地方,但也是公民言论自由的表现,并没有出现任何侮辱的言语。因此,他没有侵害夜雨学校的名誉权,要求驳回上诉,维持原判。

二审法院经审理认为,因撰写、发表批评性文章引起的名誉权纠纷,如果文章反映的问题基本真实,没有侮辱他人人格的内容,不应认定为侵害他人名誉权。根据查明的事实,夜雨学校在办学过程中,确实存在不出具发票、超越资质开办培训课程、未按合同约定明确告知报名学员2010级应用心理学研究生课程问题、招录未达在职年限规定的学员并自行组织考试等各种违规行为,王强微博中反映的内容具有一定的事实依据,应当认定为基本属实。对于王强在微博中使用"诈骗""欺诈""乱收费""组织假考"等措词,夜雨学校认为,相关行政部门及法院的判决书中都未认定该校存在诈骗、欺诈、乱收费、违规办学等行为,因此这些措词均严重侵害了该校的名誉权。对此要说明的是,司法、行政部门对一行为性质的认定,须根据法律、行政法规、规章等规范性文件的规定,从是否符合构成要件的角度进行专业分析,未达到法律上之欺诈行为的认定,未被物价部门以乱收费为由进行查处,并不意味着夜雨学校在这些方面做得毫无瑕疵。王强根据调查的结果,认为夜雨学校超越资质开办培训课程并收取费用,且未出具发票属于"乱收费",未向学员明确告知学籍归属问题、招录未达在职年限规定的学员并自行组织考试属于"欺诈"或"诈骗",符合普通公民对于这些行为性质的一般理解,这些措词的使用,虽从法律上而言不甚严谨,但均建立在相应的事实基础上,并不构成侮辱、诽谤,法院难以据此认定王强在微博上的言论侵害夜雨学校的名誉权。故夜雨学校要求王强承担侵权损害责任的上诉请求,缺乏事实和法律依据,不予支持。原审法院依据在案证据,所作判决并无不当,应予维持。据此,二审法院依照我国《民事诉讼法》第153条第1款第1项之规定,判决驳回上诉,维持原判。

四、分析思考

微博是微博客的简称,是传统博客的一种变体,它是一个基于用户关系的信息分享、传播以及获取的平台,用户可以通过WEB、WAP以及各种客户端组建个人社区,以140字以内的文字更新信息,并实现即时分享。① 微博在给人们带来便捷的同时,也产生了许多问题。微博名誉侵权便是其中之一,这是一种新型的侵权案件。本案即是因为被告使用微博发表言论所引起的名誉权纠纷。

作为微博侵犯名誉权案件,本书认为主要有以下几个问题需要思考:

(一) 微博侵害名誉权的特征

作为微博名誉侵权,一条百余字的微博能引发数万次的转发,除了网络平台本身的影响力,也有赖于传统媒体特别是广播、电视、报纸、杂志等载体的反复传播。微博侵害名誉权一般具有如下特性:

第一,微博传播极其迅速,对被侵害人的名誉造成极大影响。微博这种新兴的传播方式从技术层面实现了信息的最快编辑、传播、接收、转发、再传播,刷新了信息传播的速度。微博的"转发"或"评论"功能类似于营销学中的"病毒式营销",信息像病毒一样传播和扩散,在短时间内便会形成几何级增长的传播模式。尤其是当微博被一些拥有百万粉丝的加"V"用户转发时,其传播影响力是惊人的。

第二,微博名誉侵权往往指向明确但内容模糊。从客观方面来说,由于长微博功能并未广泛推广,每条博文一般只限于140个字以内。这种字数限制使微博更注重内容的简洁性,也造成了内容的模糊性。而微博提供的@功能往往会增强博文的指向性。双方的博文往往以侮辱或诽谤的言辞加@某人的形式呈现。尽管微博上没有直接指出是某人的隐私,但在博文最后@了某人的姓名,就有了极强的指向性。从主观方面来说,微博名誉侵权案,其微博内容在表达方面往往以指桑骂槐的方式攻击对方,一定程度上增加了微博侵权调查取证的难度。

第三,被侵害人往往赢了官司输了名誉。微博充斥着碎片化的信息,信息无论真假,往往能引发最大化关注的是某微博事件的首条微博。比如北大诉邹恒甫一案②中,对于邹恒甫于2012年8月21日发布的第一条微博,截至当年8月30日,其转发数是72820,评论数是19543。如果北大不彻查邹恒甫微博中所举报的问题,任公众对其存在的问题尽情发酵,就算打赢了官司,恐怕也会输掉名誉。

由于网络的匿名性、准入门槛低等特点,博客、播客、论坛等中出现的名誉侵权问题层出不穷。近几年出现的微博侵害名誉权问题,可以归因于法律以及网络管理制度的不健全。

(二) 微博侵犯名誉权的构成要件

微博侵犯名誉权实际属于网络侵权的范畴,我国《侵权责任法》第36条规

---

① 参见李敏:《微博侵权之专家解惑》,载《中国审判》2011年第12期。
② 参见张媛:《北大起诉邹恒甫,海淀法院立案》,http://www.bjnews.com.cn/news/2012/09/08/221663.html,2013年7月22日访问。

定:"网络用户、网络服务提供者利用网络侵害他人民事权益的,应当承担侵权责任。网络用户利用网络服务实施侵权行为的,被侵权人有权通知网络服务者采取删除、屏蔽、断开链接等必要措施。网络服务提供者接到通知后未及时采取必要措施的,对损害的扩大部分与该网络用户承担连带责任。网络服务提供者知道网络用户利用其网络服务侵害他人民事权益,未采取必要措施的,与该网络用户承担连带责任。"《侵权责任法》之所以单独规定网络侵权责任,是因为网络侵权具有利用网络环境等实施侵权行为的特殊性,致使传统的过错侵权无法涵盖。同时应当看到,网络侵权仍然是传统过错责任形态下的侵权类型,就其归责而言,仍然坚持过错责任。[1] 因此,微博侵犯名誉权的构成要件与一般侵犯名誉权的构成要件一致。

《最高人民法院关于审理名誉权案件若干问题的解答》第 7 条规定:"问:侵害名誉权责任应如何认定? 答:是否构成侵害名誉权的责任,应当根据受害人确有名誉被损害的事实、行为人行为违法、违法行为与损害后果之间的因果关系、行为人主观上有过错来认定。"即微博侵犯名誉权必须具备四个要件:一是违法行为,即行为人通过微博发表了实施侮辱、诽谤等损害他人名誉的不实文字;二是损害事实,即行为人发表的不实文字造成了受害人社会评价降低、精神损害以及附带财产损失;三是主观过错,过错包括故意与过失;四是因果关系,即微博用户的加害行为足以产生受害人名誉损害的后果。需要指出的是,该因果关系是一种相当因果关系,即不要求法官对每一个案件均脱离一般人的知识经验和认识水平,去追求所谓"客观的、本质的必然联系",只要求判断原因事实与损害结果之间在通常情形存在可能性。这种判断非依法官个人主观臆断,而是要求法官依一般社会见解,按照当时社会所达到的知识和经验,只要一般人认为在同样情形下有发生同样结果之可能性即可。

就本案而言,王强在微博发表的言论是否属于违法行为是一个首先需要认定的问题,如果法院认定王强微博发表言论的行为属于违法行为,还需要认定损害事实、因果关系、主观过错等问题。如果法院认定不属于违法行为,则直接驳回原告起诉即可。而微博侵犯名誉权中违法行为的判断标准如何界定,就成为至关重要的问题。

(三)微博侵犯名誉权中违法行为的判断标准——自由裁量权的灵活运用

《最高人民法院关于审理名誉权案件若干问题的解答》第 8 条规定:"问:因撰写、发表批评文章引起的名誉权纠纷,应如何认定是否构成侵权? 答:因撰写、发表批评文章引起的名誉权纠纷,人民法院应根据不同情况处理:文章反映的问题基本真实,没有侮辱他人人格的内容的,不应认定为侵害他人名誉权。文章反

---

[1] 参见王利明、周友军、高圣平:《侵权责任法疑难问题研究》,中国法制出版社 2012 年版,第 312 页。

映的问题虽基本属实,但有侮辱他人人格的内容,使他人名誉受到侵害的,应认定为侵害他人名誉权。文章的基本内容失实,使他人名誉受到损害的,应认定为侵害他人名誉权。"根据该规定,通过微博撰写、发表文章引起的名誉权纠纷,认定构成违法行为的标准有两个,一是反映的问题是否属实;二是是否有侮辱他人人格的内容。两个标准符合一个即可认定为违法行为。但对于如何判断反映的问题基本属实以及是否侮辱他人的人格法律没有明确规定,这需要法官自由心证,灵活处理。

本案中,王强虽然在微博中发表"诈骗""欺诈""乱收费""组织假考"等过于激烈的言论,但是夜雨学校未提供充足证据证明王强所述不真实,相反正如一审、二审法院同时认定的,夜雨学校在办学过程中确实存在不出具发票、超越资质开办培训课程、未按合同约定明确告知报名学员2010级应用心理学研究生课程进修班的学籍归属问题、招录未达在职年限规定的学员并自行组织考试等各种违规行为,王强微博中反映的内容具有一定的事实依据,应当认定为基本属实。

至于是否侮辱他人人格,从一般意义上而言,王强所发表的"诈骗""欺诈""强奸犯""组织假考"等过于激烈的言论,确实存在侮辱他人人格之嫌,但本案一、二审法院均没有僵化理解上述言辞,而是灵活地运用自由裁量权,认定"从社会危害性角度考虑,相对于或许普遍存在的经营不规范现象,作为普通维权者的言论即使过于激烈,也应该更值得被容忍"。

案例七:张兴诉欣欣公司肖像权案
——角色形象与自然人肖像不能等同

一、基本案情

原告:张兴

被告:欣欣公司

20世纪80年代播放的某电视剧中,由张兴扮演的某角色深入人心,因其扮演的某角色形象被用进了欣欣公司的网络游戏中,张兴遂起诉欣欣公司侵犯了自己的肖像权。

张兴在诉讼中称,他在80年代某电视剧中所塑造了某角色形象,深受大众欢迎,应享有表演者权、肖像权和商标权。他发现欣欣公司在推出的网络游戏的官方网站和游戏中均使用了该角色形象,并将该游戏对外销售和谋利,因而侵犯了自己的肖像权。同时他认为,欣欣公司开发的这个游戏内容低俗,会导致公众将该游戏和他本人相关联,误以为他为这个游戏代言,致使其社会评价降低,给自己的名誉造成损害。他要求欣欣公司停止使用他所塑造的某角色形象,向公众赔礼道歉,并赔偿其损失80万元。

二、争议焦点

张兴作为某电视剧中某角色形象的扮演者,在一定时期、一定地域范围以及一定的观众群体中,可谓家喻户晓。但是,其饰演的某角色形象能否作为其肖像权予以保护,成为本案的焦点问题,即角色形象与自然人肖像权之间的关系是法院审理中必须明确的关键。

三、案件处理

针对角色形象与自然人肖像权之间的关系,法院首次进行了明确认定。

一审法院法院认为,肖像权是指自然人通过各种形式在客观上再现自己形象而享有的专有权,它仅限于反映真实人物的形象特征。而张兴塑造的某角色形象非其本人肖像,欣欣公司在网络游戏中使用某角色形象的行为不构成对张兴本人肖像权的侵犯。

一审法院判决后,张兴提出了上诉。二审法院经审理判决维持一审判决,驳回张兴的上诉请求,但二审法院对该案件作出了区别于一审的法理分析与论证。二审法院在判决书中认为,法律的适用离不开法律的解释,没有正确的法律解释,就没有正确的法律适用。为此,针对肖像权概念,二审给予充分的论述。法院认为,法律之所以保护肖像权,是因为肖像中所体现的精神和财产的利益与人格密不可分。而当某一形象能够充分反映出个人的体貌特征,公众通过该形象直接能够与该个人建立一一对应的关系时,该形象所体现的尊严以及价值,就是该自然人肖像权所蕴含的人格利益。张兴饰演的某角色完全与其个人具有一一对应的关系,即该形象与张兴之间具有可识别性。在相对稳定的时期内,在一定的观众范围里,看到其饰演的某角色就能认出饰演者张兴,并且答案是唯一的。

二审法院在判决中进一步阐述到,成文法相对于不断发展变化的社会生活所具有的滞后性并不是本案的特殊问题。我国《侵权责任法》的立法说明充分表示出应该承认人格权中所蕴含的财产利益,并应该对人格权中的财产利益给予充分的保护。也就是说,法律认可来自个人投资和努力演绎出的形象所具有的商业上的价值,当被他人擅自使用时,不仅仅侵犯肖像权上承载的人格尊严,也侵犯了权利人自己使用或者许可他人使用的财产上之利益。这样不仅会降低回报,挫伤权利人积极投入和努力创造的动力,最终还会影响广大公众从中受益。所以,在某一角色形象能够反映出饰演者的体貌特征并与饰演者具有可识别性的条件下,将该形象作为自然人的肖像予以保护,是防止对人格权实施商品化侵权的前提。可以看到,二审法院采取了区别于一审的"扩大解释"。

但是,乙市中院指出,欣欣公司所使用的某角色形象与张兴饰演的某角色之间存在一定的区别。张兴饰演的某角色形象深入人心,恰恰是这些差异,导致在同样的观众范围内,立即能够分辨出欣欣公司所使用的角色不是张兴饰演的某角色,更不能通过该形象与张兴建立直接的联系。

最后,二审法院认为欣欣公司使用的,某角色形象并不能直接反映张兴的相貌特征,故不构成侵犯张兴的肖像权,据此,二审法院维持了一审判决结果。

四、分析思考

肖像权是自然人享有的以自己的肖像上所体现的人格利益为内容的一种人格权。法律上的肖像为自然人人格的组成部分,肖像所体现的精神特征从某种程度上可以转化或派生出公民的物质利益。法律保护公民的肖像,是基于肖像上多方面体现了公民的精神利益、人格利益。一些演员对人物刻画得深入人心,往往导致许多人将某个演员作为自然人的肖像与其某个角色等同。本案就属于这种情况。张兴将某角色刻画得入木三分,以至于张兴成为人们心目中的某角色。

虽然从法律人格上讲,张兴和某角色完全是两个主体——一个是生活中真实的民事主体,一个是艺术作品中的人物。但是,不可否认的是,这个艺术作品中的人物是由某个自然人刻画且通过其肖像展示出来的,张三刻画的人物是利用了张三的肖像,李四刻画的人物是利用了李四的肖像。所以,不能完全将角色形象与自然人肖像隔离,角色形象与自然人肖像权之间有一定的联系,未经本人同意随意使用某一演员的角色形象构成对该演员肖像权的侵犯。

需要指出的是,当前实践中,老剧翻拍的情形很多,一个角色可能有不止一个演员在演。因此,确认是否构成侵犯肖像权,关键看他人使用的形象是不是某演员所扮演的角色,如果是就构成侵犯肖像权;否则,则不构成肖像权。

本案反映的问题是角色形象与自然人肖像之间的关系,这个问题较有代表性,也很有现实意义。在司法实践中这类纠纷以及类似纠纷很多,具体表现为演员剧照的肖像权保护问题、人体艺术作品的肖像权保护问题、遗像的肖像权保护问题。

(一)演员剧照的肖像权保护问题

目前,我国影视剧非常丰富,从事演员行业的人员在不断增加,演员塑造的角色与其作为自然人肖像权的法律保护问题已提上了立法议事日程。

继著名演员游本昌"济公"剧照被营利性使用而发生纠纷后,各地不少影、视、歌星纷纷就相关争议进行投诉或通过律师交涉。演员剧照的肖像权是否受法律保护?这在法学界有不同意见。第一种观点认为,剧照应为版权人所有,不存在演员的肖像权,也有人认为剧照肖像权应是演员与导演等人所共有;第二种观点认为,即使以营利为目的使用剧照,也不构成对演员的肖像权侵害,因为演员在剧照中仅表现为一个特定的艺术形象,其本身不能主张他本人的肖像权;第三种观点认为,对剧照应区别不同情况,饰演特型角色(如扮演毛泽东、周恩来、孙中山等有原形的特定人物)的演员不能主张其剧照的肖像权,而扮演非特型角色的演员,由于没有具体原型人物,其剧照反映的角色与演员本身特征相一致,其主张肖像权则应予以保护。本书同意第三种观点,理由如下:

首先,对饰演非特型角色的演员剧照,该艺术形象与演员本身形象是密不可分的,群众也公认两者为一体,符合公民肖像独特外表及基本特征,其对人物的塑造具有创造性的劳动,因此应受法律保护。20世纪60年代初,美国著名的卢戈西诉讼案的首席法官曾说:"演员扮演虚构人物的肖像是可以受到法律保护的。"该案中,著名影星贝拉·卢戈西在一部电影中扮演了一个伯爵形象,创造了一个生动的艺术形象,他死后,这一形象被当时流行的T恤衫、广告牌等广泛使用。为此,卢戈西的儿子与遗孀诉至法院并打赢了这场官司。

其次,从我国肖像权保护的立法原则来说,主要是排斥他人营利性使用肖像权人的肖像。我国《民法通则》第100条规定:"公民享有肖像权,未经本人同意,不得以营利为目的使用公民的肖像。"判断是否侵犯肖像权的标准之一,是看肖像使用人是否基于营利性。因此,当商家将剧照投入市场而获利时,法律应当对肖像权人给予充分保护。当然,商家可以与肖像权人通过协商而使用其肖像。另外,剧照还涉及著作权法律关系以及演员与导演等合同关系,一般来讲,如果剧照著作权所有人和其他权利人将剧照用于该剧的宣传等,则不存在侵权问题。

(二) 人体艺术作品的肖像权保护问题

由本案的问题引发了另一个相关的问题,即人体艺术作品的肖像权保护问题。

某模特儿诉画展主办单位等的案件曾经引起全国关注,尤其是引起了艺术界和法律界的关注。模特儿委托的律师认为,主办单位的行为已明显构成侵犯肖像权和名誉权,故要求主办单位与有关人员赔礼道歉并予以经济赔偿等。

模特儿(特别是人体艺术模特儿)的肖像权应否受到法律保护,在法学界和艺术界有很大的争议。一种意见认为,人体艺术模特儿的肖像权不受法律保护,因为作为人体艺术作品的特定人物,不属于原模特儿,它经过艺术家的创作,便不再是模特儿的肖像。从美术角度出发,人体艺术与一般摄影作品或传统画像有本质区别。模特儿与画家订立的合同,本身就具有许可使用(如展览、制作画册等)的效力。另一种意见则认为,人体艺术模特儿的肖像权应受法律保护。人体艺术画有各种不同的形式,对那些以写实为主的作品,因其本身就直接、逼真地反映出模特儿肖像的基本特征,公众不难辨认出本人,基于我国特定国情和风俗应考虑保护这类作品模特儿的肖像权。有些模特儿被有关单位录用,主要为画家及学员写生习作服务,但双方合同内容未包括公开展览,更未包括营利性展出或出版的,有关单位与人员应在另行征得模特儿许可后方可展出此类作品。

目前,世界上大部分国家对为绘画式美术摄影服务的模特儿肖像权一般不予法律保护,即使是全面暴露模特儿本人特征的也是如此。之所以这样做,主要是考虑到艺术对公众的利益要超过个人利益。同时,大多数国家把肖像权纳入版权保护范围内,即考虑"版权优先"原则。本书认为,由于我国国情不同、司法制度不同,对肖像权保护的出发点也应不同。近期内,对人体艺术不能都采取不保护态度。

首先,对人体艺术的展览应考虑到模特儿的声誉和社会影响。如意大利法律就规定:在可能有损于肖像人声誉或尊严时,肖像不得展览或出售。即从肖像人名誉权角度予以保护。

其次,对营利性展览应严格限制。我国《民法通则》规定的是未经肖像人同意,以营利为目的加以使用的行为构成侵权。如经肖像人同意或不以营利为目的地加以使用,则不构成侵权行为。为此,加强对人体艺术营利性展览的管理、提高法制意识、健全有关制度,是杜绝这类纠纷发生的最好措施。《民法通则》相关规定以及最高人民法院相关司法解释根据这类问题的不同情况,分别作出的具体规定,成为目前我国审判实践部门妥善处理这类纠纷案件的直接依据。

(三) 遗像的肖像权保护问题

基于本案所涉内容,另一个问题也需要关注,即遗像的肖像权保护问题。

《民法通则》施行以后,曾有人向法院起诉,称其父遗像被肖像绘制个体户用于广告,要求法院判令该个体户停止侵害、赔礼道歉并赔偿精神损失。

公民死后,其遗像能否以肖像权被侵害而由其家属要求法律保护? 对此,审判实践中有不同的看法。第一种观点认为,我国法律规定公民的权利能力至死时终结,肖像权作为公民的一种人身权利,亦应随该公民死亡而自然消失。因此,遗像不能作为肖像权而请求法律保护。第二种观点认为,遗像应受法律保护,理由是:我国习俗有其特点,死者与其家属的利害关系从某种意义上说是不可分的,故未经死者家属同意而利用死者遗像做广告或作其他侮辱性使用的,家属自然会起来抗争,但对遗像肖像权保护期限为多少年,尚有待研究。

本书原则上同意第一种观点,即遗像不能以肖像权被侵害而要求司法保护。但遗像又并非一概不受法律保护。首先,遗像版权如系死者所有,其死后,该遗像的版权权益,死者的法定继承人有权继承,在他人擅自使用时有权起诉,但这只是从版权被侵害的角度提出法律保护。如《联邦德国版权法》第60条第2款规定:"对于因订购而创作的肖像被画者有同样的权利,他死后权利属于其家属所有。"这样就解决了一个保护期限问题,即版权法保护期限也就是这类遗像权利保护的期限。其次,如遗像被丑化或诋毁使用,影响了其家属的名誉,死者家属(主要是继承人)可以以自己名誉权被侵害而起诉至法院。父母的声誉对其子女往往会有一定的影响(反之亦然),因此,对遗像被丑化等,我们从司法上予以必要的保护,能起到一定的积极作用。

除以上三种特殊情况外,对国家政府要员、社会名流等肖像被营利性使用的,也应与一般公民权被侵害相区分,对此,大多数国家的司法制度均采取"不保护主义"。此外,对因司法、治安等工作需要而未经本人同意使用了其肖像的,即使收取了一定的费用,肖像人也不能为此而主张肖像权保护。

由此可见,关于肖像权的法律保护问题,我国现有的法律规定还是比较简单和原则,且没有将上述三种情形规范进去。若在我国未来人格权立法中,能将本案出现的问题及其相关问题单独作为一个方面考虑进去,则对这类问题的处理具有规范性作用。

案例八:肖某诉甲市某医院死胎处理案①

——人体医疗废物的法律属性

一、基本案情

原告:肖某

被告:甲市某医院

原告肖某怀孕之后,由于患感冒,在甲市乙区一个无照经营的诊所治疗过,随后其胎儿的胎动逐渐减少,到甲市乙区某医院治疗时,胎儿已经没有胎动,诊断为胎儿死亡,此时如果进行阴道分娩,可能会对肖某的生命造成威胁,因此,肖某转院到甲市某医院进行剖宫产手术。2005年3月4日,肖某在该医院进行剖宫产,产下一个8斤重的死胎。肖某及其夫向警方举报无照经营诊所非法行医,需要对死胎进行尸检以作为证据,但是,肖某等在找到甲市某医院的医生要求领回死胎的时候,医院告知其该死胎已经作为医疗废物被处理掉了。理由是,法律意义上的尸体是"始于出生,终于死亡",而死胎在母体中就已经死亡,没有经历出生的过程,因而不是尸体,而是应当像胎盘等一样按照医疗废物对待,院方有权自行处置。如果患者需要保存,则应当事先声明并交纳保存费用。肖某遂向法院起诉,请求医院给付精神损害赔偿等损失4.5万元。

二、争议焦点

本案的争议焦点是,对死胎这类"医疗废物"的法律属性应如何确认。如果不能够正确界定医疗废物的概念,就无法解决所谓医疗废物的权属以及支配的问题。

三、案件处理

笔者在写作过程中查阅了大量的资料,但是未就本案找到法院的判决书原文。本想弃用此案,但是考虑到此案的现实意义,所以还是决定放入本书。

---

① 本案案情及其分析参考杨立新主编:《民法总则重大疑难问题研究》,中国法制出版社2011年版。

四、分析思考

本案主要引发以下几个问题的思考：

（一）人体医疗废物的概念界定及其法律特征

1. 人体医疗废物的概念

人体医疗废物是指由于医疗活动而脱离人体的无生命价值或者生理活性的器官、组织以及人体孳生物。人体医疗废物包括三部分，一是由于医疗活动而脱离人体的无生命价值或者生理活性的器官，如胎盘；二是由于医疗活动而脱离人体的无生命价值或者生理活性的组织，如体液、血液等；三是由于医疗活动而脱离人体的无生命价值或者生理活性的孳生物，如肿块、肉瘤、结石、葡萄胎等。

2. 人体医疗废物的法律特征

第一，人体医疗废物是从人体上产生的脱落物、脱离物。任何人体器官、组织，甚至是毫无用处以至于成为人体病变的孳生物，在没有脱离人体之前，都是人体的组成部分，不能称为"物"，更不是医疗废物。只有它们脱离了人体，离开了自然人的人格依托，才能够成为物、成为医疗废物。

第二，人体医疗废物是由于人体发生病变或基于其他医疗需要因医疗活动而产生的人体脱落物、脱离物。人体器官或者组织可能会因为别的原因而脱离人体，如基于捐献的高尚目的而为之。作为医疗废物必须是基于救治病变、进行医疗的需要，因医疗活动而使人体组织、器官以及孳生物脱离人体，成为独立物。

第三，人体医疗废物应当是无生命价值或者生理活性，不具有生理的和再生的利用价值的人体脱落物、脱离物。作为人体医疗废物，必须丧失了生命价值，或者丧失了生理活性。正因为如此，人体医疗废物对于人来说，不再具有生理的利用价值，也不再具有再生的利用价值，因而成为"废物"。但是，这种"废物"并非毫无价值，而仅仅是丧失了生理的或者再生的价值，对于其他价值，有些是存在的，有的甚至是具有很高的价值。如人体胎盘，就具有很高的药用价值和滋补价值。

（二）人体医疗废物的法律属性

民法认为，人体具有特殊的属性，是人格的载体，不能将其视为物，它是民法世界中与物相对立的物质形式，是民事主体的物质形式。因此，人体器官、组织或者是其他的人身孳生物在没有与人体发生分离之前，是与人的人格相联系的，是民事主体的物质性人格的构成要素。但是，当人体器官和组织或者其他孳生物脱离了人体，不再具有生理活性和生理利用价值后，它们就不再属于人的范畴，而是属于物的范畴，从权利主体的范畴转变为权利客体的范畴。因此，人体医疗废物的法律属性，属于权利的客体，属于物。

我国台湾地区学者史尚宽认为，"如有尚未死去之人身移去器官，则有构成过失杀人罪之危险,……"①当然,若人身之一部分,自然地由身体分离之时,其部分已非人身,成为外界之物,当然为法律上之物,而得为权利的标的。日本通说认为,与生存中的人身不同,已经分离出来的人身组成部分构成物权法上的"物",其所有权归属于第一次分离前所属的人,故对该身体部分的让渡以及其他处分是可能的。人的身体,虽不是物,但身体的一部如已分离,不问分离原因如何,均成为物(动产),由其人当然取得所有权,而适用物权法的一般规定(得为抛弃或让与)。

综上,人体医疗废物具有物的属性,其理由是:第一,人体医疗废物已经脱离了人格的物质载体,也就与民事主体的人格脱离了关系,不再具有人格因素,而具有物的基本属性。第二,脱离人体的人体医疗废物是有形、有体、具有一定的细胞组织构成的物质实体,因而必然是物。第三,人体医疗废物能为人所实际控制或支配,在不违背善良风俗的情况下,可以进行利用和使用,满足人们一定的社会需要,因此也具有物的有用性。

(三) 人体医疗废物的归属

既然人体医疗废物是物,就一定存在人体医疗废物的所有权归属问题。在医学界,将这些人体脱离物、脱落物界定为医疗废物,其意在确定医疗机构或者研究机构的权属,既然是医疗废物,那么废物的权利就不属于曾经拥有这些废物的人格的权利人,而属于医疗机构和研究机构,因此,其有权处理这些医疗废物。本案中的院方即采此观点。

本书认为,这是一种简单化的做法,是违背当事人的意思自愿原则的,是对人体医疗废物所有权人的所有权的剥夺。理由在于,人体医疗废物的所有权归属于曾经拥有它们并将它们作为自己人格的组成部分、基于医疗的因素而使它们与自己相脱离的自然人,只有他们才是人体医疗废物的所有权人。

就人体医疗废物的归属问题,本书同意一些学者的观点②:

第一,人体医疗废物未脱离之前属于人身的一部分,脱离之后理应属于脱离之前的人,即患者所有,其对由自己身上脱离的人体医疗废物享有所有权,有权按法律规定的方式处置。

第二,人体医疗废物不能由医院取得所有权,医院没有任何法律依据取得这些患者所享有的所有权,医院既不能基于医疗合同取得人体医疗废物的所有权,也不能依据其他的理由取得人体医疗废物的所有权。

第三,人体医疗废物的所有权取得属于原始取得。原始取得是指根据法律规定,最初取得民事权利或不依赖于原权利人的意志而取得某项民事权利。人

---

① 史尚宽:《民法总论》,中国政法大学出版社2000年版,第90页。
② 杨立新主编:《民法总则重大疑难问题研究》,中国法制出版社2011年版,第204页。

体医疗废物不是传统的物,在传统的原始取得方式中没有适合的方式界定,没有包括人体脱落物这种特殊物的取得方式是必然的,有自己的历史原因。只有在人体医疗废物的有用性被发现,并且被有效地利用之后,人们才开始重视它,利用它,也因此才发生权利归属的争议问题。例如,人体胎盘的价值在没有被人们普遍意识到之前,不可能有技术将其制成有价值的药品,胎盘也就不具有价值。在今天,传统学说和传统意识认为属于废物的人体医疗废物,有可能成为"新型的""特殊的物",其取得方式在民法中属于空白,似乎需要进行补充。但事实上,界定这个问题非常简单,即人体医疗废物的所有权取得方式,是所有权原始取得方式中的其他方式。

(四)人体医疗废物的支配规则

如上所述,人体医疗废物的所有权属于患者本人,只有患者享有对人体医疗废物的支配权。但是,由于人体医疗废物存在不同的价值,并且有些存在危险性和危害性,不同于一般的物,因此,在对人体医疗废物的支配中,必须确定具体的规则。2015年4月20日公布的中国法学会民法典编纂项目领导小组组织撰写的《中华人民共和国民法典·民法总则专家建议稿(征求意见稿)》第106条规定:"脱离人体的器官、血液、骨髓、组织、精子、卵子等视为物,对其利用不得违背社会公德,不得损害公共利益。"具体理解如下:

1. 支配人体医疗废物的一般规则

支配人体医疗废物的基本规则是,尊重权利,保护健康,防止危害发生。

(1)保障患者行使权利的自主意志。患者是人体医疗废物的所有权人,享有对人体医疗废物的支配权。因此,医疗机构和研究机构必须尊重患者的自主意志,即其拥有自主处置自己的人体医疗废物的权利。即使是对于不能交给患者及其近亲属自行处置的人体医疗废物,也应该告知患者或者其近亲属,必须按照国家法律的强制性规定,处理人体医疗废物,遵守国家的强制性规定,以保障公共安全和公共健康。任何未经患者及其近亲属决定,甚至采取欺诈方式骗取患者作出违背其意志的决定的行为,都是对患者权利的侵害行为,构成侵权,应当承担侵权责任。

(2)保证患者的知情权。患者知情权,是指与医院建立了医患法律关系的就医患者对于自身的疾病以及该疾病的治疗方法、治疗效果、不良反应等相关事宜所享有的知悉真实情况的权利。同样,对于人体医疗废物的具体情况,患者也享有知情权。该知情权是患者及其家属行使人体医疗废物所有权以及支配人体医疗废物的同意权、选择权的前提和基础。人体医疗废物在没有与人体分离之前,受身体权的保护,权利属于自然人本人。人体医疗废物脱离人身,成为人体医疗废物后,受物权法保护。权利人作为人体医疗废物的所有权人,对于脱离自己身体的医疗废物的价值、无价值或者危害性、危险性有权知悉。权利人即患者不是专业人员,不会了解人体医疗废物的具体情况,医疗机构或者研究机构必须对患者善尽告知义务,以满足权利人的知情权,使权利人能够基于医疗专业知识,作出自己行使权利的决定。

(3) 维护公共卫生安全,防止危害发生。患者处置人体医疗废物必须符合维护公共卫生安全的要求。对于含有有毒、有害或传染性病菌的没有任何利用价值的人体医疗废物,不正确的处置方法很可能会发展成为威胁环境和人体健康的隐患,甚至就会造成传播疾病、污染环境、危及人体健康的严重后果,因而必须进行统一处理,禁止交给患者自行处置。在巴塞尔国际公约中,医疗废物被划入有害废物类。这些医疗废物作为一种危险废物,对人体存在直接和间接的危害,包括致癌、生殖系统损害、呼吸系统损害、中枢神经系统损害及其他许多传染疾病的损害。因此,对有毒有害的人体医疗废物必须进行严格管理,在让患者知情的情况下,禁止患者自我处置,而由医院统一消毒焚毁,以保障社会公共卫生安全,保障公众身体健康,防止危害发生。

2. 权利人对人体医疗废物的支配规则

从维护权利人利益的角度出发,对人体医疗废物的支配,应遵循以下规则:

(1) 对于具有利用价值或者再生价值的人体医疗废物的支配规则。对于那些具有利用价值或者再生价值的人体医疗废物,患者享有完全的支配权,有权决定自己如何进行利用和处分,医疗机构和研究机构无权进行处置。例如,对于人体胎盘,在产妇娩出之后,医疗机构应当为产妇妥为保管,尽快告知产妇或者其近亲属,由他们决定如何处置,而不能擅自进行处理。擅自处理者,采取欺诈手段致使患者放弃权利者,以及未尽妥善保管责任致使毁损者,都应当承担侵权责任。即使是那些没有医学上的利用价值但存在其他利用价值的人体医疗废物,医疗机构和研究机构也不得擅自处理。

(2) 对于没有利用价值的一般人体医疗废物的支配规则。对于那些没有利用价值但也没有社会危害性、危险性的一般人体医疗废物,由于所有权属于患者,因此,如何进行支配,也应当尊重患者及其近亲属的意志,由他们决定如何处置。例如,对于身体中摘除的骨质部分,没有危害性、传染性的结石,以及摘除的牙齿等,患者愿意保留作为纪念的,应当交给患者及其近亲属保留,以资纪念。

(3) 对于具有危害性、危险性以及有违善良风俗的人体医疗废物的支配规则。对于那些具有危害性、危险性以及有违善良风俗的人体医疗废物,尽管所有权属于患者,但是为遵守公共秩序原则,保护公共卫生安全,患者不得自行处置,必须按照国家法律的统一规定,由医疗机构或者研究机构统一处理。不过,据调查,我国目前还没有实现医疗废物的统一、集中、专门处理,为了防止危害发生,避免风险,保障公共卫生安全,我们需要加强医疗废物管理工作,在地区内实行医疗垃圾的统一管理、集中焚毁,规范医疗废物的收集、暂存、运输及处置等。

（4）医疗机构、研究机构处理人体医疗废物的费用承担规则。对于人体医疗废物，不论是有利用价值，还是虽无利用价值但也没有危害性和危险性的，如果患者需要自己支配，就都存在医疗机构或研究机构的适当保管问题。如果需要医疗机构或研究机构予以保管，医疗机构或研究机构应当提供方便，但患者应当承担必要费用。对于必须由医疗机构或研究机构统一处理的有危害性、危险性或者有违善良风俗的人体医疗废物，因为是出于社会公共利益的考虑，相关处理费用应当由国家公共经费开支，而不得对患者收取费用。

案例九：沈某诉辛某电视悬赏案①
——戏谑行为的法律性质

一、基本案情

原告：沈某

被告：辛某

2008年5月5日，被告辛某在A市某一档收视率较高的访谈节目中表示，如果有人能完成某一高难度的陶器制作，即可获得辛某的一套豪华别墅以及屋内的所有财产。原告沈某决定破解这个难题，经过一年的研究，他完成了被告所讲的高难度的陶器制作。但被告以"没有达到高难度的要求""没见到作品为理由"，不予认可。之后，原告继续努力完成一件各方面均出色的作品，并且拍摄了作品照片和DV短片，向被告发出律师函，并寄去照片和光盘，但始终没有得到答复。2009年7月8日，原告向法院提交诉状，请求法院判决确认自己和被告悬赏广告合同成立并且生效。被告及其律师称，该访谈节目不是广告活动，而且指出原告作品的制作结构与要求不相符，外观虽然一致，但两者有很大的差距。

二、争议焦点

本案的争议焦点是：被告的行为是悬赏广告还是戏谑行为？戏谑行为的法律界定和法律后果如何？

三、案件处理

法院经审理认为，被告在A市某访谈节目中对社会公开作了悬赏表示，内容具体、确定，是真实的意思表示并且未违反法律禁止性规定，从而构成要约。原告收看该节目后，按照要求完成作品，以其行为进行承诺，双方意思表示真实、合法、有效，并且符合要约要件，悬赏广告合同依法成立。因此，判决被告履行悬赏的内容，将自己的一套豪华别墅以及屋内的财产交给原告。法官认为，该案是

---

① 本案案情及其分析参考杨立新主编：《民法总则重大疑难问题研究》，中国法制出版社2011年版。

要约承诺的一种形式,是按照契约自治和诚实信用原则,只要不违反法律强制性规定和公序良俗,合同即为有效。①

四、分析思考

观察此案,我们发现,《民法通则》②没有规定戏谑行为,司法实践对戏谑行为缺少审判经验。因此,在理论上有必要对这个问题进行探讨。

(一)戏谑行为的概念和特征

1. 戏谑行为的概念

戏谑行为是指表意人基于游戏目的而作出表示,并预期他人可以认识到其表示欠缺诚意。典型的戏谑行为有娱乐性言谈、吹嘘或出于礼貌的不严肃承诺。德国法称之为"非诚意表示",即当表意人预期他人可以认识到其表示欠缺诚意时,其意思表示无效。史尚宽先生称其为"预期他人不为其所误解而佯为之意思表示",并指出,"按其时表意人之容态及周围情事,表意人明无受法律的约束之意思"③,与其他意思表示瑕疵(尤其是真意保留)相区别。他将戏谑行为分为"恶谑"与"善谑",前者是谓表示人期待他人以其表示为真意时,而为之表示;后者谓表意人预期他人认识到其表示之非真意时,而为之表示。④ 显而易见,"恶谑"属于真意保留之范围,发生真意保留之效果,即法律评价有效。我们这里主要是是针对一般意义上的戏谑行为——"善谑"。

2. 戏谑行为的特征

(1)表意人主观上存在故意。这一特征使戏谑行为与其他偶然造成之意思表示瑕疵如错误等相区别。此种故意体现在意思表示上具体表现为:动机和表示的一致性;真实意思和表示的不一致性。具体来说,其一,动机是戏谑行为人欲对受领人表示非真实之意思的企图;其二,戏谑行为人表达意思与内心真实意思不符也是故意的,并期望受领人可以认识到此系非诚意表示。

(2)意思与表示之间不一致。即内在真实意思与表达意思不一致。只有发生表示与意思分离,才会产生法律评价的问题。此种不一致是发生在意思引导表示之时,对于意思表示来说"是致命的",是法律给予其评价的前提。

(3)主观上系善意。出于对戏谑行为的善意性考虑,德国民法将其与相对恶意的真实意思保留相分离。善意,指的是行为人动机上的善意,它体现在意思

---

① 参见杨立新、朱巍:《论戏谑行为及其民事法律后果》,载《当代法学》2008年第3期。
② 值得关注的是,2015年4月20日公布的中国法学会民法典编纂项目领导小组组织撰写的《中华人民共和国民法典·民法总则专家建议稿(征求意见稿)》第140条就戏谑表示问题作出了回应,即"行为人故意隐瞒其真实意思进行意思表示,并期待对方会了解该意思表示并非出自真实意思,法律行为无效。但行为人应当赔偿对方因合理信赖产生的损失"。
③ 参见史尚宽:《民法总论》,中国政法大学出版社2000年版,第379页。
④ 参见同上书,第379—380页。

表示构成要素上目的意思的善意,所以,法律采取"意思主义"解释法律行为的有效性,去保护戏谑行为人的利益。

(4) 外观可以被相对人识破的行为。这一特征使戏谑行为区别于欺诈行为。这种可识破性应该建立在一个理性人客观的衡量之上,超过了理性人所识别的范围则将被法律所排斥。

(5) 系无效行为。无效是指法律对行为效果的评价。日本等国没有直接排除戏谑行为的法律效果,其在对真意保留强制有效的同时,都在后面的但书中对意思受领人明知的情况下,给予表意人豁免。《日本民法典》第93条后半款但书规定:"相对人已知或可知表意人真意时,该意思表示无效。"就这点而言,这些国家和德国对戏谑行为效果的评价差别不大,即但书对真意保留例外的规定,表示了对戏谑行为的承认。

(二) 戏谑行为的构成要件

1. 目的意思能够为受领人识破

行为人的目的意思能够为受领人识破,即行为人的行为具有善意。戏谑行为的目的意思,主要作性质上分析,即是否为"善意"。戏谑行为区别于其他行为最主要的特点,就是其目的意思只有一个——被受领人识破。虽然戏谑行为人作出戏谑行为的动机多种多样(捉弄、玩笑或者出于礼貌),动机所影响的表达也千差万别,但是行为人表达之目的意思却只有"被受领人识破",或者说是不被受领人误解真意。虽然戏谑行为是非诚意表示,但是这里"非诚意"是表意人希望相对人认识到其内心建立在善良之上的缺乏法效之意愿。简言之,戏谑行为人预见到相对人并不认为他有缔结法效的意图。

2. 行为不具有效果意思

即行为不受表示行为效果约束。效果意思是行为人追求法律效果产生的意思,即行为人欲依其表示发生特定法律效果的意思。缺少效果意思的意思表示应该是无效的,至少是有瑕疵的。《德国民法典》第133条规定,在解释意思表示时,应该探求当事人的真实意思,而不拘泥于意思表示的词语。这里所说的"真实意思"就是效果意思。

3. 表示行为并不反映其真意

表示行为是指行为人将内在意思以一定方式表现于外部,并足以为外界所客观理解的行为要素。这种表现方式可以是作为或不作为,举手投足或者特定场合下的沉默都可以成为表示行为。但是这种行为须由意思左右,而不是反射行动,所以如果身体的动作,非依自身的意思决定,自非意思表示。

4. 表示行为不超过自己应负的谨慎义务

要构成戏谑行为,行为人的表示行为必须不得超过自己应负的谨慎义务。因为法律否认戏谑行为的法律效果,虽然保护了表意人的利益,但很可能会侵犯到相对人的信赖利益,所以,对戏谑行为应给予更为严格的标准。

就本案来说,法院之所以认定悬赏广告合同成立,是因为被告的行为并不符合戏谑行为的概念、特征和构成要件,而是符合悬赏广告的基本要求。悬赏广告是广告人以广告的方式公开表示对于完成一定行为的人,给予报酬的意思表示。因此,对于完成指定行为的人,被告应该履行其承诺。

案例十:杨某诉甲公司违约责任案

——表见代理的认定和无权代理人的法律责任

一、基本案情

原告:杨某

被告:甲公司

钱某与甲公司签订合作协议,约定钱某挂靠甲公司成立第一分公司,从事房产中介业务,合作期限3个月。合作期间,钱某私刻了甲公司的业务专用章和现金收讫章。合作期限届满后,钱某仍以甲公司名义从事中介业务。2003年1月8日,钱某以甲公司名义与房主张某签订了某处房产销售委托代理协议。同年1月18日,钱某以甲公司名义先与华某签订了代办购房协议,后又与杨某约定以19万元的价格购买张某房屋产权,钱某在两份协议中都加盖了由其私刻的甲公司业务专用章。协议签订后杨某向钱某交纳定金1.5万元、首付款5.5万元,钱某出具了盖有其私刻的甲公司现金收讫章的收款收据。钱某将上述款项部分用于个人还债,其余挥霍一空。案发后钱某被法院以合同诈骗罪定罪判刑,杨某遂以钱某行为构成表见代理为由,向法院提起民事诉讼,要求甲公司承担违约责任。甲公司认为钱某的行为构成合同诈骗罪,而不是表见代理,杨某所遭受的损失应由钱某承担。

二、争议焦点

本案争议的焦点是表见代理的认定与无权代理人之法律责任问题。对于本案,一种观点认为,钱某的行为构成表见代理,其实施的行为应该由甲公司承担相关法律责任;另一种观点认为,钱某的行为不能认定为表见代理,仅仅属于无权代理行为,其行为后果由钱某自己承担。

就处理本案而言,有一个值得探讨的问题,即在无权代理人的行为构成犯罪的情况下,由其与相对人实施的行为是否不可能再构成表见代理?或者说,在造成本人权益受到损害的表见代理中,由本人向善意相对人承担民事责任后,无权代理人应当承担何种法律责任,是否必然排除刑事责任?

三、案件处理

经过审理，法院认为，本案中，由于钱某的行为本不构成表见代理，事后又未获得甲公司的追认，杨某的损失应由行为人钱某承担，与甲公司无涉。因此，法院最终驳回了杨某的起诉。

四、分析思考

由于本案对钱某行为的认定产生争议，因而需要对以下问题加以分析：

（一）表见代理行为的界定

表见代理，是指本属于无权代理，但因本人（被代理人）与无权代理人之间的关系具有授予代理权的表象，足以使相对人相信无权代理人有代理权，相对人基于此项信赖与无权代理人进行交易，由此产生的法律效果由法律强制本人承担。

本案中，钱某与甲公司曾签订合作协议，挂靠甲公司成立分公司从事房产中介业务，但在与杨某订立合同时该挂靠合作协议已届期满，属于曾经具有代理权但已经终止而无代理权的情形。杨某与在钱某订立代办购房合同前，在钱某经营场所看见了甲公司的营业执照复印件和业务专用章，但是，该营业执照复印件和业务专用章乃钱某擅自复印留存和私刻伪造。杨某与钱某签订代办购房合同固然是其真实意思表示，但依一般人之注意义务，在交易时通常应查看对方营业执照原件。杨某发现钱某提供的营业执照是复印件时，也曾表示怀疑，但在看到钱某提供的业务专用章后即打消了顾虑，应属疏于注意，在未能识破钱某不具有代理权方面存在过失。因此，钱某的行为不完全具备表见代理的构成要件，不能构成表见代理，而属于狭义无权代理，根据《合同法》第48条的规定，在被代理人不予追认的情况下，对甲公司不发生法律效力，应由行为人钱某承担责任。

（二）无权代理人的法律责任

一般认为，在害及本人利益的表见代理中，由于无权代理人擅自以本人的名义为民事行为，造成本人损害，如果善意相对人未撤销其行为，而主张表见代理的，本人在承担表见代理的法律效果后，获得向无权代理人追偿的权利。这在民事责任中属于一般侵权责任，适用《民法通则》第117条的规定。如果对于本人的损失，无权代理人与本人都有过错，则按双方过错的性质和程度分担损失。

假设本案相对人杨某在与无权代理人钱某交易前，尽了一般交易人的注意义务，查看的是营业执照副本原件，钱某的行为构成表见代理，那么在杨某向甲公司提起民事诉讼时，甲公司应作为表见代理中的本人承担表见代理行为的法律效果。因为本案中，钱某与杨某及张某之间分别存在合同关系，而与甲公司的合作协议已经届满，如果认定钱某的行为构成合同诈骗罪，犯罪行为的受害人只能是杨某或张某,在假设杨某作为善意相对人与无权代理人钱某的行为构成表见代理的情况下,该同一行为不可能同时构成合同诈骗罪。

(三) 案件处理时刑事责任和民事责任可以各自独立存在

如前所述,针对本案需要关注的问题是,无权代理人的行为构成犯罪时,他与相对人实施的行为是否不再追究? 或者说,在造成本人权益受到损害的表见代理中,由本人向善意相对人承担民事责任后,无权代理人应当承担何种法律责任,是否必然排斥刑事责任? 关于这两个问题,2009 年 7 月 1 日实施的《侵权责任法》第 4 条已经作了明确规定,即:"侵权人因同一行为应当承担行政责任或者刑事责任的,不影响依法承担侵权责任。因同一行为应当承担侵权责任和行政责任、刑事责任,侵权人的财产不足以支付的,先承担侵权责任。"这一规定是关于侵权责任优先原则的规定。

基于上述分析,本案无权代理人钱某的行为若构成犯罪,由其与相对人实施的行为依然需要追究,或者说在造成本人权益受到损害的表见代理中,由本人向善意相对人承担民事责任后,无权代理人应当承担侵权的法律责任,此时不会影响其承担刑事责任。

案例十一：佟某诉范某、钱某购车案

——是善意取得还是表见代理

一、基本案情

原告：佟某

被告：范某、钱某

被告范某与钱某原系夫妻关系，二人于1999年12月22日登记结婚。2003年11月4日，范某购置尼桑阳光轿车一部，车价款为172800元，登记车主为范某。2004年4月2日，范某与钱某协议离婚，离婚协议中写明：财产分割完毕，无争议。2005年11月5日，原告佟某与被告钱某签订购车协议书，约定范某（甲方）将该车卖给原告（乙方），约定总价款为108000元，钱某作为代办人签字并代表范某签字。当日，佟某向钱某支付全部车款，钱某向佟某交付了下列材料：车辆购置税缴税收据、车船使用税完税证明、购车发票、机动车行驶证，并向佟某交付范某身份证原件，同时钱某还向佟某出示了其与范某婚姻关系存续证明及范某的户口本。2005年11月10日，佟某持钱某给付的范某身份证被公安机关扣押，经核验，该身份证系伪造。后佟某找到范某要求办理车辆过户手续，遭到范某拒绝。另外，法院还查明，范某曾分别于2004年4月24日、2005年11月10日分别向公安机关报案称其妻钱某开走其所有的尼桑阳光牌轿车，至今未还，公安机关认为钱某的行为不属于犯罪行为，没有立案。

二、争议焦点

本案主要涉及被告钱某协助原告佟某办理车辆过户手续行为的性质认定。对此，有两种观点：一是本案属于善意取得，故原告佟某作为善意相对人可以取得车辆所有权；二是本案属于表见代理，钱某所从事的行为后果应该由本人范某承担。

---

① 本案案情及其分析参考张薏：《该案应当适用善意取得还是表见代理》，http://www.chinacourt.org/article/detail/2007/11/id/273671.shtml，2015年7月3日访问。

三、案件处理

一审法院经审理后认为:原告系善意、有偿取得诉争车辆,故应认定原告与被告钱某之间的购车行为有效。原告要求被告范某协助其办理车辆过户手续,法院予以支持。

二审法院经审理后认为:讼争车辆系在范某与钱某婚姻关系存续期间购置,该二人在离婚时未对该车的归属作出明确处理,故该车应属于范某与钱某的共有财产。钱某以代办人的身份与佟某签订了以范某为卖方的车辆买卖协议。在签订协议的过程中,钱某向佟某交付了讼争车辆的购置税缴税收据、机动车行驶证、车船使用(牌照)税完税证明、购车发票等相关材料,并提供了其与范某的婚姻关系证明及范某的身份证,用以证实其与车主的关系,并向佟某实际交付了讼争车辆。作为买受人,佟某在接受上述车辆、相关手续及钱某提供的婚姻关系证明和身份证件之后,有理由相信钱某具有出卖该车的代理权,钱某与佟某之间签订的车辆买卖协议有效,双方应当履行该协议的内容。据此,二审法院维持了一审判决。

四、分析思考

本案涉及两方面内容:一是本案是属于善意取得还是表见代理?二是原告佟某可否请求取得车辆的所有权?

第一,本案不属于善意取得。善意取得又称为即时取得,无权处分人在将其受托占有的他人的财物不法转让给第三人的,如受让人在取得该动产时系出于善意,则受让人取得该物的所有权,原权利人丧失所有权。

在现实的民事流转过程中,难免会出现财产的登记所有人与实际控制人不一致的情形,导致出现这种情形的原因有很多,其中重要的一种是当事人在物权变动过程中没有严格遵循物权变动的公示公信原则。作为善意第三人来说,其所能尽到的审查义务只能是对登记或交付的充分信任。本案中,在被告钱某将车辆的全套手续、范某的个人身份证件及他们之间婚姻关系存续证明提交给原告佟某时,佟某应是具有善意的。因为此时佟某有充足的理由相信,车辆所有人范某已授权钱某处置其所有的车辆,如果当时钱某交给佟某真实的范某的身份证件,即使该身份证件系钱某通过不正当手段所取得的,在佟某充分信任其有处分权后,也可以因为办理了过户手续而取得该车辆的所有权。但是,实际情况是,佟某在去公安机关办理车辆过户手续时,发现了钱某交给他的身份证系伪造,他这时应当对钱某是否具有处分权产生合理的怀疑,换句话说,佟某此时没有足够理由相信钱某具有处分权,可以说,佟某此时已不具备善意取得所要求的善意要素了。也正是由于身份证件的虚假而导致佟某无法取得该车辆的所有权,故不可能成立善意取得。

第二,本案可以认定为表见代理。表见代理是指由于被代理人的过失或被代理人与无权代理人之间存在的特殊关系,使相对人有理由相信无权代理人享有代理权而与之为民事法律行为,代理行为的后果由被代理人承担。

本案中,在签订合同阶段,原告佟某有足够理由相信钱某拥有代理权。为此,钱某代替范某与买受人佟某所签订的买卖合同有效,该合同直接约束被代理人范某与买受人佟某。双方均应按照合同约定履行各自的义务。该合同也就成了买受人佟某要求范某协助其办理汽车过户手续的合法依据。据此,法院基于保护交易安全,保护善意第三人的合法权利,可以支持原告关于要求被告范某协助其办理过户的诉讼请求。

综上所述,原告佟某可以基于表见代理规则向范某请求取得车辆的所有权。

案例十二:蒋某诉曹某、薛某合伙协议案

——合伙案件中代理制度的适用

一、基本案情

原告:蒋某

被告:曹某、薛某

2000年1月,甲市A区某酒楼(以下简称"酒楼")原业主汪某因分别欠原告蒋某225万元、被告曹某48万元及其他债权人钱款而无力偿还,遂将酒楼经营权及相关资产作价933万元转让给蒋某与曹某用于抵消上述债务,多余资产以蒋某与曹某共同承担酒楼债务方式承担。当月蒋某与曹某就受让酒楼签订了合伙协议,约定双方各出资200万元合伙经营酒楼,蒋某以对酒楼债权225万元中的200万元作为出资,另25万元转化为蒋某对酒店的债权,分4年付清;曹某以对酒楼债权48万元作为出资,同年5月31日再行投入资金152万元,共计200万元。双方对合伙财产各占50%权益,对合伙债务承担50%责任。双方经营期间按出资额比例共享利益,共担风险。酒店名下的房屋使用权由汪某过户给曹某(因蒋某系外地人士,不能过户至其名下,虽以曹某名义登记,但双方均共享权益)。协议还约定在处分合伙财产,改变合伙名称,修改合伙章程,向合伙企业登记机关办理变更登记手续时,必须由全体合伙人一致同意。

协议签订后,曹某于同年2月将酒楼所在的三幢房屋使用权过户至自己名下。酒店由双方派员共同经营。合伙之初到同年5月31日之前,曹某陆续向酒店债权人支付欠款。至同年5月因双方在经营中产生纠纷,改由被告薛某(曹某前夫,双方已于1995年3月调解离婚)承包酒楼。同年6月薛某与酒楼签订承包协议,约定将酒楼发包给薛某经营管理,承包期为3年,承包方式为上缴利润递增包干。协议落款人为原告与薛某,未有曹某签字。协议签订后,薛某负责承包经营事务。同年10月A区工商局核准将酒店原业主汪某变更为曹某。同年11月曹某申请将负责人变更为薛某,同时又添加了"因经营需要变为家庭经营"字样。曹某称此举是为薛某承包经营提供便利。后薛某在承包经营中发生亏损,于2001年3月以曹某的名义与蒋某签订了解除合伙协议一份,约定曹某退出合伙,其在合伙中享有的财产份额和全部权益,折合债权人民币90万元转让

给蒋某,蒋某在酒楼房屋使用权过户后 3 日内给付曹某 50 万元,同年 6 月 15 日给付 20 万元,11 月 15 日给付 20 万元。蒋某对于原合伙协议约定的双方共同承担对外的债务由其全部承担。曹某对于薛某承包经营期间对外债务及利息承担责任。协议签订后酒店所有印章与证件及全部设施移交给蒋某,并由蒋某负责到工商部门将合伙经营变更为个体经营,原合伙协议与承包协议终止。协议落款人为薛某与蒋某,曹某未签字。协议签订后蒋某给付了薛某 50 万元,但薛某与曹某未按约将酒店使用权变更为蒋某指定人员。蒋某遂起诉要求曹某和薛某履行解除合伙协议所规定的义务。

另查明,1995 年 3 月两被告经一审法院调解离婚,离婚后曹某携子迁往他处,1999 年 4 月曹某以夫妻投靠名义迁回原址。原告起诉后,曹某于 2002 年 4 月将户籍迁往酒店所在地。

二、争议焦点

本案是一起因合伙协议而引发的代理问题,案件焦点集中于薛某是否有权签订解除协议?该协议是否有效?

三、案件处理

一审法院认为,根据合伙的决策权与经营权相分离原则,薛某拥有的是经营权,他在整个承包中对外表示的仅是经营权,而不是决策权,这就决定了他无权与原告签订退伙协议。薛某作为合伙代理人在未征得曹某授权下擅自与原告解除合伙,本身具有过错。该协议未经曹某追认,对曹某不发生效力,应由薛某承担相应责任。曹某依法享有撤销协议的权利,薛某依据无效协议收取的 50 万元应予返还。法院据此判决:撤销原告蒋某与被告薛某于 2001 年 3 月 16 日签订的解除合伙协议;被告薛某返还原告人民币 50 万元。

一审判决后,双方当事人均未上诉。

四、分析思考

解决本案的纠纷主要需厘清的问题是:薛某签订解除协议的行为是否构成家事代理?薛某签订解除协议的行为是否构成表见代理?薛某所签的协议是否有效?

(一) 薛某签订解除协议的行为是否构成家事代理?

本案中,原告认为,薛某代理曹某签订解除协议是基于家事代理。家事代理权,是指夫妻因日常家庭事务与第三人为一定法律行为时相互代理的权利,即夫妻于日常家事处理方面互为代理人,互有代理权。因此,只要属于家事上的开支,夫妻任何一方都有家事方面单独的处理权。进一步讲,夫妻一方在行使日常家事代理权时,无论对方对该代理行为知晓与否、追认与否,夫妻双方均应对该行为的法律后果承担连带责任。此制度设计意在保护夫或妻一方因日常生活需要处分共同财产而与第三人交易行为的稳定和安全,化解第三人交易风险,侧重于保护第三人利益。

家事代理权在大陆法系国家是一项普遍的亲属制度,我国民法中未规定夫妻家事代理制度,但最高人民法院《关于适用婚姻法若干问题的解释(一)》(以下简称"解释一")规定:因日常生活需要而处理夫妻共同财产的,任何一方均有权决定。夫或妻非因日常生活需要对夫妻共同财产作重要处理决定,夫妻双方应当平等协商,取得一致意见。他人有理由相信其为夫妻双方共同意思表示的,另一方不得以不同意或不知道为由对抗善意第三人。该规定实际理论基础就是夫妻相互代理权制度。

从本案事实看,两被告在1995年3月已经离婚,但对外仍以夫妻名义相称,故原告也一直认为两人系夫妻。但是,两人对外宣称有夫妻关系不能等同于法律上有夫妻关系。另外,对于两被告离婚后仍以夫妻名义对外经营,是否构成事实婚姻,本书认为,涉及人身关系问题不宜轻易适用推定,除非经法定机关认定婚姻成立或解除外,一般不能依据相应的事实来推定婚姻关系成立与否。家事代理认定须同时具备两个条件,一是婚姻关系存在,二是财产为夫妻共同共有。本案中夫妻关系已不存在,同时曹某的合伙财产不是两被告共同共有,因此本案不存在家事代理的基础。所以,薛某签订解除协议的行为不构成家事代理。

(二)薛某签订解除协议的行为是否构成表见代理?

原告认为,薛某代表曹某参与承包,对此曹某是认可的,这从曹某变更酒店负责人为薛某的事宜可以明确。因此,原告有理由相信薛某能够代理曹某全权处理一切事务,即使没有代理权也构成表见代理。从本案相关事实看,曹某是默认薛某以其名义承包经营的,但这种授权范围仅仅是承包经营权,薛某拥有的权限也仅在处理酒店经营事务方面,而没有涉及本应由合伙人处置的退伙事项。即曹某对外表征授权范围是经营管理酒店。若原告依据薛某拥有承包经营权,必然推导出其拥有处置合伙财产权,实际是扩张了曹某对外表征给予薛某的代理权限。因此,薛某签订解除协议的行为不能构成表见代理。

综上所述,薛某签订解除合伙协议的行为既非家事代理,也非表见代理,自己又不是合伙人,所以处置合伙财产权的行为应属于无效。

案例十三：尤某、沈某等诉甲镇政府等房产纠纷案[①]

——取得时效制度的缺失，导致当事人利益不能获得有效保护

一、基本案情

原告：尤某、沈某等

被告：甲镇政府等

1953年尤某、沈某、吕某甲、杜某甲及杜某甲之子、吕某乙、杜某乙、李某甲、孙某、芦某甲十人合伙做打铁生意，以190元典当甲街临街三间瓦房和院子（无当期）一处。社会主义工商业改造期间，十铁匠等人兑出各自使用的打铁工具作价入股，起名为铁业社，后又与木业社、缝纫社合并成立综合厂。1958年扩大生产规模，改名为甲机械厂。后十铁匠因诸多原因大多数相继离去。甲机械厂后来转为集体企业曾归县二轻局、社队企业局领导，后又转为甲镇集体企业，核准为法人。1987年，甲机械厂将该房产分别转让给甲镇政府和个人，面积为2.76亩，议价59000元。2001年尤某、沈某等人获知后向法院起诉。二审中，沈某等人举证，乙县房地产管理局信访事项不予受理告知单及方城县信访局情况说明：尤某等人多次到县委、政府上访，要求解决房产归属问题，县委信访局多次立案责成房管局处理，房管局以该房地产没有进行合法改造，九申诉人反映情况不属私房改造遗留为由不予受理，发还我局。甲机械厂质证意见为：该两份证明没有法律约束力。另查明，至起诉时，吕某甲、吕某乙、杜某乙、李某甲、孙某、芦某甲相继病故。

二、争议焦点

本案争议的焦点主要涉及取得时效制度的有关问题，目前我国法律上只有诉讼时效，对取得时效制度没有规定，由此在实践中带来了困惑，遇到相关问题

[①] 本案案情及其分析参考何志：《物权立法应当设立取得时效制度》，载《判解研究》2006年第3辑。

没有处理的法律依据。于是本案在不同的审判阶段出现了不同的审判结果:有支持原告诉讼请求的;有驳回原告诉讼请求的;有裁定驳回起诉的。

三、案件处理

一审法院认为,原、被告双方争议的房产,自1953年起,先后经历了互助组、初级社、高级社、人民公社,一直由甲机械厂占有、使用、收益,并先于1987年4月、5月由甲机械厂处分了部分。该房产纠纷属于历史遗留的落实政策性质的房产纠纷,涉及不同历史阶段的不同政策,应由政府有关部门处理解决。依照《民事诉讼法》第108条的规定,一审法院裁定驳回起诉。

二审法院认为,双方所争议的房产,自1953年起,先后经历了互助组、初级社、人民公社。1958年扩大改名为甲机械厂,后一直由该厂占有、使用、收益。1987年4月、5月该厂部分房产处理给甲镇政府及个人,后经过买受人拆扒改建,其标的物已不存在。本案涉及的是历史遗留问题,牵涉社会主义改造涉及不同历史阶段的不同政策,应由政府有关部门处理解决。上诉人尤某等称由于被上诉人对上诉人的排斥和当时的历史原因,造成上诉人相继离开单位,才导致被上诉人非法处分上诉人的合法财产,证据不足。上诉人称因侵权行为发生在1987年1月以后,应属人民法院受理范围。经查,1992年颁布的《最高人民法院关于房地产案件受理问题的通知》第3条规定,凡不符合民诉法、行政诉讼法有关起诉条件的属于历史遗留的落实政策性质的房地产纠纷,均不属于法院主管工作的范围,当事人为此而提起的诉讼,人民法院应依法不予受理或驳回起诉。综上,上诉人尤某的上诉理由不能成立,本院不予支持。原裁定事实清楚,适用法律正确,裁定并无不当。最后二审法院裁定驳回上诉,维持原裁定。

四、分析思考

大陆法系民法自罗马法以来,即有民事时效制度。所谓时效制度,是指一定事实状态继续经过一定期间而发生一定法律效果的法律制度。民法时效制度分为两种,即取得时效和消灭时效。取得时效就是权利取得的原因,是指没有权利的人以一定的状态占有他人财产或行使他人财产权利,经过法律规定的期间,便依法取得该财产所有权或其他财产权的制度。消灭时效就是权利消灭的原因,是指基于权利不行使的事实状态,经过一定期间其请求权因时效完成而消灭。

(一)我国立法和司法实践对取得时效制度的态度

在我国民法对时效制度的规定中,既未设立取得时效,又未明确沿用消灭时效,而是采用了诉讼时效的提法,多数学者认为,诉讼时效亦即消灭时效。我国《民法通则》虽系统规定了诉讼时效制,但未规定取得时效制度。梁慧星教授在《中国物权法草案建议稿》第65条至第86条详细明确地规定了取得时效制度,

《民法物权草案》第一编"总则"中第105条至107条规定了取得时效制度。应当说,在立法上规定取得时效制度已是大势所趋,这也正符合我国司法和实际的需要。但是,令人遗憾的是,2007年通过的《物权法》并没有规定取得时效制度。

虽然立法没有确认取得时效制度,但是司法实践中却对该制度有了一定程度的认可。例如,1992年7月《最高人民法院关于国营老山林场与渭昔屯林木、土地纠纷如何处理的复函》中指出:"国营老山林场与渭昔屯村民曾在该地割草、放牧,1961年、1962年曾在该地垦荒种植农作物。1965年老山林场将该地纳入林场扩建规划,并从1967年至1968年雇请民工种植杉木,但未经有关部门批准将该地划归老山农场。纠纷发生后,当地人民政府将该地确权归渭昔屯所有。据此,为了保护双方当事人的合法权益,我们基本上同意你院审判委员会的意见,即:本案可视为林场借地造林,讼争的土地权属归渭昔屯所有,成材杉木归老山林场所有,由林场给渭昔屯补偿一定的土地使用费。"上述复函,表明了我国司法实践对取得时效制度适用的肯定。

(二) 确定取得时效制度的作用

本案之所以出现了不同的裁判结果,根本原因是缺少取得时效制度。若从立法上确立取得时效制度,则该案就可直接驳回原告的诉讼请求,也避免了当事人的无理缠诉。

事实上,取得时效制度是我国物权法立法中不可或缺的重要组成部分,它具有以下作用:

第一,有利于民法体例的完备。消灭时效的法律效果在于,在期间届满后,权利人的权利能否实现取决于义务人是否行使抗辩权,但这时原权利人只是丧失了请求权,其实体权并没有消灭,这就导致财产权的权利主体在法律上处于不确定状态。而取得时效制度是消除此种权利真空状态的最佳选择。两项制度相互衔接,时效制度才能最大程度上发挥其功效。

第二,有利于确定财产归属。取得时效制度的目的在于督促权利人积极行使权利,如果权利人怠于行使权利,实质是对自己权利的漠视,而占有人以所有的意思公然、和平地占有他人财产达到一定期限,就会使社会公众相信占有人为真正权利人,进而与占有人基于该财产建立各种社会关系,这时应对当事人的利益进行权衡,对占有人基于占有而形成的各种社会关系和现时利益,从社会稳定的角度考虑应该予以支持。

第三,有利于当事人及时举证和法院及时判决。从权利存在之概然性而言,长久存在之事实状态,通常与真实之权利关系大抵一致。通过取得时效制度,只要确定占有人的占有经过一定的时期,符合取得时效规定的要件,法院可以据此直接确定权利的归属。这有利于证据的收集和判断,并及时解决纠纷,提高司法效率。

第四,有利于充分发挥财产的利用效率。该制度能有效地促使权利人积极行使权利,减少资产的浪费,从而充分发挥其利用效率。

令人欣慰的是,2015年4月20日公布的中国法学会民法典编纂项目领导小组组织撰写的《中华人民共和国民法典·民法总则专家建议稿(征求意见稿)》在其第201、202、203条中分别体现了动产取得时效、不动产取得时效以及取得时效的适用等相应内容,这些内容对于"安定社会秩序,稳固业已形成的社会关系,促使权利人积极行使权利,使物尽其用,避免当事人举证和法院调查取证的困难",具有积极作用。

第二部分 物权法

案例一：李晓军诉甲市冰阳科技发展有限公司虚拟财产纠纷案[①]

——网络虚拟财产的法律属性

一、基本案情

原告：李晓军

被告：甲市冰阳科技发展有限公司

2003年9月8日，甲市某区人民法院公开审理了国内首例有关虚拟财产争议的案件。该案的原告是游戏玩家李晓军，被告是网络游戏运营商甲市冰阳科技发展有限公司。从2001年开始，李晓军花费了几千个小时的精力和上万元的现金，在一个名叫"红月"的游戏里积累和购买了各种虚拟"生化武器"几十种，这些装备使他一度在虚拟世界里所向披靡。但在2003年2月的一天，当他再次进入游戏时，却发现自己库里的所有武器装备都不翼而飞了，其中包括自己最心爱的3个头盔、1个战甲和2个毒药等物品。后经查证，在2月17日12时55分左右，这些装备莫名其妙地被一个叫SHUILIU0011的玩家盗走了。后李晓军找游戏运营商甲市冰阳科技发展有限公司交涉，但该公司却拒绝将SHUILIU0011的真实资料交给李晓军，于是李晓军以游戏运营商侵犯了他的私人财产为由，将其告上了法庭，要求其赔礼道歉、赔偿他丢失的各种装备，并赔偿精神损失费1万元。

二、争议焦点

本案涉及网络游戏中的虚拟财产的属性问题。对于本案，学者有不同的看法。首先，关于网络游戏中的虚拟财产是否具有财产属性的问题，一种观点认为网络游戏中的"武器装备"是财产，因为这些"武器装备"是用货币买来的，包括从网络运营商处直接购买和通过购买卡在游戏中积累而间接购买；另一种观点认为，网络游戏中的"武器装备"就是一堆数据，不是财产。其次，关于虚拟财产

[①] 本案案情及其分析参考杨立新、王中合：《论网络虚拟财产的物权属性及其基本规则》，载《国家检察官学院学报》2004年第6期。

的属性问题,一种观点认为虚拟财产是一种动产,属于物权客体的范畴;另一种观点认为,虚拟财产是一种新型的知识产权客体类型。再次,关于虚拟财产的归属问题也有很大的分歧,一种观点认为游戏中的"武器装备"不具有独立性,作为网络游戏的一部分,网络游戏运营商拥有对"武器装备"的所有权;另一种观点认为,网络游戏中的"武器装备"是游戏玩家通过付出真金白银而得到的,游戏玩家应当拥有对"武器装备"的所有权。

三、案件处理

2003年12月18日,甲市某区人民法院经审理,判决甲市冰阳科技发展有限公司恢复原告李晓军在网络游戏"红月"中丢失的虚拟装备,并返还原告购买105张爆吉卡的价款420元,赔偿交通费等各种费用1140元,驳回原告其他诉讼请求。2004年12月17日,甲市中级人民法院对该案作出终审判决,维持原判。

四、分析思考

本案争论的网络虚拟财产的根本属性问题,对传统民法是一个挑战。本案主要可以从以下几个方面思考:

(一)网络虚拟财产是否属于知识产权的客体?

网络虚拟财产是一种能为人所支配的具有价值的权利,是财产在网络虚拟空间的表现形式。知识产权,是权利人对其所创作的智力劳动成果所享有的财产权利,一般只在有限时间内有效,各种智力创造比如发明、文学和艺术作品,以及在商业中使用的标志、名称、图像以及外观设计,都可被认为是某一个人或组织所拥有的知识产权。

通过把网络虚拟财产与发明、文学和艺术作品相对比,就会发现网络虚拟财产既非发明也非作品。从特征上看,网络虚拟财产并不是一种具有商业性质的技术信息,网络游戏中的网络虚拟财产不能为玩家所垄断占有,电子信箱、QQ号码也不能为某个用户所垄断占有,所以网络虚拟财产不是发明的对象。作品是在文学、艺术和科学领域内具有独创性并能以某种有形形式复制的智力创造成果,是思想和情感的表现,而无论是电子信箱、QQ号码还是网络游戏中的"武器"以及网络本身,都不是思想和情感的表现,也不体现用户(玩家)、网络所有人的独创性,无法称之为作品。由上可知,网络虚拟财产不是知识产权的客体。

(二)网络虚拟财产是否属于一种特殊的物?

传统的物权理论认为物权的客体应占有一定的空间并有形的存在,应当具有有形性和独立性的特征,但是随着社会经济和现代科学技术的发展,物的范围早已不限制在有形、有体的范围内,只要具有法律上的排他支配可能性或管理的可能性,都可以认定为物。现代各国的立法确认空间为物,便是物的概念扩张的结果。由此可见,物的概念的扩张是社会经济和科技发展的产物,是一个不断变动的过程,只要不危及物权体系和物的体系的基本理念,对其中的个别部分的修补都在允许的范围之内。可以说,只要具有法律上的排他支配或管理的可能性及独立的经济性,就可被认定为法律上的物。就网络虚拟财产来说,在法律上,对其享有的权利应当是一种物权。因此,网络虚拟财产的性质就是特殊物。

第一,网络虚拟财产在法律上具有排他支配和管理的可能性。如网络运营商可以限定对象、限定时间地开放网络,可以对网络上的行为进行管理。另外,对网络服务商服务器上的电子数据,我们可以凭借现有的计算机技术通过各种方式对其增加、修改、删除,同时网络高手也可以凭借自己的"黑客"技术来修改网络运营商服务器上的电子数据。

第二,网络虚拟财产与物都具有独立的经济价值。网络虚拟财产主要是网络运营商通过金钱和劳动的付出取得的,如网络运营商投资开发网络、提供电子邮件系统服务以及游戏商开发游戏等等,都需要付出大量的金钱和劳动,这些金钱的支付和劳动的付出,使网络虚拟财产具有财产性,当网络虚拟财产同现实中的货币价值挂上钩时,其经济价值就突显了出来。本案中的原告李晓军花费了几千个小时的精力和上万元的现金,在一个名叫"红月"的游戏里积累和购买了各种虚拟"生化武器"几十种。这里,几十种虚拟"生化武器"和上万元的现金便都是具有独立经济价值的。

第三,网络虚拟财产的存在需要一定的空间。网络虚拟财产的存在虽然不如传统的动产和不动产那样需要现实的空间,但是其存在也需要另外一种形式的空间。从物理上说,网络虚拟财产作为电子数据需要一定的磁盘空间,这些空间是实实在在的空间;从表现形式上看,网络虚拟财产需要一定的网络虚拟空间,如电子信箱需要一定的存放空间、网络游戏的人物需要活动空间、武器装备需要存放空间等,这些空间不同于现实的空间,但是两者在某些程度上具有相似性。本案中,原告购买了几十种虚拟"生化武器"在虚拟的世界里所向披靡,这虚拟的世界也属于一定的空间。

可见,网络虚拟财产与民法的物之间在基本属性上是相同的,所以,在法理上认识网络虚拟财产,应当把网络虚拟财产作为一种特殊物,适用现有法律对物权的有关规定,同时综合采用其他保护方式,对虚拟财产进行法律保护。

值得关注的是,2015年4月20日公布的中国法学会民法典编纂项目领导小组组织撰写的《中华人民共和国民法典·民法总则专家建议稿(征求意见稿)》第108条对网络虚拟财产的法律地位问题作了界定,即"网络虚拟财产视为物,受法律保护"。这一规定,是随着社会发展,财产类型不断多元化后立法部门所作的积极回应,希望在民法典出台时能够看到关于网络虚拟财产的法律规定。

案例二：王刚诉开洋房地产开发公司违约案
——房屋买卖合同的生效与登记无关

一、基本案情

原告：王刚

被告：开洋房地产开发公司

2006年5月，王刚准备在开洋房地产开发公司买一套房，双方签订了房屋买卖合同。后王刚将房款如期交付开洋房地产开发公司，但该公司却没有将房屋交付王刚，最终王刚没有得到房子。2007年11月，王刚将开洋房地产公司起诉到法院，要求该公司履行合同。该公司辩称：根据最高人民法院的司法解释以及我国房地产管理法的规定，不动产买卖合同不经登记者不生效，所以这些合同当然无效，本公司无须将房屋交付给原告。王刚的代理人认为：该案的核心问题是将合同的债权问题与登记的物权问题混为一体。

二、争议焦点

本案争议焦点是，房屋买卖合同不经登记是否有效？一种观点认为，根据我国《担保法》第41条规定，"当事人以本法第四十二条规定的财产抵押的，应当办理抵押物登记，抵押合同自登记之日起生效"。由于本案中王刚与开洋房地产开发公司的房屋买卖合同没有经过登记，所以，该合同不能生效。另一种观点认为，合同登记与合同生效是两个不同性质的法律行为，不能混为一谈，不登记不意味着合同不能生效。

三、案件处理

当地法院经过审理后认为，本案双方当事人签订的房屋买卖合同有效，作为开发商的开洋房地产开发公司应当履行合同，按时将房屋交付给王刚。现开洋房地产开发公司没有及时交付房屋，故应当承担违约责任。

四、分析思考

本案是一个比较典型的房屋买卖合同纠纷案件，现实中存在很多类似的案例,即当事人之间订立了房屋买卖合同且实际履行了,但由于各种原因,没有进行不动产登记。随后房屋涨价了,出卖人便向法院起诉,主张房屋未登记合同无效,应收回房屋。在我国《物权法》没有颁布之前,对于此类问题,司法实践部门基本都是按照《担保法》第 41 条规定的精神处理,即财产抵押合同签订之后,双方当事人如果没有将该抵押合同进行登记,则合同不能生效。这会使得一方当事人可以肆无忌惮地违约,从而损害认真遵守合同约定、履行合同的一方当事人的利益。《物权法》的颁布改变了这种状况。

(一) 对《物权法》规定的区分原则的基本理解

本案发生时《物权法》尚未颁布,但起诉时,我国《物权法》已经颁布且开始实施。因此,本案可以根据《物权法》的区分原则进行处理,即王刚虽然没有取得房屋的所有权,但是他可以根据房屋买卖合同以债权人的身份追究开洋房地产开发公司的责任。关于房屋买卖合同不经登记是否有效,这涉及《物权法》第 15 条规定的区分原则问题。《物权法》第 15 条规定:"当事人之间订立有关设立、变更、转让和消灭不动产物权的合同,除法律另有规定或者合同另有约定外,自合同成立时生效;未办理物权登记的,不影响合同效力。"区分原则是指在发生物权变动时,物权变动的原因与物权变动的结果作为两个法律事实,其成立生效依据不同的法律原则。区分原则的法理基础,是请求权与支配权的区分,负担行为与处分行为的区分,债权关系变动与物权关系变动的区分。区分负担行为与处分行为的标准决定了原因行为遵守债权法律行为的生效要件,而物权变动遵守处分行为的生效要件。买卖合同是否有效应适用债法中对合同有效的规定,而房屋的所有权是否发生移转则适用物权法的规定。

我国《物权法》确立区分原则,消除了多年来在司法实践中对物权变动的原因与物权变动的结果问题的争论。更为重要的是,区分原则的基本价值在于确定物权变动的时间界限。在物权变动过程中,对于不动产,登记是唯一当然取得公信力的方式,完成登记过程、取得产证的时间也是物权变动的时间界限。通过不动产登记可以产生公信力。即不动产物权登记机关在登记簿上所作的各种登记,具有使社会公众信赖其正确合法的效力。

不动产变动的法律事实区分原因行为和结果行为,有较强的实践价值。因为区分原则符合物权为排他性而债权为请求权的法理。不动产物权变动与其原因行为的区分原则是合理的,登记是针对不动产合同履行或物权行为效力而言的,已经登记只是说明不动产的物权已发生移转或不能对抗第三人,并不意味着房屋买卖合同本身无效。

《物权法》第 6 条规定了不动产物权公示的原则,即不动产物权的设立、变更、转让和消灭,应当依照法律规定登记,未经登记的,不得对抗第三人。因此,物权变动作为结果行为与原因行为是相区别的,即以发生物权变动为目的的原因行为,自合法成立之时生效。在不能发生物权变动的结果时,有过错的当事人应当承担违约责任。

作为原因行为的债权行为与作为结果行为的物权行为分离的后果,如前所述,债权行为自合法成立时生效,而物权行为作为结果行为,其效力状态无法影响到债权行为的效力。债权具有请求权、相对权的性质,债权的取得或者设定不需要公示,因此买卖合同的成立与生效并不需要物权公示,否则会损害债权关系中遵守合同的当事人的正当利益,而保护了违约的一方。

(二)我国《物权法》规定的区分原则与德国法上区分原则的区别

我国《物权法》第15条作了有关合同效力与物权效力的规定,有许多学者据此认为这就是区分原则在我国物权法中的体现,并由此认为:我国的区分原则与德国法上的区分原则并无二致。本书认为,它们是存在以下差别的:

第一,根据德国民法理论,区分原则指转让行为与原因合同相分离,通过独立的法律行为实现,即物权合同。该原则又被称为"分离原则",它以物权与债权的区分为前提,由此衍生出物权行为与债权行为的区分,作为物权行为的原因行为的债权行为独立于物权行为而存在,原因关系的成立不影响到物权行为的效力。由此可以看出,德国民法中的区分原则有一个前提,即承认物权行为,这源自于萨维尼的物权行为理论,而区分原则又是作为物权行为理论的一个组成部分而存在的。然而,根据我国的民法理论以及物权法之相关规定,我国对物权行为理论是不予承认的。我国物权法中的区分原则的适用是以不承认物权行为为前提,这与孙宪忠先生所倡导的区分原则存在不同。

第二,从我国当前的物权变动模式看,大多数学者认同我国所采取的是债权形式主义为主的变动模式。这一点又与德国有所不同,德国所采取的是物权形式主义模式。在物权形式主义模式下,物权变动成就的一个重要因素是当事人之间就物权的变动要达成物权契约,即当事人之间有一个合意。物权合同的达成直接导致当事人之间物权变动的法律效果的产生。而对于采取债权形式主义模式的我国来说,物权变动的成就取决于有效的原因行为(即债权合同)与公示行为(交付或登记)。

因此,我国与德国的物权变动模式存在本质上的区别,若对德国的区分原则进行生搬硬套,则会曲解我国《物权法》规定的区分原则的立法宗旨,并且出现水土不服。

案例三:英华印刷厂诉荣房地产开发公司相邻关系案
——物权请求权的适用

一、基本案情

原告:英华印刷厂

被告:荣房地产开发公司

被告荣房地产开发公司在与原告英华印刷厂相邻三十余米处建造一座大厦。在基础工程建设期间,因施工大量抽排地下水,使原告印刷厂地面下沉,厂房墙体处开裂。原告向被告提出停止抽排地下水,被告予以拒绝。后来原告发现墙体开裂更严重,并导致印刷机的基础移位,机器转筒纸胶印机出现异常,印刷质量下降。经有关单位鉴定,原告厂房和厂内印刷机受损的直接原因,就是被告基础工程施工大量抽排地下水。原告因此直接损失达14万余元。原告英华印刷厂请求被告荣房地产开发公司赔偿,一直未能得到解决,遂向法院提起诉讼,要求被告停止侵害,赔偿损失。

二、争议焦点

本案争议的焦点是:被告应依何种法律规定承担法律责任?本案原告行使何种请求权更为合适?在法院审理过程中有两种不同的观点:一种观点认为,原告英华印刷厂基于对厂房所属的土地的使用权,可以基于相邻关系中的相邻权主张其请求权;第二种观点认为,原告英华印刷厂具有土地使用权,故可以基于物权主张其侵权的请求权。

三、案件处理

法院经过审理之后认为,原告英华印刷厂作为相邻关系中的相邻权人,当其利益受侵害时具有物权的请求权。最后,法院支持了原告的诉讼请求。

四、分析思考

本案涉及物权请求权的问题,具体可以从以下几个方面思考:

（一）本案在性质上属于相邻关系的纠纷

所谓相邻关系是指两个或两个以上相互毗邻不动产的所有人或使用人，在行使占有、使用、收益、处分权利时发生的权利义务关系。所有人或使用人在占有、使用、收益、处分权利时发生矛盾的，应当运用法律调整彼此间的矛盾，使他们有权从相邻方得到必要的便利，并防止来自相邻方的危险和危害。同时，各方对各自所有权的行使应有所节制，不能损害相邻方的合法权益。因此，相邻关系实际上是在斟酌相邻各方的利益和公共秩序后，对行使所有权的一种限制。本案中，被告建造的大厦与原告厂房相邻，被告建造大厦时，未充分考虑相邻方建筑物的安全，由此造成原告的损害，侵害了原告的合法权益，应当依照相邻关系的法律规定承担赔偿责任。

（二）原告在其物权受到侵害的情况下，可以享有物权请求权和基于侵权所产生的请求权

第一，关于物权请求权的问题。物权请求权，又称物上请求权，是指物权的圆满状态受到妨碍或者有被妨碍之虞时，物权人为恢复其物权圆满状态，得请求妨害人为一定行为或不为一定行为的权利。物权请求权是以物权为基础而产生的权利，其产生根据在于物权是对客体进行支配并排斥他人干涉的权利，当物权人的支配权受到他人侵害时，为恢复权利人对客体的圆满支配状态，物权人得以行使此项请求权。

物权请求权不以妨害人主观上是否具有过失为要件，只要有妨害物权圆满状态的事实，物权人即可依物权请求权予以救济。本案相邻权人利益受到侵害，其可以物权请求权为基础主张自己的权利。

作为一种重要的物权保护手段，物权请求权在物权立法过程中的地位非常重要。然而，关于物权请求权的性质、形态等问题，学者一直存有争议。当前各国物权请求权立法例主要有两种：一种为以法国为代表的立法例，不在民法典中直接规定物权请求权，而是将物权的保护制度视为诉权制度，物权请求权视为诉权，在民事诉讼法中加以规定。另一种为以德国为代表的立法例，民法典直接规定物权的请求权，具体规定则以所有权的请求权为中心，他物权或准用所有权的请求权的规定，或另予规定。我国《物权法》遵循了德国的立法例，在第一编第三章专门规定了物权的保护，明确在物权受到侵害时，当事人可以行使的物权请求权有：返还原物请求权、排除妨害请求权、消除危险请求权。

第二，物权请求权与侵权请求权两者在权利保护方法上的区别。两者之间存在很多差别，无法相互取代，具体表现在：

其一，物权请求权与侵权请求权具有不同的功能和目的。物权请求权的目的是排除物权受到侵害的事实或者可能，恢复或者保障物权的圆满状态；侵权请求权的目的是填补物权人无法通过行使物权请求权而得以弥补的损失。一般而

言,当物权受到侵害时,首先应当适用物权请求权,以尽可能地恢复物权的圆满状态。只有在遭受的损害无法通过物权请求权加以弥补时,才可以行使侵权请求权,要求加害人给予损害赔偿。

其二,物权请求权与侵权请求权要求相对人承担责任的条件不同。首先,两者的规则基础不同。根据我国现行法律的规定,除了法律特别规定的侵权行为以外,一般侵权行为的受害人要行使基于侵权行为的请求权必须适用过错责任原则。而如果适用物权请求权,权利人则只需要证明损害的存在即可,不必证明行为人是否具有过错。可见,如果以侵权请求权代替物权请求权,事实上加重了物权人的举证负担,这对物权保护极为不利。其次,两者的法律后果不同。行使侵权请求权的前提是存在损害赔偿之债,也就是说加害人只有造成了受害人财产损失才承担赔偿责任,没有损失就无须赔偿。而物权请求权行使的前提是物权遭受侵害或者有遭受侵害的可能,而不以造成财产损失为前提。事实上,对物权造成的危险或者妨害本身,往往难以准确地用货币衡量,如果不论物权人遭受的价值上的损失如何,都可以行使物权请求权,则对物权人的保护是更合理的。再次,两者的举证责任不同。如果以侵权请求权代替物权请求权,显然加重了受害人的举证负担。

其三,法律对这两种请求权保护的诉讼时效期间不同。我国《民法通则》规定了侵权请求权适用的诉讼时效。但是,对于物权请求权来说,一方面,对于排除妨害、消除危险等物权请求权而言,很难确定诉讼时效的起算点,因为物权请求权通常适用于各种继续性的侵权行为;另一方面,对于诸如返还原物的请求权而言,适用两年或一年的诉讼时效不利于保护所有人的利益。

综上所述,在物权人的权利遭到损害后,物权人应当首先行使物权请求权,只有当物权请求权不足以保护时,才考虑行使侵权请求权。结合本案可以看出,尽管原告在其物权受到侵害的情况下,可以享有两项请求权,即物权请求权和基于侵权所产生的请求权,但原告行使物权请求权对其是更为有利的。这主要基于两方面的原因:一方面,原告只需证明其物权受到侵害,而无须证明加害人是否具有过错。另一方面,从被告施工开始到原告发现损害,前后经过两年多的时间,这就涉及是否应受《民法通则》所规定的诉讼时效限制问题。本案的侵害行为属于继续性侵害,很难确定时效的起算点,如果受害人行使物权请求权,则意味着只要发现其权利受到侵害或者遭到妨碍,权利人就有权行使物权请求权,而不应从侵害行为发生之时开始计算时效。所以,从诉讼时效方面看,原告行使物权请求权对自己较为有利。

案例四：张某、李某、王某诉申申房地产有限责任公司一房多卖案

——一房多卖的法律后果

一、基本案情

原告：张某、李某、王某

被告：申申房地产有限责任公司

房地产开发商申申房地产有限责任公司（以下简称"申申公司"）欲销售其开发的华丽住宅小区最后一套别墅，于是打电话给张某、李某、王某三人，具体说明了该类型房的建筑面积、每平方米价格以及相关配套设施等内容。同时申申公司声明，此信息有效期限为一个月。该信息发出后第10日，申申公司与张某签订了该别墅的房屋买卖合同，并向张某交付了该房屋，张某支付了该房屋的全部价款，但未办理房屋产权变更登记手续；第23日，申申又与李某签订了该房屋的买卖合同，李某不知申申公司与张某之间已经就该房屋签订了买卖合同，并与申申公司就该房屋办理了产权变更登记手续；第27日，申申公司又就该房屋与王某签订了买卖合同，王某也不知道申申公司与张某、李某已经签订了房屋买卖合同；第29日，该别墅因百年不遇的泥石流而遭毁灭。张某、李某、王某与申申公司发生纠纷，诉至法院。

二、争议焦点

本案涉及物权变动过程中的一些具体问题，其争议焦点如下：第一，张某能否取得该房屋的所有权？申申公司与张某之间的房屋买卖的合同效力如何？第二，李某能否取得该房屋的所有权？申申公司与李某之间的房屋买卖的合同效力如何？第三，王某能否取得该房屋的所有权？申申公司与王某之间的房屋买卖的合同效力如何？第四，该房屋毁灭的损失风险由谁来承担？

三、案件处理

法院经过审理后判决，本案别墅的风险责任由李某承担，因为李某是该房屋

的所有权人；张某、王某的损失由申申公司承担，因为申申公司与张某、王某分别签订了房屋买卖合同，这些合同对双方当事人具有约束力。

四、分析思考

本案引发的思考是，在物权变动的过程中，会牵涉合同买卖及其效力（债权问题）、风险责任等问题。本案涉及一房三卖，根据物权的排他性规则，一物之上只能有一个主体拥有一个所有权，而其他两个主体只能主张债权请求权。

在司法实践中，如果同样情况发生在无权处分行为中，那么第三人能否获得所有权呢？对此，2012年7月1日实施的《最高人民法院关于审理买卖合同纠纷案件适用法律问题的解释》第3条作了明确规定："当事人一方以出卖人在缔约时对标的物没有所有权或者处分权为由主张合同无效的，人民法院不予支持。出卖人因未取得所有权或者处分权致使标的物所有权不能转移，买受人要求出卖人承担违约责任或者要求解除合同并主张损害赔偿的，人民法院应予支持。"即无权处分人与善意第三人签订合同之后，该第三人只能通过债权请求权主张权利，不能最终取得物权利益，即标的物的所有权。

本案分析思考意见具体如下：

第一，申申公司向张某、李某、王某三人所发出的购房信息为要约。

合同的成立一般是由要约和承诺构成的。2003年6月1日施行的《最高人民法院关于审理商品房买卖合同纠纷案件适用法律若干问题的解释》第3条规定："商品房的销售广告和宣传资料为要约邀请，但是出卖人就商品房开发规划范围内的房屋及相关设施所作的说明和允诺具体确定，并对商品房买卖合同的订立以及房屋价格的确定有重大影响的，应当视为要约。该说明和允诺即使未载入商品房买卖合同，亦应当视为合同内容，当事人违反的，应当承担违约责任。"另外，按《合同法》第14条，要约是希望和他人订立合同的意思表示。按此规定，要约在性质上是一种意思表示，其内容是希望邀请对方与自己订立合同，但仅仅邀请对方和自己订立合同尚不足以成为要约。要约是以与对方订立合同为目的、向对方开列欲订立的合同条款并等待对方接受的法律行为。要约与要约邀请有明显的区别，这些区别具体表现在以下几个方面：首先，要约邀请是指一方邀请对方向自己发出要约，而要约是一方向他方发出订立合同的意思表示。其次，要约邀请是一种事实行为，而非法律行为；要约是希望他人与自己订立合同的意思表示，是法律行为。最后，要约邀请只是引诱他人向自己发出要约，在发出邀请后，要约邀请人可撤回其邀请，只要未给善意相对人造成信赖利益的损失，邀请人并不承担法律责任，即要约邀请发出后，通常不产生法律上的权利义务关系；而要约人发出要约后受要约的约束，一旦要约被对方接受，合同即告成立。

第二,张某不能取得房屋的所有权。

本案中,申申公司分别给张某、李某、王某三人打电话推销其房产的行为,符合《最高人民法院关于审理商品房买卖合同纠纷案件适用法律若干问题的解释》第3条和要约的特征,即申申公司向张某、李某、王某三人发出的是售房要约,此要约规定了承诺期限为一个月,在要约发出后第10日,申申公司与张某签订了房屋买卖合同,该合同合法有效。张某虽然支付了全部房价款,但未办理房屋所有权变更登记,因而不能取得该房屋所有权。《物权法》第9条第1款规定:"不动产物权的设立、变更、转让和消灭,经依法登记,发生效力;未经登记,不发生效力,但法律另有规定的除外。"第15条规定:"当事人之间订立有关设立、变更、转让和消灭不动产物权的合同,除法律另有规定或者合同另有约定外,自合同成立时生效;未办理物权登记的,不影响合同效力。"因此,虽然合同有效成立,但张某不能合法取得该房屋的所有权,因为申申公司已经把该房屋出卖给李某,并办理了过户登记手续,李某为该房屋的合法所有人。对申申公司与张某的合同而言,申申公司已经履行不能,张某有权向申申公司主张违约损害赔偿,但不能要求其实际履行,也不能向李某主张房屋所有权。

第三,李某取得房屋的所有权。

关于申申公司与李某之间对于该别墅的买卖合同的效力,由于整个购房过程中,李某不知情,是善意第三人,申申公司与李某之间的买卖合同成立并生效,同时申申公司与李某就该别墅办理了所有权变更登记,李某依法善意取得该房屋所有权,而张某因合同产生的债权合法占有该房屋,李某可以依据《物权法》第14、106条[①]向张某主张物权请求权,请求张某返还该别墅。

第四,王某不能取得该房屋所有权。

申申公司与王某之间的房屋买卖合同因该公司的欺诈行为而可撤销,王某享有对此合同的撤销权。因为申申公司与王某订立合同在已经将房屋卖给李某并且办理了过户登记手续之后,此时申申公司不再是该别墅的所有权人,其实施了无权处分行为,欺诈了王某,是恶意相对人。《合同法》第54条规定:"下列合同,当事人一方有权请求人民法院或者仲裁机构变更或者撤销:(一)因重大误解订立的;(二)在订立合同时显失公平的。一方以欺诈、胁迫的手段或者乘人之危,使对方在违背真实意思的情况下订立的合同,受损害方有权请求人民法院

---

① 《物权法》第14条规定:"不动产物权的设立、变更、转让和消灭,依照法律规定应当登记的,自记载于不动产登记簿时发生效力。"第106条规定:"无处分权人将不动产或者动产转让给受让人的,所有权人有权追回;除法律另有规定外,符合下列情形的,受让人取得该不动产或者动产的所有权:(一)受让人受让该不动产或者动产时是善意的;(二)以合理的价格转让;(三)转让的不动产或者动产依照法律规定应当登记的已经登记,不需要登记的已经交付给受让人。受让人依照前款规定取得不动产或者动产的所有权的,原所有权人有权向无处分权人请求赔偿损失。当事人善意取得其他物权的,参照前两款规定。"

或者仲裁机构变更或者撤销。当事人请求变更的,人民法院或者仲裁机构不得撤销。"第 51 条规定:"无处分权的人处分他人财产,经权利人追认或者无处分权的人订立合同后取得处分权的,该合同有效。"由此可见,王某享有撤销权。一旦合同被撤销,申申公司应当向王某承担缔约过失责任。

第五,本案中房屋的风险责任应该由李某承担。

《合同法》第 142 条规定:"标的物毁损、灭失的风险,在标的物交付之前由出卖人承担,交付之后由买受人承担,但法律另有规定或者当事人另有约定的除外。"《最高人民法院关于审理商品房买卖合同纠纷案件适用法律若干问题的解释》第 11 条:"对房屋的转移占有,视为房屋的交付使用,但当事人另有约定的除外。房屋毁损、灭失的风险,在交付使用前由出卖人承担,交付使用后由买受人承担;买受人接到出卖人的书面交房通知,无正当理由拒绝接收的,房屋毁损、灭失的风险自书面交房通知确定的交付使用之日起由买受人承担,但法律另有规定或者当事人另有约定的除外。"《合同法》第 149 条规定:"标的物毁损、灭失的风险由买受人承担的,不影响因出卖人履行债务不符合约定,买受人要求其承担违约责任的权利。"本案中,申申公司已经将房屋交付给了张某,张某是房屋的直接占有人。该别墅被泥石流毁灭前,李某作为所有权人可以行使对张某的返还原物请求权,有权要求张某搬离别墅。但该别墅毁灭后,李某就不能再向张某请求返还原物了,因为原物已经不存在。由于张某对该别墅的毁灭没有任何过失,李某作为所有权人,只能自己承担该别墅毁灭的损失。

案例五：应某诉包某、于某商铺买卖纠纷案

——承租人能否基于"买卖不破租赁"
规则享有相关权利

一、基本案情

原告(二审被上诉人、再审被申诉人)：应某

被告(二审上诉人、再审申诉人)：包某

被告：于某

案外人：纪某

2005年3月15日，应某与案外人纪某签订《房地产买卖合同》，约定纪某将其所有的甲市一处商铺(以下简称"系争商铺")出售给应某，总房价款为人民币(以下币种均为人民币)50万元整。3月31日，应某取得系争商铺的房地产权证。4月29日，应某发函给系争商铺占用人包某，明确系争商铺的产权人为自己，要求包某接到通知后搬离系争商铺，否则将按市场价向包某收取占用该商铺的租金。包某接函后未迁出系争商铺。5月26日，应某向一审法院起诉，要求判令包某、于某迁出系争商铺，并要求包某、于某支付从2005年5月1日起每月的商铺使用费8000元，暂计至2006年3月31日止，共88000元。包某辩称其是与曹某签订的租赁协议，租期为十年，且十年的租金已全部付清。于某辩称其仅仅是与包某共同经营该商铺，且于2005年7月22日已离开该商铺。

2004年10月18日，包某与案外人曹某签订《铺位租赁协议》，约定曹某将系争商铺出租给包某经营使用，租用期限为十年，从2005年4月11日至2015年4月10日止，租金为每年10万元。该协议明确，全部租金已付。2005年1月1日，包某与于某签订《共同经营协议》，合作期限为2005年1月1日至2006年4月10日，于某已支付租金19万元，平时由于某实际管理经营，双方共担风险，共享利益。

系争商铺原始产权人史某夫妇与曹某在2003年1月签订了系争商铺的《转卖证明》，双方明确："原史某的商铺2003年1月起，转卖给曹某，从2003年4月起曹某接管档口的租赁权和租金权，现转卖金额已付清，曹某拥有该档口的房产权，由于正式交易手续未办理，原史某的档口房产证由曹某所有，本证明一式两

份,买卖方各一份。"史某与曹某未办妥该商铺的产权转让手续,只在该商铺的管理人乙公司保存的《商铺产权转让情况登记》中记载:系争商铺的原业主为史某夫妇,现业主为曹某,落款时间为:2003年1月23日。

因系争商铺买卖问题,曹某于2004年11月22日诉至法院,要求法院确认2003年1月其与史某夫妇签订的有关系争商铺的《转卖证明》有效。在该案审理过程中的2005年2月27日,史某夫妇将该商铺转让给案外人纪某,并办理了产权过户手续。纪某于2005年3月31日又将该商铺转让给应某。因此,曹某变更诉讼请求,要求史某夫妇赔偿其经济损失一百多万元。

二、争议焦点

本案争议的焦点是:承租人能否享有"买卖不破租赁"的权利?一种观点认为,本案承租人包某可以享有买卖不破租赁的权利;另一种观点认为,于某与包某是共同经营该商铺,且于某于2005年7月22日已离开该商铺,故目前仅仅是包某一人作为实际权利人,有权对商铺进行权利处分,他人另外所签的租赁合同对其没有约束力,对新的买受人也没有约束力,故不存在买卖不破租赁的问题。

三、案件处理

一审法院认为,应某是系争商铺产权人,依法享有对该商铺的占有、使用、收益和处分权利。应某要求包某、于某迁出该商铺并要求两人支付该商铺使用费的诉讼请求,于法有据,可以支持。包某声称,其在应某取得该商铺产权之前就已与曹某签订了租赁协议,且已向曹某付清了十年租期的租金,因此不同意迁出,也不同意支付使用费。对此,法院认为无法律依据,难以支持。原因是包某在2004年10月与曹某签订长达十年期限的租赁协议时,曹某并未取得该商铺的房地产权证,尚不是该商铺的产权人。包某未严格审查该商铺产权人情况,对此应承担相应的民事责任。于某虽已于2005年7月22日离开该商铺,但其在2005年7月22日前也是该商铺的共同经营人,故应对2005年7月22日前该商铺的使用费承担共同给付的责任。如果包某认为曹某未取得产权证就与其签订长达十年期限的租赁协议而致其遭受经济损失,可另行依法解决。因包某与曹某的租赁协议中明确,该商铺的年租金为每年10万元,故应某要求包某、于某每月支付该商铺使用费8000元的诉讼请求,尚属合理,可以支持。据此,一审判决支持原告诉请。

包某不服一审判决,向甲市中级人民法院提起上诉称,其与案外人曹某就系争商铺签订了租赁合同,双方实际已依约履行,该租赁合同也经市场管理部门登记核准,故该租赁合同应为合法有效。现虽变更产权人,但不应影响租赁合同的继续履行,因为应某在取得系争商铺产权时已明知其在实际使用。一审法院要求其重复支付租金,将造成其相应的经济损失。请求撤销一审判决,改判驳回应某的诉讼请求。

二审经审理查明,一审法院认定的事实属实。另查明,案外人曹某与系争商铺原产权人史某夫妇买卖合同纠纷一案,甲市A区人民法院经审理于2006年3月7日作出民事判决,判令史某夫妇赔偿曹某损失1167181元。

二审认为,系争商铺的原权利人与案外人曹某之间签订了关于系争商铺权利转让的协议,当时曹某对系争商铺仅享有债权,尚未取得物权。曹某是在自己对系争商铺仅享有债权的情况下与包某签订了该商铺的租赁合同。就系争商铺的过户问题来说,曹某曾诉至法院,但因系争商铺被原权利人转让,曹某于是不再要求取得系争商铺的权利,而是变更其诉讼请求,主张原权利人予以赔偿。因此,在曹某不再要求取得系争商铺物权的情形下,包某与曹某之间的租赁合同就失去了继续履行的依据,且该租赁合同不具有法律规定的"买卖不破租赁"的情形,由此产生的法律后果,包某应与其合同相对方曹某另行解决。现应某已成为系争商铺的权利人,其要求包某迁出系争商铺,于法有据,包某所持的与曹某的合同不能对抗应某的权利。一审法院所作的认定与判决并无不当,应予维持。据此判决:驳回上诉,维持原判。

检察机关抗诉认为:终审判决在不否认系争租赁合同效力的前提下,以租赁合同出租人为非所有权人为由,对我国合同法关于"买卖不破租赁"规定作限制性解释,对当事人的合法租赁权未予保护,于法相悖,故提出抗诉,请依法再审。

再审经审理查明,二审认定的事实属实。再审庭审中,包某自认其当时知道系争商铺的产权还未过户到曹某名下,产权人是史某。

甲市中级人民法院再审后认为,原终审判决对本案的处理结论,并无不当,应予维持;检察院的抗诉理由,不能成立。

四、分析思考

本案主要有以下几个问题需要梳理:

(一) 房屋产权的取得必须办理过户登记

本案案情看上去似乎比较复杂,但是仔细梳理几对法律关系,问题便迎刃而解。本案的法律关系主要是以下几对:史某与曹某的买卖关系、史某与纪某的买卖关系、纪某与应某的买卖关系、曹某与包某的租赁关系、包某与于某的共同经营关系、应某向包某等主张的物权请求权关系。从案件事实分析,曹某在将系争商铺出租的同时,因系争商铺过户问题与史某夫妇发生了诉讼。基于史某夫妇已将系争商铺转让给案外人纪某,纪某又转让给应某,而应某至房地产管理部门办理了过户手续,成为系争商铺业主的事实,曹某在与史某夫妇的诉讼中不再要求取得系争商铺的物权,而要求史某夫妇按系争商铺的评估价赔偿其经济损失。

但是,曹某在该案审理中隐瞒了其已将系争商铺出租给包某的事实。法院依据曹某的诉请,依法确认系争商铺产权仍归史某所有,判令史某夫妇赔偿曹某相应经济损失。根据系争商铺原产权人史某夫妇与曹某曾签订的系争商铺《转卖证明》载明的内容,史某夫妇系将商铺卖给曹某,而非租赁给曹某,且该买卖尚未办理产权变更登记手续,系争商铺的产权人仍然是史某夫妇。我国《物权法》第14条规定:"不动产物权的设立、变更、转让和消灭,依照法律规定应当登记的,自记载于不动产登记簿时发生效力。"即不动产的产权人变更须经合法登记。然而,曹某在尚未取得系争商铺产权时,却以商铺产权人的身份与包某签订了《铺位租赁协议》,且包某当时也知道系争商铺的产权还未过户到曹某名下,故由此引起的法律后果应由相关当事人自己承担。

(二) 租赁关系必须建立在合法有效的基础上,其承租人才能享有相关权利

我国《合同法》规定,租赁物在租赁期间发生所有权变动的,不影响租赁合同的效力。也就是说,本案的租赁物的原产权人史某夫妇将租赁物卖给善意第三人后,又将租赁物转让给新产权人的,在这样的情况下,第三人与原产权人的租赁关系适用于租赁物的新产权人。但本案中曹某从未取得系争商铺的物权,也从未成为产权人,故先前曹某在系争商铺产权还登记在史某名下的情况下,将系争商铺出租给包某的行为属于效力待定的处分行为。如果最终曹某成为产权人,那么曹某对系争商铺的处分就是有权处分,其效力涉及其与包某签订的《铺位租赁协议》;如果最终曹某不能成为产权人,那么曹某对系争商铺自始无权享有处分、收益的权利,其与包某签订的《铺位租赁协议》也就对新产权人应某没有约束力。在法院根据曹某对史某夫妇所主张的赔偿请求,依法判令史某夫妇赔偿曹某相应经济损失后,包某与曹某签订的《铺位租赁协议》即从根本上失去了继续履行的基础。据此,曹某与包某之间的租赁关系不符合法律规定的"买卖不破租赁"的条件,故不能适用"不影响租赁合同的效力"的规定。若包某与曹某因不能履行《铺位租赁协议》而产生纠纷,可依法另行解决。总之,租赁关系必须建立在合法有效的基础上,其承租人才能享有相关权利;否则,当事人的利益难以获得法律的保护。

案例六:柳某诉甲机电公司相邻通行权案

——业主的建筑物区分所有权与相邻权并存时引发的纠纷

一、基本案情

原告:柳某

被告:甲机电公司

原告柳某1992年从一幢三层办公楼的合建者乙省丙县对外贸易公司处取得该楼二、三层的房屋所有权。根据该公司与另一合建人丙县工业局1982年的约定,该建筑由工业局住一楼,该公司住二、三楼,楼上住户通过一楼楼梯、门厅上下班。后一楼长期由工业局下属甲机电公司使用,双方为一楼过道问题频频发生纠纷。柳某为避免纠纷,在楼后搭建简易楼梯,后被认定为违章建筑停止使用。柳某遂要求从一楼楼梯正常通行,但遭甲机电公司拒绝,并将一楼楼道改作仓库,致使柳家老少只能爬室外木梯上下楼,带来诸多不便和危险。1998年9月10日,因协商不成,原告向丙县法院起诉被告甲机电公司,要求继续使用一楼楼梯。

二、争议焦点

本案是一起包含建筑物区分所有权法律关系和含有相邻权法律关系的纠纷案件。在本案处理过程中,一种意见认为,本案仅仅是一起相邻关系的纠纷,可以按《民法通则》第83条的规定处理即可;另一种意见认为,本案不仅涉及相邻关系问题,还涉及建筑物区分所有权关系问题。

三、案件处理

一审法院以超过诉讼时效为由驳回了柳某的诉讼请求。柳某上诉,二审法院认定柳某已取得了二、三楼的专用权,同时也享有一楼楼梯的互有权,判决柳某享有一楼室内楼梯的通行权。甲机电公司不服,向乙省高院提起申诉,高院认为对外贸易公司将房屋转让给柳某未征得合建人的同意,并未办理办公用房转为住宅的手续,违反了法律规定和社会公益,且将柳某在室外搭建楼梯通行后又自行拆除的行为视为柳某放弃其权利,加之权利主张已超过诉讼效,因此判令柳某自行在原址修建室外楼梯通行。

四、分析思考

此案发生较早,《物权法》尚未公布,其处理的法律依据基本按照《民法通则》有关相邻关系的规定。以现在的相关法律规定看,这个处理显得比较简单,如果根据《物权法》的规定,从建筑物区分所有权的角度进行分析,则处理依据会更充分。

(一) 对建筑物区分所有权概念的认识

建筑物区分所有权由所有权人对一建筑物中的专有部分的所有权与对共有部分的持分权共同构成。相邻关系,是指不动产相邻各方在对各自所有或使用的不动产行使所有权或使用权时,应相互间依法给予方便或接受限制而发生的权利义务关系,相邻各方基于此而享有的权利被称为相邻权。

建筑物区分所有权与相邻权存在以下区别:

第一,从性质上看,建筑物区分所有权属于物权,是所有权的一种特殊形式;相邻权则是基于法律的规定对不动产所有权或使用权当然的限制或延伸,它并不是一项独立的物权,而是基于物权的请求权。

第二,从权利客体上看,建筑物区分所有权的客体分为专有部分与共有部分,专有部分指在构造上能明确区分,具有排他性且区分所有权人可独立使用的建筑物部分;共有部分则是指区分所有权人所拥有的单独所有部分以外的建筑物其他部分,共有部分既可以由法律直接规定,也可以由区分所有权人共同约定。

关于我国建筑物区分所有权的共有部分范围的界定,从共有部分的所有关系出发,可将建筑物共有部分分为全体共有部分与部分共有部分。属于全体共有部分的包括:建筑物主体结构中的基础、柱、梁、墙,如内外承重墙体、支柱、屋顶、外墙等;建筑物占用范围内的国有土地使用权;居住在该栋建筑物中的全部住户所共同使用的部分,包括楼梯间、走廊、紧急出口、路灯、大门、地下室、电照、绿地、道路、池、井、锅炉、暖气线路、煤气线路、沟管、垃圾管、化粪池等。属于部分共有部分的包括:同一建筑物中某一单元中所有住户共用的部分,如楼梯间、走廊、电梯、自来水管、电线、消防设备、紧急出口、路灯、大门等;同一单元中的两个或多个住户所共用的部分,如相邻两户共用的非建筑物承重墙的墙面或者专属于某一层住户使用的路灯、过道、消防设备等。[①]

---

① 参见《建筑物区分所有权专有部分和共有部分范围界定》,http://news.9ask.cn/fcjf/fanben/yezhu/201204/1648998.shtml,2013年9月17日访问。

关于相邻权的客体,学界有诸多观点。通说认为,其客体指相邻不动产所有权人对相邻不动产行使权利的行为,而相邻不动产的所有权归各所有权人专有,不存在共有的问题。

第三,从权利内容上看,建筑物区分所有权的内容包括区分所有权人对专有部分自由使用、收益和处分的权利,对共有部分使用、收益和单纯的修缮改良的权利,以及作为共有权人应当承担的依共有部分本来的用途使用共有部分,分担共同费用和负担等义务;相邻权的内容包括所有权人或使用权人为相邻关系人提供方便而对自己的所有权或使用权予以限制,或要求相邻关系人为自己提供方便而对其所有权或使用权予以限制,由此给所有权人或使用权人带来的损失应予以适当补偿。

第四,从空间位置上看,区分所有权建筑物各专有部分之间并不一定相毗连,如一楼与三楼的住房,而相邻的不动产一定是相毗连的。

本案中,甲机电公司的上级丙县工业局与丙县对外贸易公司签订合建办公楼协议,并约定工业局住一楼,对外贸易公司住二、三楼,楼上住户通过一楼楼梯、门厅上下班。

从协议中可知,工业局对一层的部分享有专有权,对外贸易公司对二、三层的部分享有专有权。该建筑物中的楼梯属于共有部分,二、三层楼的住户均有权使用。由于共有部分与专有部分具有不可分割性及共有部分从属于专有部分的特性,区分所有权人的共有部分持分权是以对建筑物的部分享有专有权为前提的,一旦专有部分所有权被转让,除有特别约定之外,其共有部分持分权也必然地由继受人取得。因此,柳某取得区分所有建筑物二、三层的专有权,也必然地享有共有部分——楼梯的持分权,而成为新的建筑物区分所有权人。机电公司作为使用人而非所有权人,应当遵守所有权人关于建筑物的约定。原被告之间就楼梯通行的纠纷属于建筑物区分所有权法律关系的纠纷。

在这一特殊的区分所有建筑物中,门厅属于一楼住户专有部分,而非共有。机电公司与二、三层楼的所有者柳某之间存在的是相邻关系,柳某享有为了自家通行的便利,而要求从机电公司限制其所有权,允许其家人从门厅通过的权利,二者关于门厅通过的纠纷属于相邻关系纠纷。

本案中甲机电公司拒绝柳某家通行,并将楼道擅自改造成仓库,是对柳某所享有的建筑物区分所有权及相邻必要通行权的妨害。

就诉讼时效而言,既然建筑物区分所有权是所有权的一种特殊形式,那么对建筑物区分所有权的侵害也应属于妨害所有权行使的范畴,对所有权物上请求权的时效的规定也同样适用于建筑物区分所有权。

(二) 相邻权作为物权请求权是否适用诉讼时效?

二审法院判决中指出柳某的权利主张已超过诉讼时效。本书前文已述,本案在处理时,《物权法》尚未颁布,故法院是从相邻关系的角度进行分析,认定柳某享有的权利为相邻权。那么,相邻权作为物权之一是否可以请求适用诉讼时效?

一般而言,物权请求权不适用诉讼时效的规定,理由如下:

第一,诉讼时效的客体是债权请求权,即诉讼时效的适用范围限于请求权,因为请求权是请求他人为一定行为或不为一定行为的权利。但不是所有的请求权都适用该规定。请求权中的债权请求权符合诉讼时效客体权利的特征,其以财产权利为内容,不具有支配性。若权利人长期怠于行使权利,会使法律关系处于不确定状态,不利于维护社会交易秩序的稳定,故债权请求权适用诉讼时效的规定。

第二,物权请求权的特征不适用诉讼时效。首先,物权请求权是物权效力的具体体现,是包含在物权权能之中的。只要物权存在,物权请求权就应该存在。由于物权本身作为支配权不适用诉讼时效的规定,因此,作为物权一部分的物权请求权,也不应当因时效届满而消灭。其次,物权请求权的主要功能是保证对物的圆满支配,它是保护物权的一种特有方法。如果物权请求权因时效届满而消灭,但是物权继续存在,这将使物权成为一种空洞的权利。换言之,物权请求权以恢复物权的圆满状态为目的,罹于时效,无异于剥夺了物权人的支配力,必将引起变态物权的出现。

因此,就本案而言,法院认定原告主张的物权请求权超过诉讼时效显然是不符合法律规范的。

案例七：黄某诉甲省A县B供销合作社房屋买卖纠纷案

——优先购买权与业主的建筑物区分所有权并存时引发的纠纷

一、基本案情

原告：黄某

被告：甲省A县B供销合作社

第三人：程某

原告、被告讼争房屋坐落在甲省A县B镇C街279号。该房屋为木质结构，前后楼上楼下各二间，中间隔一天井。该房屋原属第三人程某祖辈所有。1956年公私合营时第三人将该房前截店屋分为上、下两间，后折价入股归被告所有。后截房屋上、下两间仍属第三人所有，出入均由前截店屋右侧通行。天井、走廊、楼梯为双方共有。1985年5月31日，该店屋上、下两间由原告承租使用至今。1993年7月10日，被告将该店屋上、下两间出卖给第三人，双方引起纠纷。原告于1993年7月24日诉至A县人民法院，请求确认双方房屋买卖关系无效，保护其房屋优先购买权。

二、争议焦点

本案是因业主的建筑物区分所有权与优先购买权引发的纠纷。一种意见认为，本案属于共有关系中优先购买权性质的问题，可按《民法通则》《最高人民法院关于贯彻执行〈民法通则〉若干问题的意见（试行）》的有关规定处理；另一种意见认为，本案不仅涉及共有关系中优先购买权问题，还涉及业主的建筑物区分所有权的问题，虽然在案件审理时《物权法》没有公布，有关这部分问题我国法律没有规定，但是学理上已经有一些理论可以参照。

三、案件处理

甲省A县人民法院认为：讼争屋为原告承租，但该店屋与后截天井、走廊、楼梯及第三人的房屋连成一体。该店屋系属 C 街 279 号房屋整体结构中的一部分,且该房屋天井、走廊、楼梯为被告与第三人共有,同时该店屋右侧系第三人出入的必经之路,第三人对该店屋享有优先购买权,其与被告签订的店屋买卖关系有效,原告基于租赁关系的优先权不能对抗第三人的优先购买权。原告所诉无理,不予支持。

二审法院经审理认为:被上诉人(原审被告)店屋与第三人房屋虽然连为一体,但双方产权界限明确,第三人对被上诉人前截店屋没有共有权。现被上诉人出卖该店屋,第三人没有优先购买权,其与被上诉人签订的房屋买卖协议无效。上诉人(原审原告)系该店屋承租户,依法享有优先购买权。现其主张优先购买该屋,应予支持。

四、分析思考

本案涉及优先权购买权和建筑物区分所有权两个问题,本书逐个加以分析。

(一) 优先购买权

优先购买权,是指当事人在特定的买卖关系中,依法享有的在同等条件下,优先于其他人购买出卖人的财产的权利。在房屋买卖关系中,我国现行立法主要规定了两种优先购买权:一是房屋共有人的优先购买权。这里所指的优先购买权主要指按份共有人的优先购买权。我国《民法通则》第 78 条第 3 款规定:"按份共有财产的各个共有人有权将自己的份额分出或转让。但在出售时,其他共有人在同等条件下,有优先购买的权利。"2007 年施行的《物权法》第 101 条规定:"按份共有人可以转让其享有的共有的不动产或者动产份额。其他共有人在同等条件下享有优先购买的权利。"

二是承租人的优先购买权。1983 年国务院发布的《城市私有房屋管理条例》第 11 条规定:"房屋所有人出卖租出房屋,须提前三个月通知承租人。在同等条件下,承租人有优先购买权。"《合同法》第 230 条也规定:"出租人出卖租赁房屋的,应当在出卖之前的合理期限内通知承租人,承租人享有以同等条件优先购买的权利。"在房屋买卖中,某一出卖人出售其房屋时,未通知房屋其他共有人和承租人,侵害了其他房屋共有人和承租人的优先购买权的,房屋其他共有人和承租人有权主张优先购买权,并可要求撤销出卖人与买受人之间订立的房屋买卖合同。

在本案中,如果确认讼争的并为被告所有的房屋与第三人的房屋连成一体,被告与第三人共同对该房屋享有所有权,则在被告出售其房屋时,第三人作为共有人享有优先购买权。同时,因被告的房屋已租给原告使用,所以在被告出售其房屋时,原告作为承租人亦享有优先购买权。在共有人和承租人均对房屋享有优先购买权的情况下,哪一个优先购买权更应当优先? 通常情况下,共有人所享有的优先购买权更应当优先。其原因在于：

第一，从法律性质看，按份共有人所享有的优先购买权是按份共有权中派生出来的一项权利。尽管按份共有人只是按照份额享有权利并承担义务，每个共有人都有权出售其份额，但因为按份共有人是整个共有财产的所有人，有义务维护共有财产的完整和安全，尤其是法律为稳定共有关系，规定在某一按份共有人出售其份额时，其他共有人可通过行使其优先购买权限制处分份额，可见，共有人享有的优先购买权是共有权中包括的权利。而对于租赁权来说，尽管法律赋予了租赁权一定的类似于物权的效力，但并不能从根本上改变其债权的性质。

按照物权法的一般原理，当物权与债权同时并存时，物权的效力优先于债权。因此，作为共有权内容的优先购买权与主要为债权的租赁权相比，前者当然应当具有优先于后者的效力。

第二，从立法目的上看，共有人的优先购买权为共有权所包含，它是为了保护共有人的财产而设立的。而设立承租人优先购买权的目的是为了稳定租赁关系，使承租人不因其租赁房屋的产权转让而无房可住。当然，除此以外，承租人也可以通过"买卖不破租赁"的原则来实现其利益，即即使承租人不享有优先购买权，其租赁权仍然能够得到保护。但如果共有人不享有优先购买权，其权利则难以获得其他规则的保护。

正是基于上述原因，本书认为，共有人的优先购买权应优先于承租人的优先购买权。所以，在本案中，如果第三人确为讼争房屋的共有人并享有优先购买权，则其权利应更优先于作为承租人的原告所享有的优先购买权。

然而，第三人是否对讼争的房屋享有共有权？一、二审法院对此存在两种不同的观点。本书认为，从本案看，第三人不应享有共有权。因为尽管该房屋系属甲省A县C街279号房屋整体结构中的一部分，且该房屋天井、走廊、楼梯为被告与第三人共有，但该房屋的前截店屋和后截店屋是分开的，自1956年公私合营时第三人就将该房屋前截店屋分为上、下两间，折价入股归被告所有，而第三人仅享有后截上、下两间店屋的所有权。从登记证上所记载的内容看，第三人并不对前截店屋享有所有权，所以不能认为第三人对被告出卖的房屋享有共有权，该房屋仅为被告所有。然而，仅仅认定第三人不享有共有权是不够的。事实上，本案确属于建筑物区分所有的纠纷。

（二）业主的建筑物区分所有权

业主的建筑物区分所有权是指业主对建筑物内的住宅、经营性用房等专有部分享有所有权，对专有部分以外的共有部分享有共有和共同管理的权利。它实际上是由专有所有权（单独所有权）、共有权及共同管理权（成员权）而构成的整体。业主建筑物区分所有权的主要特征有：

第一，建筑物区分所有权的客体具有整体性。建筑物区分所有权是建筑在整体的建筑物上区域所有的所有权形式。如上所述,业主的建筑物区分所有权是由建筑物区分所有人对专有部分的所有权、建筑物区分所有人对共有部分的共有权(其中又包括共同使用权与专有使用权)以及建筑物区分所有人的成员权等三种权利组成的,它不同于普通的物权,如所有权、抵押权或国有土地使用权,这些权利具有单一性,只是权利主体对不动产享有占有、使用、收益和处分的权利。因此,对业主的建筑物区分所有权进行研究就不仅意味着对其中的各个构成单位分别加以研究,还必须就各个权利相互之间的互动关系进行观察。在业主的建筑物区分所有权的三个组成部分中,建筑物区分所有人对专有部分的所有权占主导地位,没有建筑物区分所有人对专有部分的所有权就无法产生建筑物区分所有人对共有部分的共有权以及建筑物区分所有人的成员权;如果权利人丧失对专有部分的所有权,也就丧失了对共有部分的共有权及成员权;权利人对专有部分的所有权的权利范围决定了其对共有部分的共有权及成员权的权利范围;在建筑物区分所有权人进行权利登记时,也只需要对其专有部分所有权进行登记,而不需要对共有权及成员权进行登记。所以,它是其他两项权利产生、存在以及行使的前提与基础。另外,业主的建筑物区分所有权的整体性还体现在业主的建筑物区分所有权是一个权利的集合体,三种权利是紧密结合成为一个整体,权利人不能对建筑物区分所有权进行分割行使、转让、抵押、继承或抛弃。

第二,建筑物区分所有权的内容具有多样性。建筑物区分所有权是由专有权、共有权和管理权(成员权)三个部分组成的,这使得建筑物区分所有权人具有权利主体身份的多样性与权利义务内容的复杂性。首先,他是建筑物专有部分的所有权人,可以对其专有部分进行占有、使用、收益和处分,但这些权能又受到其他建筑物专有部分所有权人的制约,即权利人具有不能危害其他人利益的义务。其次,作为建筑物共有部分的共有权人,既可以对全体区分所有人在生活中必须使用的共有财产,如公共楼梯、公共走廊、大门等进行使用,还可以对依据法律规定和区分所有人之间的共同约定,由其专有使用的共产财产,如地下停车场车位、与一楼连接的庭院等进行排他的、独占性的使用。最后,他是建筑物区分所有权人组织的成员,享有相应的成员权,可以对涉及全体建筑物区分所有人的重要事项进行表决、参与建筑物管理规则的制定、选举管理者、解除管理者、请求就重要事项召开会议讨论、请求停止违反共同利益行为等。区分所有人除享有上述权利外,作为团体成员还应承担团体协议、章程规定、接受管理者管理等义务。

第三,建筑物区分所有权中的专有权具有主导性。尽管建筑物区分所有权由多种权利构成,但在各项权利中,专有部分的所有权是居于主导地位的,即其他权利都是由专有部分的所有权决定的。因为专有部分的所有权,才决定了共有部分的持有额比例,决定了共有权中的使用和收益范围,决定了在行使共同管理权时的成员权的大小等。所以,专有部分的所有权应当居于核心地位。

就本案而言,有几个问题需要梳理:

第一,在区分所有的情况下是否可推定双方对整个建筑物房屋享有共有权?

在本案中,被告和第三人分别对前截店屋和后截店屋享有专有所有权,并对房屋天井、走廊、楼梯等享有共有权,同时双方也发生了相邻关系(如第三人要从店屋右侧出入),可见双方确实形成了区分所有关系。那么,在区分所有的情况下是否可推定双方对整个建筑物(C街279号房屋)享有共有权? 显然是不能的。因为建筑物区分所有权与共有权的根本区别在于:前者将一栋建筑物区分为专有部分和共用部分,并在此基础上形成一种特殊类型的不动产所有权;就共用部分而言仍然属于共有,但专有部分则是单独的所有权。而后者不包括单独所有权。所以,在本案中,被告和第三人分别对前截店屋和后截店屋享有的单独所有权,与双方对房屋、天井、走廊等享有的共有权是必须分开的。就被告和第三人享有的单独所有权而言,是完整的、不受他人权利限制的权利。

第二,被告和第三人中的任何一人对其单独所有部分行使处分权时,其他单独所有人是否享有优先购买权?

不能享有。因为建筑物的区分所有与共有是不同的,共有乃一个所有权,在按份共有关系中,各个共有人应按照各自的份额享有权利并承担义务,各个共有人的权利都可及于共有物,但任何一个共有人都不得对共有财产主张单独的所有权。而在区分所有权中,要将一栋建筑物区分为专有部分和共有部分,专有部分是单独的所有权,与一般所有权无异,在产权登记时也应分别进行登记。因此,在区分所有的情况下,一栋建筑物实际上已经分割为独立的单位为多人分别单独享有,这样,所有权已不是一个而是数个。由于区分所有人对其专有部分享有所有权,因此单独所有人对其单独所有的财产可以独立行使使用、收益和处分的权利,他人不得干涉。对专有部分的所有权的行使不能在法律上通过施加优先购买权来予以限制,也不能因为各个单独所有人之间彼此是相邻的便使其享有优先购买权。因为尽管区分所有人之间是相邻的,但他们相互独立,互不关联,不能使某个所有人对他人转让其单独的所有权而主张优先购买权。如果允许某个所有人对其他所有人转让所有权也享有优先购买权,实际上是对独立的所有权施加了极不合理的限制。尤其是区分所有人人数众多的情况下,如果都要求主张优先购买权,将产生许多不必要的纠纷。但在区分所有中如果各个区分所有人一致同意转让某项共有财产,则各个区分所有人可以基于其共有权而对共有财产的转让享有优先购买权。

需要指出的是,我国1995年1月1日施行的《城市房地产管理法》第37条第4款规定:"共有房地产,未经其他共有人书面同意的,不得转让。"该规定是否适用于建筑物区分所有情况？显然，该规定不适用于单独所有情况。如果某个公民在购买商品房时，仅购买一个楼层的一个单元，甚至购买一个楼层，那么该公民便对该单元或楼层享有完整的所有权，以后如果要转让该单元或楼层，无须征得其他住户的同意。但是，如果该单元或楼层为数人购买，数人对其享有共有权，则某一共有人转让作为共有财产的该单元或楼层时，必须征得其他共有人一致同意。如果数人对该单元或楼房享有按份共有权，某一共有人转让其份额，虽然不需要征得其他共有人同意，但其他共有人在同等条件下享有优先购买权。由于本案中第三人和被告对前截店屋不享有共有权，所以被告处分该店屋，无须征得第三人的同意。由于第三人和被告并未对该店屋享有按份共有权，被告也并非处分其应有份，因而第三人并不享有优先购买权。一审法院认定第三人基于共有而享有优先购买权，显然不妥。

第三，第三人基于其享有的相邻权可否享有优先购买权？

本案中，第三人与被告因区分所有，当然要发生相邻关系，如第三人必须从店屋右侧出入，据此享有相邻权。然而，从性质上说，相邻关系是相邻不动产的所有人或使用人行使权利的延伸或限制。根据法律对相邻关系的规定，一方不动产所有人和使用人行使权利，应给予相邻的不动产所有人和使用人以行使权利必要的便利。这样，对于一方来说，因提供给对方必要的便利而使自己的权利受到了限制，对于另一方来说，因为依法取得了必要的便利而使自己的权利得到了延伸。正因为相邻权在性质上是对所有权的限制和延伸，所以相邻权只是所有权的内容，而不是独立的物权。那么，如果单独所有人基于其所有权也无法享有优先购买权，则作为所有权内容的相邻权更不能产生优先购买权了，何况我国法律不可能也从未允许相邻各方基于相邻权而享有优先购买权。因此，第三人不能根据其相邻权而要求优先购买被告出售的房屋。

综上，本案有关业主的建筑物区分所有权纠纷中包含优先权的问题。优先权问题属于共有的内容之一。本案中，由于第三人并不享有优先购买权，因而原告基于其租赁权而主张优先购买，法院应予支持。所以，二审法院的审理是有其依据的。

案例八:荣某某诉于某某换地纠纷案
——农村土地承包经营权流转不规范引发的纠纷

一、基本案情

原告:荣某某

被告:于某某

荣某某所在的甲某镇,于2008年被纳入乙某县小坝全民创业园规划,计划3至5年时间全面建成。甲某镇的村民们的生活也因此开始发生变化,比如甲某镇丙某村里有了零零落落的小超市、饭店等。很多村民都看好这一时机,荣某某和于某某也是如此,为了能够在更靠近园区的地方建房居住,从而可以就近做些小生意,他们都与白某某换了地。2003年,白某某将自家承包地中的0.16亩换给于某某,未签订换地合同;2008年,白某某又将同一块承包地中的0.86亩换给荣某某,签订了换地合同。争议中的1.2米宽、25米长的土地则都进入其后各自登记的农村土地承包经营权证中。可是,2010年盖起的三层小楼,荣某某至今未住进去,令她纠结的是她的新房南侧与邻居于某某围墙之间1.2米的地方。于某某认为这1.2米处属于自己承包地范围,就在墙角挖洞将自家的污水排出,还将生活垃圾堆放在墙角。两家时常争吵,几经交涉未果,最终荣某某将于某某告上法庭。

二、争议焦点

本案争议的焦点是,农村土地承包经营权流转不规范导致纠纷应如何处理?在我国农村,农民之间进行土地互换很常见。但是,许多情形下,双方都没有签订书面协议或即便有协议,其内容也非常简单,往往出现标的物不明确、权利义务不清楚、没有违约责任认定等问题,这些问题都是日后发生纠纷的原因。本案就属于这一情形。

三、案件处理

在二审法院法官的主持下,双方最终达成调解协议:于某某享有这1.2米宽的土地的承包经营权,但于某某应在争议1.2米宽的地块下挖掘排水道并加盖水泥板,双方均不得在此排污、堆放杂物、修建任何建筑物。

四、分析思考①

本案中有关土地使用权的权利归属问题值得思考。因为该1.2米均在原被告各自承包经营权证中确定的承包地范围内。像这种私自换地的现象在农村相当普遍,大多无协议。各块土地的原始地界各家各户自己知道,每年因换地变更的数据,由各村组组长统计后统一交村里文书复核。这给日后的纠纷埋下了隐患。

对于双方的承包合同载明的承包地均包含同一块土地的情况,2005年9月1日施行的《最高人民法院关于审理涉及农村土地承包纠纷案件适用法律问题的解释》第20条规定:"发包方就同一土地签订两个以上承包合同,承包方均主张取得土地承包经营权的,按照下列情形,分别处理:(一)已经依法登记的承包方,取得土地承包经营权;(二)均未依法登记的,生效在先合同的承包方取得土地承包经营权;(三)依前两项规定无法确定的,已经根据承包合同合法占有使用承包地的人取得土地承包经营权,但争议发生后一方强行先占承包地的行为和事实,不得作为确定土地承包经营权的依据。"即法院在处理其他方式承包取得的土地承包经营权纠纷中,适用合同登记在先,合同生效在先,合同占有在先的原则。于某某与白某某互换土地在先、订立合同(口头)在先,荣某某与白某某互换土地在后,所以由于某某享有争议土地的承包经营权。考虑到相邻一方对他人土地所享有的通行权,本着和为贵的基本理念,最终于某某与荣某某经调解,解决了影响双方利益的问题。

(一)农村土地承包经营权流转的概念和种类

土地承包经营权流转,是指在农村土地承包中的物权性质土地承包经营权有效存在的前提条件下,在不改变农村土地所有权权属性质和主体种类与农村土地农业用途的基础上,原承包方依法将该物权性质土地承包经营权或者从该物权性质土地承包经营权中分离出来的部分权能等具体民事权利转移给他人的行为。

《农村土地承包法》第32条规定,通过家庭承包取得的土地承包经营权可以依法采取转包、出租、互换、转让或者其他方式流转。其他方式主要指入股。该法第31条规定:"林地承包的承包人死亡,其继承人可以在承包期内继续承包。"据此,农村土地承包经营权流转形式主要有:转让、转包、出租、互换、入股、继承等。

---

① 本部分有关内容参照《农村土地承包经营权流转的法律思考》,http://www.mlr.gov.cn/tdsc/lltt/201005/t20100531_720574.htm,2015年7月6日访问。

1. 关于农村土地承包经营权转让

它是指转让方(原承包方)在通过农村土地承包方式取得物权性质土地承包经营权有效存在的前提下,在承包期限内依法将部分或者全部承包地上物权性质土地承包经营权转移给受让方(新承包方)的行为。其结果是,转让方丧失部分或者全部承包地上物权性质土地承包经营权,受让方依法取得部分或者全部承包地上物权性质土地承包经营权;同时,转让方与发包方之间部分或者全部承包地上的承包关系终止,确立受让方与发包方之间部分或者全部承包地上的承包关系,如转让方依法将全部承包地上物权性质承包经营权转移给受让方,则其承包方法律资格和原拥有的物权性质土地承包经营权同时消灭。采取转让方式流转的,应当经发包方同意。

2. 关于农村土地承包经营权转包

它是指转包方(原承包方)在通过家庭承包方式取得物权性质土地承包经营权有效存在的前提下,在承包期内并保留物权性质土地承包经营权下依法将部分或者全部承包地上债权性质农村承包地使用权转移给受转包方的行为。农村土地承包经营权转包,属于转包方在保留物权性质土地承包经营权前提下,从物权性质土地承包经营权中分离出部分权能(包括物权性质土地承包经营权中的占有权、使用权和收益权,但不包括处分权)移转给受转包方,其结果是,受转包方无法取得物权性质土地承包经营权,而只能取得债权性质土地承包经营权,同时根据《农村土地承包法》第39条,原"承包方与发包方的承包关系不变",新确立的转包方与受转包方之间的转包关系,且该转包的期限不得超过原承包期的剩余年限,一般较短,最长也不得超过20年。

3. 关于农村土地承包经营权出租

它是指出租方(原承包方)在通过农村土地承包方式取得物权性质土地承包经营权有效存在的前提下,在承包期内并保留物权性质土地承包经营权下依法将部分或者全部承包地上债权性质农村承包地使用权转移给承租方的行为。农村土地承包经营权出租,属于出租方在保留物权性质土地承包经营权前提下,从物权性质土地承包经营权中分离出部分权能移转给承租方。其结果是,承租方无法取得物权性质土地承包经营权,而只能取得债权性质农村承包地租赁权,同时原"承包方与发包方的承包关系不变",新确立出租方与承租方之间的农村土地租赁关系,且该租赁的期限不得超过原承包期的剩余年限,最长不得超过20年。

4. 关于农村土地承包经营权互换

它是指在存在两个通过家庭承包方式取得有效的物权性质土地承包经营权的前提下,并限于同一发包方的农村土地的两个物权性质土地承包经营权的基础上,承包方之间依法互相调换物权性质土地承包经营权的行为。农村土地承包经营权互换,发生物权性质土地承包经营权让渡的流转。其结果是,甲承包方丧失原物权性质土地承包经营权而同时取得乙承包方的物权性质土地承包经营权,反过来,乙承包方丧失原物权性质土地承包经营权,而同时取得甲承包方的物权性质土地承包经营权。

5. 关于农村土地承包经营权入股

它是指入股者(原承包方)在通过农村土地承包方式取得物权性质土地承包经营权有效存在的前提下,依法将农村承包地使用权入股而取得股权的行为。

6. 关于农村土地承包经营权继承

它是指承包方在通过农村土地承包方式取得物权性质土地承包经营权有效存在的前提下,在承包方最后一个家庭成员死亡和承包期内,由最后一个死亡的家庭成员的继承人依法继承物权性质土地承包经营权的行为。

(二) 农村土地承包经营权流转的依据

目前我国农村土地承包经营权流转的依据,主要包括法律规定和相关政策。

1. 法律规定

农村土地承包经营权流转的法律依据主要见于《农村土地承包法》《物权法》中。《农村土地承包法》第10条规定:"国家保护承包方依法、自愿、有偿地进行土地承包经营权流转。"第32条规定:"通过家庭承包取得的土地承包经营权可以依法采取转包、出租、互换、转让或者其他方式流转。"第34条规定:"土地承包经营权流转的主体是承包方。承包方有权依法自主决定土地承包经营权是否流转和流转的方式。"第37条规定:"土地承包经营权采取转包、出租、互换、转让或者其他方式流转,当事人双方应当签订书面合同。采取转让方式流转的,应当经发包方同意;采取转包、出租、互换或者其他方式流转的,应当报发包方备案。"第41条规定:"承包方有稳定的非农职业或者有稳定的收入来源的,经发包方同意,可以将全部或者部分土地承包经营权转让给其他从事农业生产经营的农户,由该农户同发包方确立新的承包关系,原承包方与发包方在该土地上的承包关系即行终止。"第42条规定:"承包方之间为发展农业经济,可以自愿联合将土地承包经营权入股,从事农业合作生产。"

《物权法》第128条规定:"土地承包经营权人依照农村土地承包法的规定,有权将土地承包经营权采取转包、互换、转让等方式流转。流转的期限不得超过承包期的剩余期限。未经依法批准,不得将承包地用于非农建设。"第133条规定:"通过招标、拍卖、公开协商等方式承包荒地等农村土地,依照农村土地承包法等法律和国务院的有关规定,其土地承包经营权可以转让、入股、抵押或者以其他方式流转。"

2. 相关政策

我国农村土地流转的政策依据非常丰富。1984年中共中央1号文件提出,农民可以把土地承包经营权有偿转让,鼓励土地向种田能手集中。1993年中共中央11号文件进一步明确,允许农民在土地承包期内流转土地,包括转包、出租、置换、转让、土地股份合作等五种流转形式。1998年党的十五届三中全会通过的《中共中央关于农业和农村工作若干重大问题的决定》规定:"土地使用权的合理流转,要坚持自愿、有偿的原则依法进行,不得以任何理由强制农户转让。少数确实具备条件的地方,可以在提高农业集约化程度和群众自愿的基础上,发展多种形式的土地适度规模经营。"2008年党的十七届三中全会通过的《中共中央关于推进农村改革发展若干重大问题的决定》规定:"加强土地承包经营权流转管理和服务,建立健全土地承包经营权流转市场,按照依法自愿有偿原则,允许农民以转包、出租、互换、转让、股份合作等形式流转土地承包经营权,发展多种形式的适度规模经营。"

(三)农村土地承包经营权流转的几点法律思考

1. 农村土地承包经营权流转在实践中存在一些问题

农村土地承包经营权流转的法律规范较原则,实践中操作起来难以达到应有效果,发生偏离法律规范要求的现象。

第一,法律、中央政策和地方性法规、规章规定,转让、出租、转包、互换和入股等,须经发包方同意。发包方往往会在同意时附加条件,但法律并未明确规定"经发包人同意"的标准,以及其在转让中可以行使的权力范围,在实践中往往造成发包方滥用权力,谋取私利,侵害农民转让土地承包经营权的自主权。

第二,《农村土地承包法》第33条第1款第3项只规定"土地流转的期限不得超过承包期的剩余期限",而未对不同种类的农村土地承包经营权流转形式作出流转期限的规定。按照法理分析,农村土地承包经营权转包或者出租,属于债权性质的民事权利转移,其流转的期限应符合债权法理论规定,最长不得超过20年。

第三,土地承包经营权流转方式之间内涵外延界定不清,存在交叉重叠现象。《物权法》和《农村土地承包法》以列举的方式明确确立了土地承包经营权流转有转让、互换、转包、出租、入股、抵押及继承、代耕等方式,代耕虽然对防止撂荒土地具有积极作用,但当事人之间实质是劳动力的雇佣关系,并不是市场流转行为。法律对上述几种方式界定不清,导致外延交叉重叠。

2. 应依法建立适应各地实际情况的土地承包经营权流转制度

土地承包经营权既然定性为物权,那么对于其流转,理应给权利人较大的处分自由,方能体现出法律的制定精神。国家应该允许各地在法律规定的范围内根据本地的具体情况,制定不同流转制度的地方性法规,赋予承包权人更加自由的流转处分权。在目前我国农村社会保障制度还不健全、需被保障对象还比较多的情况下,农民对土地流转方式多样化的需求也越来越高。例如,可以制定相关的规定让非农人员规模化经营土地合法化。非农人员可以进行土地的规模化经营,但并不改变土地的集体性质,因为规模化经营土地的企业股东中有集体经济组织成员,里面仍然保留了集体性质,至多可以算是混合制企业,所以,非农人员规模经营土地而不改变土地的集体性质,在理论上是完全行得通的。法律、法规应该确认和规范农村社会保障的范围和对象,相应社会保障制度的建立和完善,必将进一步促进土地承包经营权流转的顺利进行。

3. 进一步加大法律的宣传力度,提高农民对土地流转的认识

土地流转是关系到农民权益、农业发展、稳定农村大局的一件大事,实际调查显示,相当一部分农民和村干部对相关法律的规定知之甚少,何谈应用法律保护自己的利益?因此,各地应当加大对法律的宣传力度,提高农民尤其是村干部的法律意识,在农民平等协商、依法、自愿的前提下,积极引导土地流转,保证土地流转健康有序进行,不能以任何借口剥夺农民的土地流转权利。

案例九:某银行甲省分行诉杨某某抵押合同纠纷案[①]

——未经抵押权人同意,转让抵押房屋的买卖合同的效力

一、基本案情

原告:某银行甲省分行

被告:杨某某

第三人:章某某

2010年7月5日,杨某某将其自有房屋抵押给某银行甲省分行,用于个人消费贷款,签订贷款合同后,双方办理了房屋抵押登记。后杨某某于2010年12月5日与章某某签订了房屋买卖合同,将抵押的房屋以160万元的价格卖给章某某,但杨某某并未到某银行甲省分行提前还清贷款,消灭抵押权。后某银行甲省分行以杨某某和章某某签订抵押房屋的买卖合同未经其同意为由,请求法院确认杨某某和章某某签订的房屋买卖合同无效。

二、争议焦点

本案争议的焦点是,杨某某和章某某签订的转让抵押房屋的买卖合同是否有效?一种意见认为,在抵押期间,杨某某在未还清房款的时候就与章某某签订房屋买卖合同,该合同无效;一种意见认为,杨某某作为抵押人,其未经抵押权人某银行甲省分行同意即转让抵押房屋的买卖合同应当有效。

三、案件处理

法院经过认真审理之后,认为杨某某作为抵押人未经抵押权人某银行甲省分行同意,转让抵押房屋的买卖合同应当无效,支持了原告的诉讼请求。

[①] 本案案情及其分析参考麻增伟:《未经抵押权人同意,转让抵押房屋的买卖合同仍有效》,http://www.66law.cn/goodcase/9636.aspx,2014年9月3日访问。

四、分析思考

在分析本案之前，本书先就我国相关法律、法规、司法解释关于抵押权存续期间转让抵押物的相关规定做一下简单的梳理，其主要分为三个阶段：

第一阶段，我国《担保法》的颁布。1995年颁布实施的《担保法》第49条第1款规定：抵押期间，抵押人转让已办理登记的抵押物的，应当通知抵押权人并告知受让人转让物已经抵押的情况；抵押人未通知抵押权人或者未告知受让人的，转让行为无效。可见，《担保法》明确规定，未通知抵押权人或受让人的，转让抵押房屋的买卖合同的行为是无效的。

第二阶段，《担保法》解释的颁布。2000年发布的《最高人民法院关于适用〈中华人民共和国担保法〉若干问题的解释》第67条规定，抵押权存续期间，抵押人转让抵押物未通知抵押权人或者未告知受让人的，如果抵押物已经登记，抵押权人仍可以行使抵押权，取得抵押物所有权的受让人，可以代替债务人清偿其全部债务，使抵押权消灭；受让人清偿债务后可以向抵押人追偿。如果抵押物未经登记，则抵押权不得对抗受让人，因此给抵押权人造成损失的，由抵押人承担赔偿责任。可见，该司法解释明确了抵押权存续期间，若抵押人转让抵押物未通知抵押权人或者未告知受让人时，以抵押物是否登记作为抵押权人是否可以行使抵押权的依据。

第三阶段，《物权法》的颁布。2007年颁布实施的《物权法》第191条第2款规定，抵押期间，抵押人未经抵押权人同意，不得转让抵押财产，但受让人代为清偿债务消灭抵押权的除外。

从以上法律规定和司法解释内容看，它们在抵押物转让时，对抵押人的要求是不同的：《担保法》及其司法解释仅要求抵押人履行对抵押权人和受让人的通知义务，并不需要抵押权人的同意；而《物权法》则要求，抵押人转让抵押物时，应取得抵押权人的同意。就本案而言，有人认为，杨某某未经某银行甲省分行的同意即转让抵押物，根据《物权法》的规定，该转让抵押物的房屋买卖合同应属无效合同。

本书认为，转让抵押物的合同，虽未经抵押权人同意，但仍应有效：

第一，《物权法》的法条表述是"不得转让抵押财产"，从该条的立法意图看，应是对抵押财产物权变动行为的禁止，而并非对转让抵押财产合同效力的否定。根据物权行为和债权行为的区分原则，转让抵押财产的行为要彻底实现，需要两个行为，一是签订转让抵押财产买卖合同的债权行为，二是抵押财产所有权变动的物权行为。而转让抵押财产债权行为并不必须经过抵押权人的同意，因为抵押人与第三人签订转让抵押财产合同的行为，只是一个债权行为，并不会直接导致抵押财产物权变动的结果，必须待债权行为完全履行后才能实现，而其债权行为的彻底履行,即物权的变动,恰恰会因为《物权法》的"不得转让抵押财产"的规定而不能实现。这时,第三人即抵押财产的受让人,因为不能实现合同的目的,可以要求解除合同,并要求抵押人承担违约的法律责任,这样不仅能兼顾抵押权人的利益,而且也能兼顾对第三人的利益保护。若第三人希望继续履行合同,则可以通过代为偿还债务,消灭抵押权的方式来实现。

第二,即使抵押物转让后,抵押权人依据物权的追及效力,仍可以行使抵押权。抵押权作为物权,具有物上追及效力,若抵押人未通知抵押权人或未经抵押权人同意,与他人签订抵押财产转让合同,该行为并不会导致抵押权的消灭,抵押权人仍可以行使抵押权。我国《担保法》司法解释第67条实际上也是从物权行为的角度来规定的,并没有否定转让抵押物债权行为的效力。

因此,未经抵押权人同意,转让抵押房屋的买卖合同仍是有效合同,但转让抵押房屋的买卖合同能否履行,发生物权变动的效果,则是合同履行的问题,而不是合同效力问题。

第三,2010年12月22日颁布的《北京市高级人民法院关于审理房屋买卖合同纠纷案件适用法律若干问题的指导意见(试行)》也肯定了未经同意转让抵押物买卖合同的效力。该意见第8条规定:"房屋抵押权存续期间,出卖人(抵押人)未经抵押权人同意转让抵押房屋的,不影响房屋买卖合同的效力。"

总之,未经抵押权人同意,转让抵押房屋的买卖合同仍有效,其最关键的理由是,抵押合同和买卖合同追求的价值不一样。抵押权人追求的是价值的支配权,买受人追求的是标的物的所有权。合同是双方当事人意思表示一致的结果,合同具有相对性,只要符合合同的生效要件,合同就有效,与第三人没有关系,即便是侵害了抵押权人的利益,但是买卖合同依然生效。

案例十：未办理抵押权登记时，抵押人应承担的责任[①]

——以三个案例为探讨内容

一、基本案情

案例一：

原告：秦某某

被告：程某某、吕某某

1997年8月31日，原告秦某某与被告程某某、吕某某签订借款合同。合同约定：原告出借20万元给被告程某某用以经营翔翔海鲜酒家，借期一年，月息2.5%。被告吕某某以其所有的甲市乙路丙街8号502房为该借款提供抵押担保。合同签订后，原告立即将10万元交付给被告程某某，但未与被告吕某某办理房屋抵押登记。后因被告程某某只支付了1万元利息，其余利息及10万元本金均未归还，原告追索无果将两被告诉至法院。

案例二：

原告：黄某

被告：程某、沈某

2010年5月

被告程某向原告黄某借款25万元，约定2010年7月底前归还。被告沈某同意以其自有房产一处为该债务提供抵押担保。协议签订后，沈某将房屋所有权证交由黄某保管，但未办理抵押登记。借期届满后，因程某未还款，黄某将程某、沈某诉至法院，请求法院判决程某归还借款，不能归还部分，要求对担保人沈某的房产实现抵押权。

案例三：

原告：汪某某

被告：黄某、华某某、柳某某

[①] 本案案情及其分析参考刘延杰、王明华：《未办理抵押权登记时抵押人应承担何种责任》，载《人民司法·应用》2013年第3期。

2008年10月9日,被告黄某与原告汪某某签订借款协议。协议约定:黄某向汪某某借款人民币80万元,借期6个月。协议还约定,华某某、柳某某以其名下位于甲市乙小区的房产为该笔借款提供抵押担保,若到期不还款,该房屋任凭汪某某处理。协议签订后,汪某某将80万元通过银行转账支付给黄某。华某某、柳某某未给汪某某办理房屋抵押权登记。另查明,该房产已被甲市A区人民法院于2010年5月16日、2011年7月8日先后两次查封,第一顺序的查封系由汪某某申请,轮候查封系另案当事人姜某某申请。现汪某某将三被告诉至法院,请求法院判决黄某偿还借款80万元及利息,华某某、柳某某承担连带清偿责任。

二、争议焦点

上述三个案件所争议的同属于一个问题,即未办理抵押登记时抵押人应承担何种责任?对此,有几种不同观点:第一种观点,未办理抵押登记,抵押合同无效,抵押人无须承担任何责任;第二种观点,未办理抵押登记,抵押合同仍有效,抵押人应该承担违约责任。

三、案件处理

对第一个案例的处理意见如下:法院经审理认为,被告吕某某在借款合同上签名同意以其所有的房产作为被告程某某向原告秦某某借款的抵押物,抵押条款成立。由于吕某某和秦某某未办理抵押登记,该抵押条款无效。对于抵押条款无效,吕某某和秦某某均有过错,应各自承担相应的民事责任,故吕某某应在程某某对本案债务未能清偿部分的1/2范围内承担赔偿责任。[①]

第二个案例处理意见如下:法院经审理认为,黄某与程某之间签订的借款合同依法成立并已履行,程某应依约定还款。沈某在借款合同后自愿书写的抵押条款未违反法律法规禁止性规定,抵押合同成立并生效。因未依法办理抵押登记,抵押权不能成立,沈某应在抵押房产价值内承担补充清偿责任。据此,判决程某于判决生效后10日内归还黄某25万元;沈某在抵押房产价值范围内承担补充清偿责任。[②]

第三个案例处理意见如下:甲市A区人民法院以未办理抵押登记抵押权不成立为由,驳回了汪某某要求华某某、柳某某承担连带清偿责任的诉讼请求。该案上诉后,甲市中级人民法院认为,依据《物权法》第15条之规定,未办理抵

---

① 参见敏旭、梁展欣:《未办理房屋抵押登记的抵押合同的效力》,http://www.gzcourt.org.cn/fxtt/mins/2011/06/09619451593.html,2013年7月31日访问。

② 参见李娟:《签订抵押合同未办理登记也有效》,载《徐州日报》2011年2月17日。

登记不影响抵押合同的效力，双方所签抵押合同系有效合同。依照《合同法》第8条之规定，依法成立的合同，对当事人具有法律约束力，故汪某某有权要求华某某、柳某某依照抵押合同以该房屋价值为限承担担保义务。双方当事人签订抵押合同的意思表明，抵押人不享有先诉抗辩权，故汪某某要求华某某、柳某某对80万元及利息承担连带清偿责任，符合合同约定。据此，甲市中级人民法院改判华某某、柳某某承担连带清偿责任。

四、分析思考

此三案例引发以下思考：

（一）区分原则的适用对抵押合同效力及抵押人责任性质的影响

我国《物权法》第15条规定了区分原则："当事人之间订立有关设立、变更、转让和消灭不动产物权的合同，除法律另有规定或者合同另有约定外，自合同成立时生效；未办理物权登记的，不影响合同效力。"所谓区分原则，即发生物权变动时，物权变动的原因与物权变动的结果作为两个法律事实，它们的成立、生效依据不同法律根据的原则。①

区分原则主要具有两个特点：其一，物权变动的基础关系即原因行为、债权合同的成立，应当按照该行为的成立要件予以判断，而不能以物权变动是否成就作为判断标准；其二，物权变动必须以动产的交付与不动产的登记为必要条件，而不能认为基础关系或原因行为成立生效就必然发生物权变动的效果。关于未办理抵押登记的抵押合同效力问题，在《物权法》实施之前，一般适用《担保法》第41条之规定，即未办理抵押登记，抵押合同不生效，实践中对于未办理抵押登记的合同效力一般认定为无效。对于未办理抵押登记的抵押人的责任承担，亦按照担保合同无效的规则予以处理，即依照《担保法》司法解释第7条之规定，根据过错大小分担责任。如案例一，法院判决抵押人在债务人对本案债务未能清偿部分的1/2范围内承担赔偿责任。②抵押人所承担的这种赔偿责任不以抵押物的价值为限，而是以抵押人的全部财产作为责任财产，抵押人所承担的这种责任可以概括为"不以抵押物价值为限的补偿清偿责任"。

《物权法》实施以后，因区分原则的适用，未办理抵押登记不影响抵押合同的效力，如案例二和案例三。同样，未办理抵押登记时抵押人的责任承担也不再适用担保合同无效的规则，而应在抵押合同有效的情形下重新审视。从案例二和案例三可以看出，《物权法》实施以后，对于抵押合同有效但未办理抵押登记

---

① 参见孙宪忠：《物权变动的原因与结果的区分原则》，载《法学研究》1999年第5期。
② 参见姚敏旭、梁展欣：《谈未办理房屋抵押登记的抵押合同的效力》，http://www.gzcourt.gov.cn/fxtt/2011/06/1520610594464.html，2013年7月30日访问。

的抵押人的责任承担,实践中有两种处理意见:第一种观点认为,抵押人应在抵押物的价值范围内承担补充清偿责任,即"以抵押物价值为限的补充清偿责任"。第二种观点认为,抵押人应在抵押物价值范围内承担连带清偿责任,即"以抵押物价值为限的连带清偿责任"。事实上,导致判决结果迥异的关键是债权人行使不同的请求权,债权人行使请求权的不同导致裁判结果的不同。如果裁判结果与当事人行使的请求权相对应,则这两种裁判结果都可能成立。可见,是否适用区分原则对抵押合同效力及抵押人责任性质影响较大。

(二) 抵押合同有效但未办理抵押登记案件的审判思路

区分原则不仅是判断抵押合同效力的重要依据,也决定了此类案件的基本审判思路。具体来说,此类案件的审判思路应该是,若当事人请求确认或实现抵押权,如案例二中原告的诉讼请求,则应围绕抵押权是否成立进行审理并作出裁判。在抵押权不成立,且当事人也没有提出请求确认或实现抵押权的情况下,若债权人要求抵押人承担抵押合同上的担保义务,如案例三中原告的诉讼请求,按照区分原则,应当围绕抵押合同进行审理,判断抵押合同是否有效并据此作出判决。如果抵押合同有效,则应结合合同条款和合同的履行状态作出具体裁判;如果抵押合同无效,则应依据2002年4月1日施行的最高人民法院《关于民事诉讼证据的若干规定》第35条之规定,告知当事人变更诉讼请求,并依照《担保法》司法解释第7条之规定,根据债权人、债务人、担保人的过错程度,判决担保人承担一定比例的清偿责任。简言之,由区分原则所决定,若债权人要求确认或行使抵押权,即行使物权,则法院应围绕抵押权是否成立进行审理;若债权人要求实现抵押合同上的权利,即行使债权,法院则应围绕抵押合同进行审理。

(三) 未办理抵押登记时债权人的请求权类型

在此类案件审理中,法院为什么未能正确地围绕当事人的诉讼请求进行审理呢?可以说,

该问题的出现与未能正确区分债权人的请求权类型有关。按照区分原则,在抵押合同有效但未办理抵押登记的情况下,债权人享有两种请求权:一是登记请求权,即登记权利人针对登记义务人,请求协助予以登记申请的权利;[①]二是抵押合同上的担保权,即债权人要求抵押人依照抵押合同承担合同上的担保义务的权利。具体来说,债权人与抵押人订立抵押合同后,在抵押合同有效的前提下,债权人可以行使登记请求权,请求抵押人协助办理抵押登记,设立抵押权,就抵押物取得一个优先于其他债权人的受偿权。当然,债权人也可以基于自身利益的判断,不行使登记请求权,而是通过行使抵押合同上的担保权来保障其债权的实现,将担保停留在债权担保状态,以一个债权担保另一个债权。

---

① 参见程啸:《不动产登记法研究》,法律出版社2011年版,第248页。

需要说明的是,未办理抵押登记时抵押合同上的担保性仅限于抵押人为第三人的情况下,若抵押人与主债务人同属一人,则抵押合同的担保性荡然无存。因为在抵押合同有效但未办理抵押登记的情形下,若抵押人与主债务人同属一人,当债务人未清偿债务时,无论要求其清偿主债务,还是要求其承担抵押合同的担保义务,甚至要求其承担未办理抵押登记的损害赔偿责任,都属于向同一人主张债权请求权,均由主债务人自身的责任财产承担责任,由于责任财产的范围没有扩大,自然也不会发生任何担保作用。

在未办理抵押登记的情况下,抵押人与债权人之间所创设的这种担保权利在性质上属于债权,是介乎于保证与抵押权之间的不规则担保,属于非典型担保之一。所谓非典型担保,主要是指实践中当事人所设立的有某种典型担保之名但欠缺某些法定实质要件的担保,如当事人约定设立不需经登记的不动产抵押权、股权质权等,或将法律规定的担保财产之外的某种权利设立抵押或质押担保,第三人以其某一指定的财产为限提供保证担保等,均属此类。本案所涉及的这种不规则担保与保证的相同之处在于二者均属于人保的范畴,性质上为债权担保,不同之处在于保证系以保证人不特定财产进行担保,而本案系以特定物进行担保。这种不规则担保与抵押权的相似之处在于二者均以特定物提供担保,不同之处在于前者属于债权担保,后者属于物权担保。

综上,抵押合同有效但未办理抵押登记时,由于债权人享有两种不同性质的请求权,当抵押人违约未办理抵押登记时,构成请求权竞合,依债权人行使请求权的不同,抵押人可能承担继续履行、赔偿损失、抵押合同上的担保义务三种责任。未办理抵押登记与抵押人无关时,抵押人仅承担抵押合同上的担保义务。

案例十一：星星公司诉洪山公司等货运车留置案①

——行使商事留置权的当事人的法律责任探讨

一、基本案情

原告：星星公司

被告：洪山公司

被告：华夏公司

甲市华夏公司承租了洪山公司的厂房。星星公司与华夏公司有运输业务往来。2007年12月9日，星星公司接受华夏公司委托，将华夏公司在洪山公司处的设备运输至乙省丙地。洪山公司获悉后，用车辆堵住厂房大门，阻止星星公司的运输车辆出厂。当地警方接报警后出警，要求双方妥善处理。12月10日，洪山公司与华夏公司签订协议，约定：华夏公司被留置在厂房内的财产（设备零件、大卡车、铲车等），华夏公司保证在诉讼时效内不拉走；华夏公司应于2007年12月向法院起诉。当月13日，华夏公司向洪山公司发出"解除厂房租赁合同通知函"一份，要求终止租赁合同，并要求洪山公司撤离堵住大门的车辆、赔偿华夏公司租赁的卡车导致的经济损失。洪山公司未予回复。星星公司未能取回车辆，遂将华夏公司与洪山公司一并诉至法院，请求判令返还被扣货运车以及赔偿经济损失。一审审理过程中，洪山公司于2008年2月9日将星星公司的车辆返还。后星星公司变更诉请为主张赔偿损失。

二、争议焦点

本案争议的焦点是，行使商事留置权是否应当承担法律责任？本案案情并不复杂，结论也很容易得出，但看似简单的案件，却涉及我国《物权法》新规定的商事留置权。

---

① 本案案情及其分析参考符望：《行使商事留置权不当应承担法律责任》，http://shfy.chinacourt.org/article/detail/2009/09/id/593335.shtml，2014年8月5日访问。

三、案件处理

一审法院经审理后认为,讼争车辆系星星公司所有,洪山公司用车堵住厂区大门,致使星星公司无法将车辆驶离,侵犯了星星公司的合法权益,应当承担相应的赔偿责任。星星公司系运输营运公司,其对每日经济损失的主张,并不过当,予以支持。华夏公司并非侵权行为人,故星星公司要求华夏公司承担赔偿责任,不予支持。洪山公司辩称其行使的是不安抗辩权,该权利应当针对与其相关的合同当事人即华夏公司行使,而不应表现为阻拦星星公司车辆驶离。至于洪山公司与华夏公司于 2007 年 12 月 10 日签订允许将车辆留置的协议,只对协议双方有约束力,对星星公司没有法律效力。由此判决洪山公司赔偿星星公司损失。

一审法院判决后,洪山公司不服,提起上诉称:(1) 一审事实不清。洪山公司在扣车时并没有任何证据证明该车是华夏公司委托星星公司运输的,无明显标识证明该车为星星公司的。(2) 认定责任错误。洪山公司与华夏公司签订协议将车辆留置,因此洪山公司不应承担留置后果。造成星星公司损失的后果应由华夏公司承担。(3) 损失认定不正确。星星公司主张损失没有任何证据。二审法院经审理认为:

(1) 关于车辆身份是否可以识别的问题。洪山公司扣押星星公司的车辆后,车辆附带的行驶证件可以表明车辆的所有权。另外,被扣车辆车门处也喷漆标明星星公司。

(2) 关于责任认定的问题。洪山公司与华夏公司签订协议将车辆留置,涉及的是华夏公司的财产,其中并未明确包含本案被扣押的货运车,即便已经包含,这种约定也不能对抗非协议方的星星公司。洪山公司不当留置了非债务人的财产,违反了我国《物权法》第 230 条的规定,应承担法律责任。

(3) 关于损失认定的问题。星星公司在计算每天停运损失时已经扣除成本,考虑折旧,基本合理,可以确认。二审法院据此维持了一审判决。

四、分析思考

本案涉及的核心问题是商事留置权。在 2007 年我国《物权法》颁布之前,《担保法》第 82 条和第 84 条采取的是所谓的法定留置原则,即一方面留置权只能适用于"债权人按照合同约定占有债务人的动产"的情形,另一方面合同债权人可以留置债务人的动产应由法律规定。根据我国《合同法》,留置权只适用于五类合同债权的担保,即只有在因保管合同、运输合同、加工承揽合同、仓储合同、行纪合同中发生债务人不履行债务的,债权人才享有留置权。除此之外,其他债权关系中的债权人都不享有留置权。2007 年施行的《物权法》第 230 条规定:"债务人不履行到期债务,债权人可以留置已经合法占有的债务人的动产,并有权就该动产优先受偿。"第231条规定:"债权人留置的动产,应当与债权属于同一法律关系,但企业之间留置的除外。"这些条文以对一般留置权成立要件中"同一法律关系"作出例外规定的形式创设了商事留置权。由此,《物权法》首次确立了我国的商事留置权制度。但由于仅有两个条款,无配套解释,对于如何行使商事留置权,司法实践中不无争议。结合《物权法》第230条与第231条的规定以及本案被告洪山公司采取扣押车辆的行为,扩展开来进一步思考,可以发现,简单的案件并不简单。

(一) 对"同一法律关系"的理解与商事留置权的扩张

根据《物权法》第231条的规定,债权人留置的动产,应当与债权属于同一法律关系。对于一般留置权,"同一法律关系"的条件,实际上是对债权人可以进行留置的财产范围作了严格的限制,目的是防止债权人任意留置所占有的债务人的财产以迫使债务人清偿其债务,以避免损害交易安全。《物权法》以"同一法律关系"取代了以往理论界常用的"牵连关系"一词,立法者认为是"判断标准的简化与明确"。而商事留置权,允许不受"同一法律关系"的限制,大大扩大了留置的范围,从中我们可以看出立法的价值取向。

民事留置权与商事留置权最大的区别,就在于对留置的标的物与债权之间的牵连性的要求不同。作为民事留置权,基于衡平原则,强调被担保债权和留置标的物的个别关联性;商事留置权基于商事交易快捷和安全的要求,仅要求被担保的债权和留置标的物具有一般关联性。

商事留置权在我国毕竟是一项新的制度。从立法条文而言,仅作了突破性规定,而没有对商事留置权的外延加以限制,这必然会给司法实践带来诸多难题。如果对于商事留置权的标的物不作任何限制,则可能对债权人保护过周而有害于债务人利益的保护,给债务人带来无法预料的商业风险。

本书认为,商事留置权的主要目的在于保障商事交易的安全与效率,因此债权人对债务人动产的占有须发生于双方营业关系之中。至于审判实践如何认定"营业关系",可以根据行为是否具有商业目的判断。比如就本案中的货运车而言,虽然并非洪山公司与华夏公司承租厂房关系所产生,不具有同一法律关系,但却是为了商业目的使用,应认定为"营业关系",如果还符合留置权行使的其他条件,也可以成为留置的标的物。但如果并非出于商业目的,则不能发生商事留置权的效力。

(二) 合法占有和强行扣押的区别

本案中,洪山公司采取了强行扣押的手段,用车辆封堵厂房大门,导致星星公司的车辆无法驶出。这种手段是否符合《物权法》第230条规定的"合法占有"?

留置权直接源于对物的事实上的占有。占有财产对留置权的产生而言，是重要条件。行使留置权的占有在实践中通常表现为两种情形：一是债务人的物在债权人不动产的空间内或依附于债权人的不动产存在，因而是债权人易于控制的；二是债权人为了完成工作已经暂时占有债务人的物。但无论如何，债权人留置债务人的财产，必须是合法占有的债务人的财产，不能违反公序良俗。本案中洪山公司强行扣押他人财产，不应受到法律的保护与确认。但需要注意的是，行使留置权的占有与一种物权性的稳定的占有制度是有一定距离的。而商事留置权摆脱了"同一法律关系"或者说"牵连性"以后，司法实践中如何认定"合法占有"会出现一定的困惑。将本案的条件稍加演变，就可体会这种复杂性。假定本案被扣车辆属于华夏公司所有而非星星公司所有，那么便会产生以下问题：首先，如果华夏公司的车辆在洪山公司的场地停放，是否洪山公司可直接扣押而行使留置权？其次，如果华夏公司的车辆驾驶员将钥匙交给洪山公司人员代为停放车辆，是否构成占有而允许洪山公司行使留置权？最后，如果华夏公司将车辆借给洪山公司使用一段时间，洪山公司是否构成占有而行使留置权？

从概念上分析，占有不仅仅是指事实上控制、掌管某物品，控制事物仅仅是占有的客观状态，是占有的客观构成要件，我们同时还必须考虑当事人的主观心理状态。占有作为一种社会现象，在现实中纷繁复杂，法官需要根据特定环境、风俗习惯以及法律观念来确定什么是"合法占有"并允许行使留置权。王泽鉴先生就曾指出，在认定对物的事实控制状态时，要考虑"人与物在场合上须有一定的结合关系，足认某物为某人事实上所管领"，如停放汽车于路旁，出国数日，仍不失其占有。许多国家也根据习惯演变出对"合法占有"以及允许留置的认定，比如除了我国法律上规定的保管合同、运输合同、加工承揽合同、仓储合同、行纪合同之外，英美法等规定了"营业主人留置权"，允许主人就住宿、饮食或垫款所生之债权，于未受清偿前，对于客人所携带之行李及其他物品有留置权。

就上述概念分析可以看到，在司法实践中，认定构成留置权的"占有"要考虑多种因素，如对财产控制的程度、控制时间的持续性、占有者与被占有财产者的主观心理状态（主观心理状态需要结合双方当事人陈述、客观环境加以判断），以及考量占有手段的社会后果等，来决定什么是"合法的占有"。比如对于上述假设的情况：首先，华夏公司汽车停放于洪山公司场地，车辆的钥匙仍由华夏公司控制，这种情况下，洪山公司对汽车仅仅是提供场地，谈不上"占有"，如果法律允许通过暴力手段强制扣押而构成留置，则必将危害公共秩序，现实生活中债权人很可能对债务人"带车留置"，构成刑法上的非法拘禁。其次，在"代客泊车"的情况下，虽然华夏公司将汽车钥匙交由洪山公司临时掌管，但其主观意图仅仅是临时借洪山公司场地供泊车之用,时间持续非常短,不能认为此时洪山公司已经"占有"而可以行使留置权。最后,在华夏公司同意借用汽车一段时间的情况下,允许洪山公司占有并使用汽车的意思非常明确,这种情况下应认定洪山公司占有汽车进而允许其行使留置权。

(三)留置债务人动产与标的物权属之限制

《物权法》第 230 条规定留置的必须是"债务人的动产",从字面意思判断,应解释为债务人所有的动产。本案中,洪山公司扣押星星公司的车辆,并非债务人的财产而是第三人的财产,不符合这一规定。洪山公司的行为并非善意,因为本案中星星公司提供的车辆照片表明,其车身上直接喷漆写明星星公司,星星公司车辆驾驶员也出示了机动车行驶证以证明车辆权属,在这种情况下,洪山公司仍予以扣押,明显侵犯了第三人的财产权益,应承担法律责任。

《物权法》第 230 条将留置的标的物规定为"债务人的动产",但《合同法》中对于保管合同、运输合同、加工承揽合同、仓储合同、行纪合同的留置,并不要求留置的标的物为债务人所有。《担保法》司法解释第 108 条也规定:"债权人合法占有债务人交付的动产时,不知债务人无处分该动产的权利,债权人可以按照担保法第八十二条的规定行使留置权"。从《担保法》司法解释的规定看,其承认留置权的善意取得,前提条件是债权人"不知道"。而有的国家法律规定,即便债权人明知留置的动产并非债务人的,商事留置权依然有效存在。例如,根据《日本商法典》的规定,商事留置权的留置物,以债务人所有的货物或者有价证券为限,而其专门规定了代理商留置权的留置物可以不管所有权的状态和性质,比商事留置权所涉及的财物宽泛。

总之,将留置权的标的特别是商事留置权的标的限定于债务人所有的动产并不符合物权公示公信原则和商事交易实践。留置权作为一种法定担保物权,立法将此种权利的成立要件、效力等事项均加以法定化,其目的就在于减少债权人寻找担保的成本、减少当事人之间的磋商时间,从而使交易富有效率。保障交易的效率是商事立法的价值取向之一,为此必须强调交易中的外观主义,动产依占有而公示已无疑义,基于公示公信原则,留置权人有权相信占有人对其占有的动产具有所有权,无须负担查明留置物之权利归属的额外义务。确定留置物归谁所有并非易事,《合同法》规定标的物的所有权从交付时起转移,但交付除了现实交付外,还有简易交付、占有改定、指示交付等拟制交付方式,标的物的所有权人与占有人可能并不一致,如果要一一查明,必将支出额外的交易成本,而且随着交易的发达,很可能在一天内多次变更所有权人。这种情况下,强求留置的是债务人的动产,必将牺牲社会整体的交易效率,不符合商业惯例。针对这一问题,《物权法》与《合同法》效力位阶相同却又互相冲突,有待立法进一步澄清。法官无法突破立法,但却可以选择相应合适的法律。

值得一提的是,《物权法》规定的是留置权的一般制度,而《合同法》对保管合同、运输合同、加工承揽合同、仓储合同、行纪合同这五类合同中的留置权作了特别规定,遇到这五类合同时,应优先适用《合同法》的规定。不属于这五类合同的情况下,如果要行使商事留置权,则应依据《物权法》的规定,将留置标的物限定于债务人所有的动产。

案例十二：中国农业银行甲市经济技术开发区支行诉甲市副食品禽蛋总公司禽蛋批发部等抵押纠纷案

——最高额抵押合同签订后对当事人的影响

一、基本案情

原告：中国农业银行甲市经济技术开发区支行
被告：甲市副食禽蛋总公司禽蛋批发部
被告：甲市副食禽蛋总公司

中国农业银行甲市乙路支行（以下简称"乙支行"）于1999年7月26日与被告甲市副食禽蛋总公司（以下简称"禽蛋总公司"）签订《最高额抵押合同》，于1999年12月16日与被告甲市副食禽蛋总公司禽蛋批发部（以下简称"禽蛋批发部"）签订《借款合同》，约定由乙支行借款150万元给禽蛋批发部，借款期限从1999年12月16日至2001年12月16日，利率为月息5.94‰。同日，乙支行与禽蛋批发部、禽蛋总公司签订《抵押担保借款合同》，约定：该担保书从属于《最高额抵押合同》，按照《最高额抵押合同》的约定，由禽蛋总公司用其位于丙处建筑面积为7857.46平方米的房产和丁处建筑面积为3548.90平方米的房产，为禽蛋批发部的该笔借款提供抵押担保，并办理了登记手续，分别领取了他项权利证书。之后，乙支行履行了借款义务，现因农行经营方式调整，该笔借款于2003年2月20日转让给原告中国农业银行甲市经济技术开发区支行（以下简称"经济支行"），并于2003年4月4日通知了两被告。根据合同约定，该笔借款早已到期，被告禽蛋批发部仅支付了截至2002年12月21日止的利息，其余本息至今未还。为此，原告经济支行诉至法院，请求判令：(1) 禽蛋批发部归还借款本金150万元及该款从2002年12月22日起至还清款项之日止，按中国人民银行逾期贷款利率计算的利息；(2) 经济支行对禽蛋总公司设置的抵押物享有优先受偿权。被告禽蛋批发部答辩称：对原告起诉的事实无异议，愿意还款，但目前无力偿还。被告禽蛋总公司答辩称：对原告起诉的事实无异议，但认为抵押期限已过，并且《最高额抵押合同》的主债权不得转让，因此不应承担抵押担保责任。

二、争议焦点

本案从抵押的角度观察，主要涉及以下法律问题:(1) 本案双方所签订的担保合同是否属于《最高额抵押合同》？(2) 最高额抵押权人如何实现抵押权？(3) 担保期间约定对担保物权的存续是否具有法律约束力？

三、案件处理

甲市中级人民法院对该案一审审理认为:乙支行与禽蛋批发部、禽蛋总公司签订的《借款合同》《抵押担保借款合同》和《最高额抵押合同》是合同当事人真实意思的表示，内容符合法律规定，上述合同真实、合法、有效，各方当事人应按合同约定的内容履行各自的义务。乙支行履行了借款 150 万元的义务，被告禽蛋批发部仅归还了部分利息，已构成违约。后该笔债权合法转让给经济支行，借款人禽蛋批发部应承担向经济支行偿还借款本息的民事责任。因此，对经济支行请求禽蛋批发部偿还借款本金和逾期利息的主张本院予以支持。禽蛋总公司以最高额抵押设定担保的该笔债权，已经特定并已届清偿期，经济支行可以根据普通抵押权的规定行使其抵押权。

针对禽蛋总公司提出的抵押期限已经届满，其担保责任应该免除的观点，本院认为:《担保法》司法解释第 12 条规定:"当事人约定的或者登记部门要求登记的担保期间，对担保物权的存续不具有法律约束力。"因此，虽然在办理本案中抵押物登记手续时，在《房屋他项权利证书》中载明抵押约定期限为两年，但该约定对担保物权的存续不具有法律约束力。对禽蛋总公司抵押期限已过的主张，本院不予支持。对经济支行请求对禽蛋总公司用来设定最高额抵押的其所有的位于丙处和丁处的房产实现抵押权的主张，本院予以支持。据此，依据《合同法》第 60 条第 1 款、第 207 条，《担保法》司法解释第 83 条之规定，甲市中级人民法院作出判决:(1) 由被告禽蛋批发部于本判决生效之日起十日内偿还原告经济支行借款本金 150 万元及该款自 2002 年 12 月 22 日起至还清款项之日止，按中国人民银行同期逾期贷款利率计算的利息。(2) 若被告禽蛋批发部到期不能还款，则原告经济支行有权对被告禽蛋总公司所有的位于甲市丙处和丁处的房产，折价、拍卖或者变卖后所得价款，优先受偿，限额 3000 万元。

判决后，原告经济支行与被告禽蛋批发部、禽蛋总公司在法定期间内均未提出上诉。

四、分析思考

针对本案争论的焦点，本书主要从以下几个方面进行分析:

（一）本案所签订的担保合同属于《最高额抵押合同》

最高额抵押是指抵押人在最高额限度内，以抵押物对将来一定期间连续发生的不特定债权提供的抵押担保。只有连续发生在同一性质的法律关系的债权人与债务人之间，才能设定最高额抵押合同。最高额抵押合同所担保的债权数额，在抵押权设立时并未确定，只是确定了抵押的最高限额和一定期间。本案中，1999年7月26日乙支行与禽蛋总公司签订的《最高额抵押合同》约定："抵押人（即禽蛋总公司）自愿为债务人（均为禽蛋总公司的下属单位，包含本案债务人禽蛋批发部）自1999年7月26日至2001年12月8日止，在抵押权人处（即乙支行）办理约定的各类业务，实际形成的债权最高额折合人民币3000万元整提供担保"。1999年12月16日，乙支行与禽蛋批发部、禽蛋总公司签订《抵押担保借款合同》，约定该合同从属于《最高额抵押合同》。虽然本案所设置的最高额抵押合同未发生在同一性质的法律关系的债权人与债务人之间，但担保人及债权人均同意债务人禽蛋批发部的该笔债务属于最高额抵押担保范围，此属合同当事人的真实意思表示，并不违反法律的禁止性规定。为此，根据最高额抵押的基本原理，该抵押符合最高额抵押成立要件，本案中的担保方式应属最高额抵押。

（二）最高额抵押权人实现抵押权的途径

本案中涉及的主合同债权已经转让，设定的担保方式是最高额抵押担保。我国《担保法》第61条规定："最高额抵押的主合同债权不得转让。"根据担保法的理论，抵押权不能与担保的债权分离而单独转让，只能随担保的债权一并转让。主合同债权不能转让，最高额抵押权当然也不能转让。但从该条法律的规定看，其立法旨意在于保持最高额抵押权的完整性和概括性，禁止因主合同债权的分割转让导致最高额抵押权的分割，并不禁止最高额抵押权与其基础合同同时转让。因为，根据担保物权的理论，最高额抵押权并不从属于特定债权，而仅从属于基础法律关系。因基础法律关系而发生的债权的变化，对最高额抵押权不发生影响。债权因清偿等原因消灭，最高额抵押权仍然为将来可能发生的不特定债权而存在，不因该债权的消灭而消灭。债权的转让使得债权脱离最高额抵押权的担保范围，但该最高额抵押权并不随被担保的该单笔债权转让而转让。

《担保法》司法解释第83条第1款规定："最高额抵押权所担保的不特定债权，在特定后，债权已届清偿期的，最高额抵押权人可以根据普通抵押权的规定行使其抵押权。"最高额抵押权所担保的债权确定后，抵押权应随其所担保的债权一并转让。因为此时最高额抵押权已经转变为普通抵押权，应当允许与主债权一并转让。本案中的最高额抵押权所担保的不特定债权，已经因2001年12月16日借款期限届满而成为特定债权，为其所设定的最高额抵押权也转变成为普通抵押债权。乙支行于2003年2月20日将该笔已届清偿期的债权转让给经济支行,并对该转让行为于 2003 年 4 月 4 日通知了禽蛋批发部和禽蛋总公司。因此,该债权和为该债权所设定的抵押权已经一并转让给经济支行。经济支行可以根据普通抵押权的规定行使其抵押权。对于经济支行要求实现抵押权的主张,法院给予了支持。

(三) 担保期间约定对担保物权的存续具有法律约束力

本案中,双方当事人在办理本案中抵押物登记手续时,在《房屋他项权利证书》中约定抵押期限为两年,被告禽蛋总公司认为因双方设置的抵押期限已过,故原告经济支行现已无权对抵押物实现抵押权。依据《担保法》司法解释第 12 条第 1 款"当事人约定的或者登记部门要求登记的担保期间,对担保物权的存续不具有法律约束力"的规定,法院不予支持禽蛋总公司的观点。

《担保法》司法解释之所以对担保期间不予认可,主要基于以下两个原因:

首先,物权法奉行物权法定原则。根据物权法定原则,当事人不能在物权法之外设定物权,也不能以物权法之外的方式消灭物权。抵押权属担保物权,担保法规定抵押权可以因抵押权的行使而消灭,可以因抵押权所担保的债权消灭而消灭,可以因抵押物的灭失而消灭,但没有规定可以因当事人的约定期间或登记时强制登记的期间而消灭,因此,抵押权不因当事人约定担保期间而消灭。

其次,担保期间的设立会加大担保的成本。司法实践中,如果承认担保期间,尤其是登记机关登记的担保期间,可以消灭担保物权的话,因期间届满而担保物权消灭,将致使债权得不到有效的担保。由于有登记机关强制性登记的担保期间,债权人、担保人需要每隔一段时间就办理一次续登手续。而续登又必须交纳登记费用,当事人的担保成本明显增加,这将不利于担保市场的发展,也会导致债权风险的提升。

案例十三:常某诉鲁某质押纠纷案①
——质权人将质押财产交还还后不享有质权

一、基本案情

原告:常某

被告:鲁某

鲁某和尤某系同村好友,都在做小本生意。2009年5月16日,鲁某因急需用钱,向尤某借款5000元。双方签订书面合同后,鲁某以一头牛设立质押,并完成了现实交付。但是几天后,尤某觉得养牛很麻烦,双方又订立补充书面约定,鲁某通过向尤某"借牛"的形式又继续占有该牛。后来,鲁某的另一债权人——同村的常某起诉鲁某,要求归还债务12000元。法院判决支持了常某。判决生效后,鲁某没有履行,于是常某申请法院强制执行该头牛。尤某主张自己对该牛享有质权,并出示了与鲁某签订的两份书面合同。鲁某对该事实完全认可。

二、争议焦点

对于本案的处理,有两种不同的观点:

第一种观点认为,根据《物权法》第212条的规定,鲁某按照约定将牛交付给尤某后,尤某就享有对该牛的质权。在尤某享有质权后,法律并没有规定尤某应对该牛如何管理。认为尤某通过出借的方式将牛交回鲁某管理,从而丧失对鲁某享有的质权,缺乏法律依据。

第二种观点认为,虽然《物权法》第212条规定了质权自出质人交付质押财产时设立,但是该条并没有明确"交付"后,在质权人又将质押财产交回出质人的情况下,质权人是否还享有质权。为此,需要对《物权法》第212条进行解释。根据目的解释规则,动产质权属于留置型的担保,其目的是通过占有债务人或者第三人的动产,一方面对债务人产生心理压力,从而迫使其尽快履行债务;另一方面防止债务人处分担保财产,保证债权优先受偿。如果允许当事人采取占有

---

① 本案案情及其分析参考最高人民法院民一庭:《民事审判指导与参考》(第44集),法律出版社2011年版。

改定的方式设立质权,就违背了动产质权制度的设立目的。①

三、案件处理

法院认为,根据《物权法》第212条的规定,"质权自出质人交付质押财产时设立",本案中,出质人鲁某已经将质押财产一头牛交付给了质权人尤某,根据上述规定,尤某的质权已经设立,故尤某对该牛享有质权。在尤某已经拥有质权的情况下,其对牛如何管理,法律未加规定,故应认定尤某仍然对该牛享有质权,遂裁定中止对牛的执行。

常某不服一审裁定,向一审法院起诉称,根据民法理论,如果质权人在质权成立后又将质押财产交回出质人的,质权人不再享有质权。一审法院审理后认为,虽然尤某曾经设立了质权,但因尤某在质权设立后又交回了这头牛,故尤某对这头牛不再享有质权,遂判决尤某对执行标的物该头牛不享有质权。

尤某不服该一审判决,向二审法院提起上诉,请求确认对执行标的物该牛享有质权,理由与其提出的执行异议的理由相同。二审法院以与一审法院相同的理由维持了一审判决。

关于此案,最高人民法院民一庭的意见是,《物权法》第208条第1款规定:"为担保债务的履行,债务人或者第三人,将其动产出质给债权人占有的,债务人不履行到期债务或者发生当事人约定的实现质权的情形,债权人有权就该动产优先受偿。"第212条规定:"质权自出质人交付质押财产时设立。"据此,质权人将质押财产交回出质人后不再享有质权。

四、分析思考

本案中尤某是否享有质押权,取决于尤某是否可以通过占有改定的方式来设定质权,因为质权设定后质权人又将质押财产交回出质人与占有改定的效果完全相同。本书同意上述第二种观点,理由如下:

1. 从文义出发解释法律条文,确定其可能存在的多种解释结论

就《物权法》第212条的文义看,质权的设立必须要出质人交付质押财产。如果质押财产没有交付,虽然质押合同有效,但是质权却没有设立。其原理就是物权变动的原因与物权变动的结果相区分,法律依据是《物权法》第15条和第212条的明文规定。但质权设立后,质权人将质押财产又交回出质人的,债权人是否还享有质权?仅从该条规定的文义看,得不出明确的结论,但我们可以确定存在两种解释结论:一种是债权人尤某还享有质权;另一种是债权人尤某不再享有质权。

---

① 参见王利明:《法律解释学导论——以民法为视角》,法律出版社2009年版,第295页。

2. 从法律文本自身出发来探求立法目的更有说服力

第一,通过法律文本的直接表述确定其立法目的。

任何法律的确定,立法者都要明确一定的目的。这里所说的目的就是法律规范所要达到的效果。绝大多数法律规范在适用过程中都可以直接发现立法者的意图。按照立法目的进行解释,才能实现法律的目标。① 所谓目的解释,是指从文本出发,通过探求立法目的和立法意旨,阐明法律条文的含义,寻求妥当的裁判依据的方法。②

《物权法》第 208 条第 1 款规定:"为担保债务的履行,债务人或者第三人将其动产出质给债权人占有的,债务人不履行到期债务或者发生当事人约定的实现质权的情形,债权人有权就该动产优先受偿。"据此,动产质权的设立要求出质人或者第三人将其动产交付给债权人占有,以保证在债务人不履行到期债务或者发生当事人约定的实现债权的情形时,债权人能够留置该动产,并就该动产优先受偿。《物权法》第 212 条也规定:"质权自出质人交付质押财产时设立。"应当指出的是,出质人向质权人移转质押财产的占有,即质押财产的交付不局限于现实交付,也包括简易交付与指示交付。

所谓简易交付,是指动产物权设立和转让前,如果权利人已经依法占有了该动产,就无须再行实际交付,从法律行为发生效力时起直接发生物权变动的效力。对此,《物权法》第 25 条规定:"动产物权设立和转让前,权利人已依法占有该动产的,物权自法律行为生效时发生效力。"所谓指示交付,是指当事人在动产物权设立和转让时,如果该动产已经由第三人占有,负有交付义务的人可以将其对第三人的返还请求权转让给新的权利人,以代替物的实际交付。对此,《物权法》第 26 条规定:"动产物权设立和转让前,第三人依法占有该动产的,负有交付义务人可以通过转让请求第三人返还原物的权利代替交付。"动产质权以移转占有为生效要件的原因在于:与不动产物权变动所不同的是,动产物权的变动以占有为公示要件,且质权须通过留置效力实现其担保主债权实现的功能。如果不使债权人占有动产,既无法向外界公示动产上存在的质权,容易使第三人蒙受不测的损害,也不能保全质权的效力,债权人在实现质权时会发生严重的困难。如果令债权人占有动产,就可以避免此种弊端。本案中,在牛已经交回给鲁某的情况下,无法向外界公示该牛上存在尤某享有的质权,如果认定尤某还享有质权,其结果就会使常某蒙受不测的损害。同时,也不能保全尤某享有的质权的效力,因为鲁某任何时候都可以出卖该头牛,也可以在该牛上再设定动产质权,将该牛交付其他债权人占有。可见,尤某要想一直保持其对该牛享有的质权,就

---

① 参见王利明:《法律解释学导论——以民法为视角》,法律出版社 2009 年版,第 317 页。
② 参见同上书,第 302 页。

不能将牛交回给鲁某。一旦交回,从交回之时起,尤某的质权就丧失了。

第二,通过制度目的的探究确定其立法目的。

《物权法》设立动产质权制度的目的,是保证"债务人不履行到期债务或者发生当事人约定的实现质权的情形时,债权人有权就该动产优先受偿"。动产不同于不动产,要使债权人能够就动产优先受偿,债权人必须占有动产。因此,出质人不得以占有改定的方式设定质权;质权设定后,如果质权人又交回质押财产给出质人的,其效果与占有改定相同,此时债权人不得再享有质权。正因如此,《物权法》第27条在规定占有改定时,只是规定动产物权"转让"时,双方又约定由出让人继续占有该动产的,物权自该约定生效时发生效力,而没有规定动产物权"设定"时,双方又约定由出让人继续占有该动产的,物权自该约定生效时发生效力。其原因是:一方面,动产质权以占有作为公示要件,如果出质人代质权人占有质押财产,或者质权设定后质权人又交回质押财产给出质人,则无法将该动产上所设立的质权加以公示,必将损害交易安全;另一方面,由于质权属于留置型的担保,如果出质人仍直接占有质押财产,那么质权人无法对质押财产加以留置,质权的留置效力丧失殆尽。

案例十四：甲信用社等诉卢小某债务纠纷案

——抵押权与留置权并存时的优先效力问题

一、基本案情

原告：甲信用社
原告：乙汽车修理厂
被告：卢小某

1996年2月1日，个体运输户卢某向甲信用社贷款5万元，约定到同年12月份前一次还清贷款本息。同时卢某还同信用社签订立了一份抵押担保协议，约定卢某自愿以他所有的一辆八成新的东风牌141货车为此笔贷款的抵押物，并办理了抵押登记手续。1997年3月28日晚，在运输木材途中，货车不慎撞到公路旁的大树，发动机严重损坏，卢某本人也因重伤死亡，此时人车均已脱保。事后卢某之子卢小某将车拖到修理厂修理，但卢小某在汽车修好后无力支付1.2万元的修理费，乙汽车修理厂不让卢小某将车开走。甲信用社得知车子被扣的情况后，以该车是抵押物不能扣留为由与修理厂协商。协商未果后，甲信用社向法院起诉，要求卢小某替其父履行还贷义务，并请求法院对此车采取保全措施。乙汽车修理厂闻讯后也向法院起诉，要求卢小某立即支付1.2万元修理费，并认为其可以从卖车款中优先受偿。

二、争议焦点

本案的争议焦点是，在债务纠纷案中，当设定了两个担保即抵押和留置，于是产生了两个担保权即抵押权与留置权时，哪个效力更优先？

三、案件处理

法院经过审理，最后按照留置权优先的观点进行了判决。

四、分析思考

针对本案存在的事实，本书分别进行分析。

(一) 抵押权优先说

采用抵押权优先的观点,其理由如下:其一,卢某用自己的货车抵押贷款时与甲信用社订立了书面抵押合同,且到有关部门办理了动产抵押登记;其二,根据我国《物权法》第24条的规定,"船舶、航空器和机动车等物权的设立、变更、转让和消灭,未经登记,不得对抗善意第三人",车辆登记采用登记对抗主义原则,经过登记可以对抗第三人;其三,如果认为留置权可以优先于抵押权受偿,将会使一些人钻法律的空子,以一些简易的修理等方式阻碍抵押权的实现,导致许多规避法律行为的发生;其四,抵押权设定后,因添附、加工、修理等与抵押物构成一体的附合物,抵押人仍可以取得抵押权。

总之,在抵押权与留置权竞合时,抵押权可以优先于留置权行使,即抵押权效力高于留置权效力。

本书认为,坚持抵押权优先说的学者所提出的几个理由并不能支撑自己的观点。

第一,固然卢某和甲信用社订立的货车抵押合同合法有效,但这并不等于说乙汽车修理厂留置汽车的行为违法无效。《担保法》第82条规定,本法所称留置,是指依照本法第84条的规定,债权人按照合同的约定占有债务人的动产,债务人不按合同约定的期限履行债务的,债权人有权依照本法规定留置该财产,以该财产折价,或者以拍卖、变卖该财产的价款优先受偿。《担保法》第84条规定,因保管合同、运输合同、加工承揽合同发生的债权,债务人不履行债务的,债权人有留置权。本案中,乙汽车修理厂和卢小某之间订有修理合同,为加工承揽合同之一种,在卢小某无力支付修理费时,乙汽车修理厂对货车的留置同样合法有效。况且,卢小某和修理厂并未事先约定修理厂不能留置该货车,法律也无明文禁止债权人留置已设定抵押权的财产。

第二,虽然确定留置权优于抵押权的行使可能会使一些人钻法律的空子,以一些简单的修理等方式阻碍抵押权的实现,但如果确定抵押权优于留置权行使同样有其不可克服的弊病,比如抵押人将严重损坏的大宗动产(如汽车)故意送去修理,再由抵押权人优先受偿,将会严重损害修理人的合法利益。所谓抵押权设定后,其效力及于因添附、加工、修理而形成的与抵押物构成一体的附合物的说法也不适合本案例。本案中因修理厂修理使货车价值增加部分,包括劳务费和添附的新零件,在卢小某不能按期支付修理费后对卢小某来讲已构成不当得利,乙汽车修理厂有理由要求卢小某返还,只有在卢小某支付了足额的修理费后,甲信用社抵押权的效力才及于货车新增价值部分。

总之,抵押权优先说的理由并不足以服人,也没有充分的法律依据,因此本书更偏向于留置权优先说。

(二) 留置权优先说

主张留置权优先的观点,其理由如下:

第一,就留置权和抵押权所担保之债权的性质看,抵押权所担保的债权是一般的债权利益,比如本案中的贷款本息,而留置权所担保的债权则通常具有工资或劳动报酬,甚至是共有物的性质。比如在加工承揽合同中,定做物已经加入承揽人的劳动价值,从一定意义上说,定做物就是定做人和承揽人的共有物。承揽人从理论上讲理应有权处置共有物中属于自己所有的那部分。而定做人支付给承揽人的价款正是承揽人理应拥有的那部分的价值,该价款从本质上讲具有工资的性质,而对于劳动者的工资,各国法律都是给予特别保护,使其优先支付的。比如在破产制度中,根据我国的法律,工资的支付绝对先于企业贷款的清偿。反过来说,若赋予抵押权优先于留置权的效力,则无异于由承揽人代替定做人向抵押权人承担保证责任,显然不合乎情理,这样做同时也是对留置权人财产的侵犯,根本有悖于民法的公平原则。

另外,物上抵押权设定以后,由于抵押权人没有实际占有抵押物,这一状态本身就决定了抵押物被转移、出让、毁损甚至灭失的危险,这一危险是抵押权人在订立抵押合同时所能预料到的,因此抵押权人理应承担此风险。如果不愿承担这些风险,债权人可与债务人订立质押合同。而在留置的情况下,由于留置人实际占有债务人的财产,其所冒留置物转移、毁损的风险就很小,但留置人负有小心照管留置物的义务,一旦照看不善导致留置物毁损或灭失,留置人是要负法律责任的,同时留置权也会因留置物的毁损或灭失而减损或消灭。根据留置权本身的特性及权利与义务相适应的道理,赋予留置权优先于抵押权更有说服力。

第二,就法律对抵押权和留置权所遇的风险的救济情形看,虽然抵押权和留置权两者都要承担因担保物被分割、毁损或灭失而导致担保权益受损乃至落空的风险,但法律对两者的救济承担却是不同的。比如法律赋予抵押权以不可分性和物上代位性,即抵押权不但和抵押物不可分,即使在抵押物变形的情况下,抵押人出让抵押物给第三人,第三人合法取得所有权的,原抵押权效力及于抵押人所得价款。而留置权却仅有不可分性而无物上代位性,即留置物一旦消失,留置权便无从存在。也就是说,留置权受损和落空的风险更大,为弥补这一不足而赋予留置权优先的效力对保护债权人利益更公平。

相反,如果不赋予留置权优先于抵押权行使,那么留置人会因害怕自己的劳务和货物、材料得不到有保障的回报而拒绝签订合同。就本案而言,如果确立了抵押权优先的原则,修理厂知道即使它花费人力、物力将货车修理好,也会因抵押权人优先受偿而使自己处于难以得到修理费的困境,就不会与卢小某订立修车合同。总之,若坚持抵押权优先于留置权的原则,那么从事加工承揽、货物运输或仓储保管业务的主体一旦涉及此类担保时就没有积极性。由此可见,确立抵押权优先留置权的原则会产生较大的负面影响。

从本案的情形看,关于抵押权与留置权竞合时究竟谁优先,我国法律没有作明确规定,由此也给司法实践带来困惑。本书从学理上进行一定的分析后认为,只有坚持留置权优先说才是符合市场经济发展需要的。

第三部分 债法

案例一：汪某诉马某、程某债权纠纷案
——连带之债与按份之债的区分及连带之债的涉他性

一、基本案情

原告：汪某

被告：马某、程某

马某与程某系大学同学，两人在大学期间即确立了恋爱关系。2007年大学毕业以后，马某与程某开始共同生活，但并未办理结婚登记，处于事实上的同居关系。2007—2008年同居期间，马某与程某决定共同经营一家酒店。为了兴建房屋和经营酒店，2008年10月1日，马某与程某从经营建材与酒店用品的汪某处购买了一批水泥砖和白酒等酒店经营用品。2008年12月1日，由于资金不足，马某与程某共同出具欠条给汪某：今马某与程某因资金不足，欠下汪某建材与酒店用品款项，合计54500元整。2011年，马某与程某因感情不和解除同居关系，并就同居期间的财产依法进行了分割。同年10月份，汪某得知马某与程某解除同居关系后，遂向马某与程某讨要欠款。2012年4月2日，马某重新出具欠条给汪某，内容为：今欠汪某2008年水泥砖和酒店用品款项合计人民币54500元。在欠条的下方，马某注明：此款由马某和原妻程某共同承担。2012年5月8日，汪某向马某与程某讨要欠款未果，向法院提起诉讼，请求判决马某与程某共同偿还欠款。

二、争议焦点

本案是一起买卖合同纠纷案件，案件争议焦点有两个：

1. 同居关系期间所产生的债务是属于连带之债还是属于按份之债？

一种观点认为，我国现行法律规定之中，仅有夫妻、合伙等情形有当事人负连带责任的规定，且非依法律明确规定，当事人之间对债务的清偿不承担责任，即使依据最高人民法院解释，也仅仅有"当事人因同居期间财产分割或者子女抚养纠纷提起诉讼的，人民法院应当受理"的规定。在本案中，虽然能够依法确认两被告存在同居的事实，但对于该同居行为，法律并未赋予同居的双方及第三人有法定的权利、义务,因此该同居行为仅仅属于道德调整的范畴,并不能以存在同居关系就认定马某与程某对债务承担连带清偿责任。

另一种观点认为,在同居期间产生的债务,必须先分清共同债务和个人债务,共同债务应该由同居双方的共同财产清偿,个人债务则应该由个人的财产来清偿。凡属于双方经营的以双方共同财产承担责任的,也属于双方共同债务。借款人是为了同居双方的共同利益,目的是同居生活的需要并用于同居生活、生产经营的,不管是以双方名义还是以一方名义与他人建立的债务关系,均应视为同居期间的共同之债。因此,本案中马某与程某应当就同居期间共同经营酒店所负的债务承担连带责任。

2. 马某放弃诉讼时效抗辩权的行为效力是否及于程某?

这涉及连带之债的涉他性问题。连带之债的涉他性,是指在连带之债中,其中任一连带债权人或连带债务人的行为效力及于其他连带债权人或连带债务人。

第一种意见认为具有涉他性。马某放弃诉讼时效抗辩权的行为及于程某,《最高人民法院关于审理民事案件适用诉讼时效制度若干问题的规定》第17条第2款规定,对于连带债务人中的一人发生诉讼时效中断效力的事由,应当认定对其他连带债务人也发生诉讼时效中断的效力。

第二种意见认为不应具有涉他性。理由在于,连带债务法律关系中,一事项对其他连带债务人具有涉他性,其前提是各债务人所负的债务均为完全债务。尽管法律规定连带债务具有涉他性是基于保护债权的目的,但连带性只有在完全债权情形下才对连带债务人有约束力。

三、案件处理

一审法院认为:该笔债务发生在2007—2008年间,但汪某自2011年10月份以后才开始向马某与程某主张债权,因此对程某关于该笔债权超过诉讼时效的抗辩意见依法予以采纳。马某对该笔债务始终没有异议,因此该笔债务应由马某偿还。遂判决:(1) 马某于判决生效后十日内清偿汪某货款54500元;(2) 驳回汪某的其他诉讼请求。

马某不服该判决,提起上诉称:一审法院认定该笔债务超过两年的诉讼时效正确,但认定超过诉讼时效只对程某有效,而对马某无效错误。请求撤销原判,驳回汪某的诉讼请求。

二审法院认为:在汪某向马某、程某催要欠款时,该笔债权已超过诉讼时效,马某与程某均享有诉讼时效抗辩权。但该债权超过诉讼时效后,经汪某向马某催要,马某向汪某出具了欠条,应视为其同意支付该欠款,放弃了诉讼时效抗辩权。虽然马某向汪某出具欠条时,在欠条上注明由其与程某共同承担,但没有经程某同意,故其所注内容对程某无效,程某对该债权因超过诉讼时效而享有诉讼时效抗辩权,其不应再承担清偿责任。遂判决维持原判。

四、分析思考

(一) 连带之债与种类之债的划分以及本案的定性

连带之债与按份之债是对多数人之债的划分。所谓按份之债,是指在债的关系中债的主体各自按照确定的份额分享债权或分担债务的债。按份之债的成立需具备以下要件:第一,债的一方或双方当事人为两个或两个以上的人。第二,给付基于同一发生原因,也就是基于同一法律事实产生债的关系。第三,债的标的可分,即作为债的标的的给付分为数个给付时,无损于其性质或价值。第四,债务份额在债成立时已经确定。从债法原理上看,按份之债具有以下法律效力:第一,按份债权人只能就自己享有的债权份额请求债务人履行债务,而无权请求债务人向自己清偿全部债务。按份债务人仅就自己所负担的债务份额向债权人履行债务,对其他债务人负担的债务份额,无清偿的义务。第二,某一债权人受领超过自己应受领的份额时,如果可以认定为是代其他债权人受领,可构成无因管理;否则,就其超过部分,应对债务人成立不当得利;同时,其他债权人的债权并不消灭。某一债务人履行了超过自己负担的债务份额时,如果可以认定为系代其他债务人履行,可成立第三人清偿,发生他人债务消灭的效果;否则,就其超过部分,可依不当得利向受领人请求返还;同时,其他债务人的债务并不消灭。第三,就某一债权人或者债务人发生的事项,对其他债权人或者债务人不发生影响。第四,按份之债基于同一原因发生的,在发生按份之债的合同有争议时,全体债权人和全体债务人应作为共同诉讼人参加诉讼。从按份之债的构成要件上看,本案中被告马某与程某共同出具欠条给原告汪某欠款 54500 元的行为,符合了按份之债的前三个构成要件,但不符合第四个构成要件,被告马某、程某与原告汪某在债权债务关系成立和签下欠条时均未对债务份额作出明确约定,因此马某与程某对汪某的债务不构成按份之债。

所谓连带之债,是指在一个债的关系中,债权人或债务人有数人时,各个债权人都有权请求债务人履行全部债务,各个债务人均负有履行全部债务的义务,且全部债务因一次全部履行而归于消灭的债。其中,具有连带关系的数个债权人为连带债权人,享有的债权为连带债权;具有连带关系的数个债务人为连带债务人,所负债务为连带债务。连带之债的成立需具备以下四个要件:第一,债的一方或双方当事人为数人。第二,债的标的须为同一。第三,数个债权人或债务人的目的同一。第四,连带之债的债权人之间或者债务人之间须具有连带关系。连带之债可以基于当事人的约定而发生,即意定连带之债。连带之债还可以基于法律的规定而发生,如合伙债务、无权代理下的连带责任、共同侵权导致的连带责任等。实际上对于同居期间当事人的财产关系我国法律是有规定的。1989年11月21日最高人民法院发布《关于人民法院审理未办结婚登记而以夫妻名义同居生活案件的若干意见》,对同居期间的财产、债务的处理作了如下具体规定:(1)分割财产时照顾妇女、儿童的利益,考虑财产的实际情况和双方的过错程度,妥善分割。(2)同居期间共同所得的收入和购置的财产,按一般共有财产处理。(3)同居期间为共同生产、生活而形成的债权债务,可按共同债权债务处理。(4)解除同居关系时,一方在共同生活期间患有严重疾病未治愈,分割财产时,应予适当照顾,或由另一方给予一次性的经济帮助。(5)同居生活期间一方死亡,另一方要求继承死者遗产,且符合《继承法》第14条规定的,可以根据扶助的具体情况处理。也就是说,当事人在同居期间的债务构成连带之债。

综上所述,被告马某、程某与原告汪某之间的债权债务关系按照法律规定符合连带之债的构成要件。按照连带之债的法律效力,被告马某、程某两人都有义务偿还所欠原告汪某的54500元债务。

(二) 连带债务诉讼时效抗辩权之涉他性

本案涉及的另一个主要问题是,超出诉讼时效后的债权,经债权人向连带债务人主张权利,连带债务之一人重新出具欠条对债务予以确认,其他连带债务人未予以认可的,未予以认可之连带债务人以超过诉讼时效为由,行使抗辩权是否能成立。简言之,一连带债务人放弃时效抗辩的行为是否具有涉他性。

《最高人民法院关于审理民事案件适用诉讼时效制度若干问题的规定》第17条规定:"对于连带债务人中的一人发生诉讼时效中断效力的事由,应当认定对其他连带债务人也发生诉讼时效中断的效力。"该规定可以认定为诉讼时效中断事由对其他连带债务人具有涉他性。但该解释没有涉及关于超过诉讼时效后的诉讼时效抗辩权的涉他性问题。笔者认为,从超过诉讼时效之债的性质、连带之债的特点、诉讼时效抗辩权的构成要件及法律后果看,超出诉讼时效后的债权,某一连带债务人放弃时效抗辩的行为不应具有涉他性。

1. 超出诉讼时效后的债权的性质

一般认为,超出诉讼时效后的债权通常称为自然债务,其是相对于法律债务而存在的债务。债作为特定当事人间得请求为特定行为的法律关系,依是否能够请求法律强制力之保护,分为自然债务和法律债务,该分类体现了债与责任分离的理论。债权具有给付请求权、给付受领权和债权保护请求权三种权能,在效力上分别体现为债的请求力、保有力和强制执行力。法律债务也具有上述权能与效力,是一种完全之债,而自然债务之所以区别于法律债务,系因其欠缺债的部分权能和效力。故在学理界称自然债务为不完全债务,并将自然债务定义为"失去法律强制力保护,不得请求强制执行的债务",即自然之债失去了强制执行力。

2. 连带之债之连带性及涉他性

债之连带性，是指债权人或者债务人有数人，各债权人得请求为全部之给付或各债务人负有全部给付义务之义务，唯因一次之全部给付，而其债之全部关系归于消灭之债权债务关系。连带之债的核心是连带债务人或者连带债权人之间的连带性。连带之债的涉他性，是指对于任一连带债权人或连带债务人所生事项的效力是否及于其他连带债权人或连带债务人。判断涉他性标准为共同目的之达成，即消灭债务。连带之债采各债权或者各债务间对外具有连带性，对内具有分担性的制度设计，故连带之债具有涉他性特性。

3. 放弃诉讼时效抗辩权的构成要件及法律后果

放弃诉讼时效抗辩权，是指诉讼时效期间届满，义务人以明示或者默示的方式表明其不行使诉讼时效抗辩权，愿意履行诉讼时效期间届满的义务。其作为一种实体权利，具有以下构成要件：第一，放弃诉讼时效抗辩权系对义务人享有的权利的处分，故放弃权利的主体需具有权利能力、行为能力和处分能力。第二，放弃诉讼时效抗辩权的行为属于有相对人的意思表示行为，该意思表示应向相对方为之，但由于该行为同时为单方处分行为，故义务人放弃诉讼时效抗辩权无须权利人同意。第三，由于放弃权利需有放弃权利的意思表示，放弃诉讼时效抗辩权需以义务人知道诉讼时效完成、其享有诉讼时效抗辩权为要件。如果义务人不知道诉讼时效完成、其享有诉讼时效抗辩权，则不能认定其放弃诉讼时效抗辩权。第四，放弃诉讼时效抗辩权既可以采取明示的方式，也可以采取默示方式。放弃诉讼时效抗辩权将产生的法律后果是：诉讼时效期间视为未届满，义务人行使诉讼时效抗辩权拒绝给付不能成立，义务人负有的债务从自然债务转为完全债务，诉讼时效期间从义务人放弃诉讼时效抗辩权之日起重新起算。如果义务人与权利人约定了新的还款期限而其未依约履行义务，则诉讼时效期间从还款期限届满之日起重新起算。

连带债务法律关系中，某一事项之所以对其他连带债务人具有涉他性，其前提是各债务人所负的债务均为完全债务。尽管法律规定连带债务具有连带性是基于保护债权的目的，但连带性只有在完全债权情形下才对连带债务人有约束力。因此，在诉讼时效期间未届满之时，诉讼时效中断事由具有涉他性并未损害到其他债务人的诉讼时效抗辩权。而诉讼时效期间届满后，义务人享有并行使诉讼时效抗辩权时，债权已成为非完全债权，不具有法律保护的强制力。连带之债虽由连带之债务人对债务承担连带清偿责任，但诉讼时效抗辩权为一种实体权利，该权利应由义务人本人以明示的方式或者约定的默示方式予以放弃，而不能由其他连带债务人代为放弃而重新苛以连带债务。因此，在诉讼时效期间已经届满的情形下，除非其他连带债务人同意或者法律有特殊规定，否则，某一连带债务人放弃诉讼时效抗辩权的行为不应具有涉他性。

(三) 债的其他分类

本案例只是通过连带之债与按份之债的分类来说明不同的债的分类对于当事人之间的法律效力会有较大的影响。在债的分类上还有法定之债与意定之债、主债与从债、特定之债与种类之债、货币之债与利息之债、简单之债与选择之债、可分之债与不可分之债等分类方式，每种分类方式下的不同债权债务关系法律效力各有不同。如主债与从债划分的意义在于从债的效力随着主债的效力转移而转移，没有主债就不发生从债，从债随着主债的存在而存在，随着主债的终止而终止，但从债的不成立和无效并不影响主债的存在和无效。再比如在特定之债中，债务人负有交付特定标的物的义务，债权人也只能请求债务人交付该标的物；标的物如果灭失，当然发生履行不能。如其灭失的发生不可归责于债务人，其给付义务即归消灭。如果灭失的发生系因可归责于债务人的事由，则其交付特定物的债务即转化为损害赔偿债务。

案例二:温某诉李某不当得利纠纷案

——本案是无因管理之债还是不当得利之债

一、基本案情

原告:温某

被告:李某

原告温某诉被告李某不当得利纠纷一案,某市人民法院受理后,依法组成合议庭,公开开庭进行了审理。

原告诉称:原告是某市农行职工,2007年6月4日被告到农行办理取款业务。原告不慎多付给被告40635元,后经农行多次催要,被告返还给农行37000元。余下3635元拒不返还。为结账,原告为被告垫付了应由被告返还给农行的3635元。现请求人民法院判令被告偿还原告3635元。被告辩称:被告与原告已达成一致,双方约定余下的3635元不再返还。被告手头有原告所打的收到40635元的证明。原告向法院提交了汇账凭证、代理保险卡、某市农行2009年6月23日证明一份、录音光盘、张某某的证人证言等证据。被告李某对原告提供的证据认为:对农行出具的证明有异议,诉争款项不存在,原告给被告垫付,证人证言中部分内容不真实,原告打条时不是违心的,是真实意思表示,光盘中被告少支付3635元是原告同意的,并称花钱买个教训。

经审理查明:原告温某是某市农行职工,2007年6月4日被告到农行办理取款业务时,原告多支付被告40635元。经原告催要,被告返还原告20000元。2008年6月26日,原告同农行工作人员张某某、唐某某、张某某前往被告处催要余款20635元。被告同意返还17000元,余款3635元不予返还,并强求原告出具收到40635元的收条,否则17000元也不予返还。经原告及农行工作人员与被告交涉,被告仍坚持扣除3635元,原告迫于无奈,为被告出具收到40635元的收据,被告方返还17000元。2009年6月23日,原告将被告占有的3635元先予垫资付给某市农行。

二、争议焦点

本案争议焦点是本案到底是不当得利之债还是无因管理之债。

原告温某以不当得利为案由对被告李某提起诉讼,而法院认为本案不构成不当得利,而是构成无因管理。原告认为2007年6月4日被告到农行办理取款业务时,原告不慎多付给被告40635元,后经农行多次催要,被告返还给农行37000元,余下3635元拒不返还,因而构成不当得利。法院认为余下3635元由原告先垫付给农行,实际上构成无因管理。

三、案件处理

某市人民法院经审理认为,本案立案案由为不当得利纠纷不妥,应更正为无因管理纠纷。被告在农行办理取款手续时,发现原告因工作疏忽大意向其多支付40635元后,应遵循诚信原则及时将多支付的款项返还银行。被告非但没有及时返还,反而在原告的多次催要下仅返还37000元,余款3635元拒绝返还。被告称其占有的3635元系经原告同意,但原告提供的多份证据证明原告当初的承诺违背其真实意思表示,故被告之辩称理由不能成立。原告垫资代替被告返还农行多支付的款项的行为,符合无因管理的构成要件,被告应当偿付原告的垫资,故依照《民法通则》第93条之规定,判决如下:(1)被告李某应于判决生效后十五日内返还原告温某3635元。(2)如果未按本判决指定的期间履行给付金钱义务,应当依照《民事诉讼法》第229条之规定,加倍支付延迟履行期间的债务利息。(3)案件受理费50元,由被告李某负担。原告预交50元,暂不退还,待执行时一并结清。

四、分析思考

不当得利和无因管理是债的两种发生方式,但两者有较大的不同。

(一)不当得利的构成要件及法律效果

不当得利,是指没有合法根据而取得利益,致他人受到损失的法律事实。没有合法根据而取得利益的一方当事人称为受益人,负有向对方返还不当得利的债务;受有损害的一方称为受损人,享有请求受益人返还不当得利的债权。不当得利可因人的行为引起,包括受益人的行为、受损人的行为以及第三人的行为;也可因自然事实引起。由于不当得利可以引起债的发生,因此在性质上属于一种法律事实。我国《民法通则》第92条规定:"没有合法根据,取得不当利益,造成他人损失的,应当将取得的不当利益返还受损失的人。"

一般来说,构成不当得利之债要满足以下四个构成要件:第一,一方受有财产上的利益。受有财产上的利益,是指受益人因与他方当事人之间利益的不当变动而取得财产利益。受益人是否受有财产上的利益,应以其现在的财产或利益和如无与他人之间利益的变动所应有的财产或利益总额相比较而为决定,包括财产的积极增加和消极增加。积极增加,即现有财产或利益比以前有所增加,包括取得财产权或其他财产利益、财产权的扩张或其效力增强、所有权或其他权利上负担的消灭。消极增加,即财产或利益应当减少而没有减少,包括债务消灭或缩小、本应设定的权利负担未设定、劳务的使用或物之使用、应支出的费用未支出。第二,他方受有损失。如何判断损失在学说上有"财产利益差额说"和"权益归属侵害说"两种不同主张。财产利益差额说是指因一定事实的发生,致权利主体的财产总额,较之于发生此事实时减少,包括所受损害及所失利益。权益归属侵害说是指因一定事实之侵害他人权益的归属,即系致生损害。[①] 第三,受有损失与取得利益之间具有因果关系。所谓具有因果关系是指受损人的损失是得利人获得利益所造成的结果,得利人获得利益是受损人受有损失的原因,两者具有引起与被引起的关系。第四,没有合法依据。所谓无合法依据,是指造成他方损失而使自己获得利益,不存在受损人自己的让与意思或者法律上的原因作为法律依据。

构成不当得利的直接法律后果是在得利人和受损人之间形成不当得利返还的债权债务关系,受损人作为债权人有权要求作为债务人的得利人返还不当利益;得利人作为债务人,负有返还不当利益的义务。不当得利的返还范围根据得利人是善意还是恶意而有所不同。善意得利人,即在取得利益时不知受益没有法律上原因的得利人,其返还范围以现存利益为限;恶意的得利人,即在受益时明知没有法律上的根据或者受领后知道得利没有法律上根据的得利人,其返还范围不仅包括受领时所得利益,还包括基于该利益所生的利益。

(二) 无因管理的构成要件及法律效果

无因管理,是指没有法律规定的或者约定的义务,为避免他人利益受损失而进行管理或服务的法律事实。管理他人事务的人称为管理人;该他人称为本人。因事务的管理而在管理人与本人之间发生的权利义务关系,即无因管理之债。

构成无因管理需满足以下构成要件:第一,管理他人事务。所谓事务,是指一切可以满足人们生活利益各方面需要的事项。无因管理的管理人所管理的事务需为他人事务。所谓管理,是指对事务进行处理,实现事务内容的行为。它包括狭义管理和服务。管理的内容可以是法律行为,也可以是事实行为。管理人管理事务的行为不限于单纯的管理(保存、改良及利用),处分行为也包括在内。第二,为他人管理的意思。为他人管理的意思,为无因管理成立的主观要件。有无为他人管理事务的意思,也是区别无因管理与侵权行为的标准之一。为他人管理的意思,又称管理意思,是指管理人于管理事务时所具有的为他人谋利益的意思。管理意思的内容,是将因管理而生的利益归属

[①] 参见杨立新:《债法总论》,法律出版社2011年版,第137—138页。

于本人。第三,无法定或约定的义务。无因管理上的无因,是指没有法律规定的或者约定的义务。

无因管理具有以下法律效力:(1) 管理人虽然干涉他人事务,但具有违法阻却效力;(2) 管理人由此产生如下义务:管理开始时通知本人、适当管理的义务、报告及计算义务、不当管理的损害赔偿义务;(3) 本人也由此产生以下义务:偿还管理人支付的费用及利息、偿还管理人代为清偿的债务、赔偿管理人为管理本人事务而遭受的损害。

(三) 本案究竟属于不当得利之债还是无因管理之债?

从本案事实看,原告作为农行职工由于不慎多付给被告40635元,被告无合法依据获得了40635元,并由此导致农行损失,符合不当得利的构成要件,构成不当得利之债,但该不当得利之债是被告和农行之间的不当得利之债,而不是原告与被告之间的不当得利之债。在该不当得利之债中农行为债权人,被告为债务人,正是基于该债权债务关系,被告先后向农行返还了37000元的不当利益,同时被告对农行尚有3635元的债务需要承担。本案中原告替被告垫付了这3635元,而被告拒绝偿还该3635元,导致纠纷。原告垫付3635元钱的行为在法律上看属于替被告履行债务的行为,满足了无因管理的构成要件。首先,替他人履行债务的行为是一种管理他人事务的行为;其次,原告替被告偿还债务明显是为了被告利益着想,虽然原告替被告垫付3635元的行为中也有为自己着想的考虑,但无因管理中为他人管理的意思不要求仅仅只为他人利益考虑,可以同时为自己的利益考虑;最后,原告没有法定或约定的替被告偿还债务的义务。正是基于此,某市人民法院认定本案应当属于无因管理之债而非不当得利之债。

本书认为此认定并不妥当。因为从本案事实看,原告的行为虽然表面上符合了无因管理的构成要件,但实际上较无因管理的构成要件多出一个构成要件,即这种替被告偿还债务的无因管理行为是明显违反被告的意思的,因为被告多次作了不想偿还该债务的意思表示,本案起因也正是基于此。由于原告的无因管理行为明显违反了被告的意思,本案应当认定为不适法的无因管理。所谓不适法的无因管理,也称不当的无因管理,是指管理人没有法定或约定的义务,为他人管理事务,但管理事务不利于本人,或管理事务违反本人明示或可得推知的意思。不适法的无因管理包括三种情形:(1) 管理事务不利于本人,且违反本人的明示或可得推知的意思。(2) 管理事务利于本人,但违反本人明示或可得推知的意思。(3) 管理事务不利于本人,但不违反本人的意思。从构成要件上看,不适法的无因管理有两个构成要件:第一,须成立无因管理;第二,须管理事务不利于本人或者违反本人明示或可推知之意思。① 王泽鉴先生认为在不适法的无因管理中,如果本人不主张享有无因管理所得之利益的情形,本人与管理人之间的法律关系应当按照不当得利的规定来处理。② 在本案中被告一直认为诉争款项不存在,可见被告并不主张享有无因管理所得之利益,因此,本案在定性上看仍应作为不当得利之债来看待。

---

① 参见王泽鉴:《债法原理(第一册)》,中国政法大学出版社2001年版,第351页。
② 同上书,第353页。

案例三:张某诉某建设局代位权纠纷案
——债权人代位权的构成及其与财产保全的竞合

一、基本案情

原告:张某

被告:某建设局

原告张某诉称,2002年以来,某建筑公司共欠原告及其他民工各款项共计248777.82元。在多次催要未果的情况下,其他几名民工把某建筑公司所欠款项以债权转让的方式转到了原告的名下,并通知了某建筑公司。经原告查明,某建筑公司不能还款的原因是某建筑公司怠于行使其享有的具有金钱给付内容的到期债权,截至目前,被告尚欠某建筑公司工程款1455276.69元。根据我国《合同法》第73条的规定,因债务人怠于行使其到期债权,对债权人造成损害的,债权人可以向人民法院请求以自己的名义代位行使债务人的债权。原告特提起代位权诉讼,请求依法判令被告偿还原告欠款248777.82元及利息18135.90元,并由被告承担本案的诉讼费用。

被告某建设局对本案债权债务关系无异议,但辩称原告对被告行使代位权不符合《合同法》第73条规定的构成要件。第一,某建筑公司对被告并不享有到期债权,某建筑公司与被告的建设施工合同中并没有约定工程款的具体支付时间,而是依照惯例由被告分期向县财政申请拨付工程款,再由被告支付给某建筑公司。第二,某建筑公司并没有怠于行使其到期债权。怠于行使到期债权是指债务人应行使并能行使而不行使其到期债权。怠于行使表现为既不履行,又不以诉讼方式或仲裁方式向次债务人主张权利,主观上表现为故意或放纵。截至原告起诉之日,被告共欠某建筑公司1377276.69元。根据某市中级人民法院判决书,被告与相关债权人达成还款协议,约定在被告欠某建筑公司1377276.69元工程款中由被告直接支付给实际施工人。也就是说,某建筑公司在被告处还有637728.17元债权。被告收到人民法院协助执行、裁定冻结某建筑公司在被告处的债权数额已达725000元。因此,某建筑公司没有故意或放纵自己权利而对原告造成损害,而是客观原因不能向被告行使权利。代位权只是一项从权利,并不享有优先权,事实上原告主张代位权是对已先于原告起诉并申请保全的某建筑公司其他债权人的损害。综上，请求法院驳回原告对被告的起诉。

第三人某建筑公司未作答辩。

二、争议焦点

本案是一起债权债务纠纷案件，案件争议焦点主要有两个：

1. 本案是否符合债权人代位权行使的构成要件？

原告张某认为某建筑公司不能还款的原因是某建筑公司怠于行使其享有的具有金钱给付内容的到期债权，因债务人怠于行使其到期债权，对债权人造成损害的，债权人可以向人民法院请求以自己的名义代位行使债务人的债权。被告认为某建筑公司对被告并不享有到期债权，某建筑公司与被告的建设施工合同中没有约定工程款的具体支付时间，而是依照惯例由被告分期向县财政申请拨付工程款，再由被告支付给某建筑公司。同时，某建筑公司并没有怠于行使其到期债权，而是由于财产保全措施客观上无法行使。

2. 代位权行使与财产保全两者关系应当如何处理？

债务人的数个债权人中有的对次债务人仅主张行使代位权但未采取财产保全措施，而有的债权人不仅主张行使代位权还对次债务人的财产采取了保全措施，采取保全措施的债权人在债权的实现上是否享有优先权？或者债务人的债权人对次债务人主张行使代位权，但次债务人的债权人对其财产采取了保全措施的，该财产保全措施是否构成代位权行使的障碍？

三、案件处理

原审法院认为，根据《合同法》第73条，债务人怠于行使其债权是代位权的成立必备要件之一，"债务人怠于行使其债权"是指对于应行使的权利，不存在任何行使债权的障碍，能行使债权而不行使。依据某市中级人民法院判决书可以确认，在某建筑公司对被告享有的债权1455276.69元范围内，被告对某建筑公司的债务739548.52元及其利息承担连带责任；依据某县人民法院六份裁定书和协助执行通知书，可以确认人民法院对某建筑公司在被告处的债权725000元予以冻结，且以上案件均已审理终结进入执行阶段，被告须停止向某建筑公司清偿债权以协助法院执行。综上，被告目前已没有向某建筑公司履行付款的义务，某建筑公司并非故意或放纵自己权利而对原告造成损害，而是存在债权行使障碍，由于客观原因不能向被告行使债权主张。原告主张某建筑公司怠于行使到期债权不能成立。对其代位权主张，不予支持。依照《合同法》第73条的规定，判决驳回原告张某的诉讼请求；案件受理费5304元，由原告张某负担。

一审宣判后，原告提起上诉，后申请撤回上诉，二审法院依法裁定准予撤诉。

四、分析思考

(一) 代位权的概念以及债权人行使代位权的构成要件

代位权,是指债权人以自己的名义行使债务人对于第三人之权利的权利。处分自己的财产是民事主体的一项权利,不受他人干涉,此为民法的一项原则。因此,债务人是否行使对第三人的权利,应依债务人的自由意思,债权人不得干预。但债务人的财产既然在法律上已经成为保障债权的责任财产,对债务人处分自己财产权利的行为就不能不加以约束。债权人代位权即是平衡债权人与债务人的利益、债务人的意思自由与交易安全后所设立的制度。

代位权并非自债的关系发生之时即为债权人所享有,它仅在法律规定的特定情形才能发生,因而并非每个具体的债上都有代位权的存在。代位权的发生须具备下列要件:(1) 债权人对债务人的债权合法。债权人代位权是债权的从权利,如果当事人之间不存在合法的债权债务关系,就不可能产生代位权。(2) 债务人对次债务人享有债权且合法。债务人有债权存在并且该债权合法有效是债权人行使代位权的前提,如果债务人对他人无债权存在,或者其债权得到清偿,债权人就不得行使代位权。(3) 债务人对次债务人的债权已经到期,构成迟延履行。债务人的债权已经到期是我国《合同法》对债权人行使代位权所作出的要求,按照我国《合同法》的规定,债务人对于次债务人未到期的债权不得作为债权人行使代位权的对象。所谓债务人的债权已经到期,构成迟延履行,是指债务定有履行期的,次债务人届期不履行,或者债务未定履行期的,经债务人催告后,次债务人仍不履行的。(4) 债务人怠于行使债权且危及债权人的债权。所谓债务人怠于行使权利,是指债务人客观上能行使且有行使债权的必要,若不及时行使该权利就有消失或丧失的可能,但债务人消极地不行使权利。例如,请求权将因时效完成而消灭;受清偿权将因不申报破产债权而丧失。法律设立代位权制度的唯一目的,是保障债权的实现。在此目的能够达到的情形,债权人自无行使代位权的必要。因此,所谓债务人怠于行使债权会危及债权人的债权,是指债务人消极地不行使债权的行为会使得债权人的债权有无法实现的可能。如果债务人有足够的责任财产来保障债权人债权的实现,那么债权人就不得行使代位权。(5) 债务人的债权不是专属于债务人自身的债权。这也是《合同法》第73条规定的要件,是从消极的层面规定了对于专属于债务人自身的债权,债权人不得行使代位权。《合同法司法解释(一)》第12条规定:"合同法第七十三条第一款规定的专属于债务人自身的债权,是指基于扶养关系、抚养关系、赡养关系、继承关系产生的给付请求权和劳动报酬、退休金、养老金、抚恤金、安置费、人寿保险、人身伤害赔偿请求权等权利。"

在本案中,从原、被告争议的焦点看,认定第三人是否存在怠于行使权利的情况成为本案之关键。所谓怠于行使权利,是指债务人应行使并能行使而不行使其到期债权。怠于行使表现为既不履行又不以诉讼方式或仲裁方式向次债务人主张权利,主观上表现为故意或放纵。本案中,第三人对被告享有的债权范围内,一部分被告对第三人的债务及其利息承担连带责任,被告对第三人享有抗辩权;另一部分由人民法院对第三人在被告处的债权予以冻结,且已审理终结进入执行阶段,被告须停止向第三人清偿债权以协助法院执行。综上,被告目前已没有向第三人履行付款的义务,第三人并非故意或放纵自己的权利而对原告造成损害,而是存在债权行使障碍,由于客观原因不能向被告行使债权主张。原告主张第三人怠于行使到期债权不能成立。由于缺少代位权的必要构成要件之一,对原告代位权主张,不予支持。

(二) 代位权与财产保全的关系

当有的债权人提起代位权诉讼,有的债权人就债务人在第三人处的债权向法院提起财产保全,债务人在第三人处的债权经法院保全的情况下,被冻结保全的债权应怎样分配? 这里面就存在代位权与财产保全哪个效力优先的问题。

财产保全,是指人民法院在利害关系人起诉前或者当事人起诉后,为保障将来的生效判决能够得到执行或者避免财产遭受损失,对当事人的财产或者争议的标的物,采取限制当事人处分的强制措施。2012 年修正的《民事诉讼法》第 100 条规定:"人民法院对于可能因当事人一方的行为或者其他原因,使判决难以执行或者造成当事人其他损害的案件,根据对方当事人的申请,可以裁定对其财产进行保全、责令其作出一定行为或者禁止其作出一定行为;当事人没有提出申请的,人民法院在必要时也可以裁定采取保全措施。人民法院采取保全措施,可以责令申请人提供担保,申请人不提供担保的,裁定驳回申请。人民法院接受申请后,对情况紧急的,必须在四十八小时内作出裁定;裁定采取保全措施的,应当立即开始执行。"第 101 条规定:"利害关系人因情况紧急,不立即申请保全将会使其合法权益受到难以弥补的损害的,可以在提起诉讼或者申请仲裁前向被保全财产所在地、被申请人住所地或者对案件有管辖权的人民法院申请采取保全措施。申请人应当提供担保,不提供担保的,裁定驳回申请。人民法院接受申请后,必须在四十八小时内作出裁定;裁定采取保全措施的,应当立即开始执行。申请人在人民法院采取保全措施后三十日内不依法提起诉讼或者申请仲裁的,人民法院应当解除保全。"那么,在同时有几个债权人的情况下,有的债权人申请了财产保全,而有的没有申请财产保全,债权该如何分配? 对于这一问题存在两种意见。一种观点认为,申请保全的同时,申请保全人要对保全行为负责,承担一定的责任,必然比没有申请保全的人的诉讼成本高。没有申请保全的人共同分享由于申请保全人承担责任而保全的债务人的财产,对申请保全的债权人不公平。如此,显然不能调动起申请保全债权人的积极性,应该以被保全的财产优先偿还申请保全的债权人。另一种观点认为,财产保全是一种程序上的权利,与债权实体处理无关。因此,所有的债权人对于保全的财产都可以按照清偿原则进行清偿。笔者同意第二种观点。财产保全的作用在于限制他方当事人对自己持有的财产实施转移、隐匿或灭失等损害债权人利益行为的发生,其只是一种诉讼保护性措施,而非设定一项优先受偿权。

若一方提起代位权诉讼,另一方申请财产保全,两者关系应当如何处理?这里存在一个时间先后的问题。如果财产保全在先,代位权诉讼在后,则因为财产保全措施导致次债务人客观上无法向债务人履行债务或者说债务人客观上不能向次债务人主张债权,所以债务人不构成怠于行使对次债务人的债权,导致后提起的代位权诉讼构成要件不成立。如果代位权诉讼在先,财产保全在后或者代位权诉讼与财产保全申请同时提起(在本处探讨的前提是有的债权人提起代位权诉讼,有的债权人就债务人在第三人处的债权向法院提起财产保全。也就是说,实际上探讨的是两方或两方以上债权人对次债务人提起代位权诉讼,其中一方或多方申请财产保全的情形,因为既然是债权人就债务人在第三人处的债权申请财产保全,必然也是提起了代位权诉讼,只是多申请了一项程序性的请求而已),对于财产保全措施上文已有论述,其不是一项实体性的优先受偿权,因此并不会因为一方申请了财产保全就可以优先实现代位权。《合同法司法解释(一)》第16条第2款规定:"两个或者两个以上债权人以同一次债务人为被告提起代位权诉讼的,人民法院可以合并审理。"综上所述,如果代位权诉讼在先,财产保全在后或者代位权诉讼与财产保全申请同时提起,则基于债权的平等性,两个代位权不具有先后之分平等保护。

(三)《合同法司法解释(一)》第20条关于代位权规定的解读

《合同法司法解释(一)》第20条规定:"债权人向次债务人提起代位权诉讼经人民法院审理后认定代位权成立的,由次债务人向债权人履行清偿义务,债权人与债务人、债务人与次债务人之间的债权债务关系即可消灭。"由此可见,我国代位权制度没有采纳传统民法理论"代位权行使的效果直接归于债务人"的观点,而是规定债权人在次债务人处直接受偿。该规定与代位权保障债权实现的立法目的实现了某种暗合,在现实操作中更切合实际,有利于债权人实现债权。如果代位权行使的效果直接归于债务人,而不能由债权人直接受领,那么即使在债务人怠于受领的情况下债权人可代为受领,但其受领后,债务人仍可请求债权人向其交付受领的财产。这样规定不仅不利于发挥代位权制度的作用,而且有可能使代位权制度形同虚设。另外,也有学者认为,代位权是债权人的一项法定的实体权利,而不是一项诉讼法上的权利。在代位权诉讼中,虽然债权人与次债务人之间不存在直接的权利义务关系,但法律规定债权人可以以自己的名义代为行使债务人对次债务人的债权,这种权利不仅仅具有程序法上的意义,更重要的是这是一项实体性的权利,根据法律规定在债权人与次债务人之间创设了某种新的权利义务关系。一旦提起代位权诉讼,则可越过债务人而将次债务人视为债权人的债务人。代位权的行使体现了合同的相对性的突破,债权的效力不仅及于债务人,而且及于债权债务关系之外的第三人——次债务人。这种债的相对关系的突破是由法律特别规定的,而非基于当事人的约定。况且,代位权的行使是债权人为实现自己的债权而作出的积极努力,债权人会花费各种时间、金钱等成本,如果代位权行使的效果直接归于债务人,然后再由其他债权人共同受益,那么,其他债权人坐享其成的分配结果将会从根本上影响代位权人的代位权行使积极性,而且也和民法上的公平原则背道而驰。[1]

问题是,《合同法司法解释(一)》第20条的规定虽然具有合理性,却与债的平等性原理相违背。代位权只是债的保全措施,不是债的担保。若次债务人对债权人的履行具有清偿意义,则对于债务人的其他债权人而言,债权人通过行使代位权而实现债权的优先受偿,违背了债的平等性。"债的保全不能使债权人获得优先受偿权,其债权与其他债权人的债权一样,都是平等债权。如果通过债的保全行使代位权,就使债权人获得优先权,是不公平的。"[2]

---

[1] 参见王丽娅、刘伟伟:《从代位权纠纷案看代位权的构成及竞合》,http://www.lawtime.cn/info/hetong/htnews/20110816138381_2.html,2013年8月5日访问。

[2] 杨立新:《债法总论》,法律出版社2011年版,第272页。

案例四：丁某某诉丁A、丁B、丁C、丁D房屋买卖合同纠纷案

——精神分裂症患者生前自行处分
财产合同的效力认定

一、基本案情

原告(上诉人)：丁某某
被告(被上诉人)：丁A
被告(被上诉人)：丁B
被告(被上诉人)：丁C
被告(被上诉人)：丁D

四被告与丁E系兄弟姐妹。丁E、庄某某于1986年9月离婚，当时协议二人之女即原告丁某某由丁E抚养，庄某某每月给付抚育费16元。1987年起，丁E因患精神分裂症先后两次住院治疗，其间由丁E的法定代理人徐某宝(四被告与丁E的母亲)代为照顾丁某某。1992年，丁E起诉要求将丁某某变更由庄某某抚养，后法院于1992年11月30日判决准予丁某某由庄某某抚养，丁E自该判决生效之月起每月给付丁某某抚育费30元。至此，丁E与庄某某不相往来。后徐某宝去世，丁E的法定代理人变更为被告丁D。

2009年3月下旬，丁E因患肺癌住院治疗。在治疗期间，丁E神智清楚、问答切题、生活自理，没有精神紧张、惊恐、胡言乱语的现象。丁某某在此期间未曾探视过丁E，医生亦与丁某某通电话，告诉丁某某其父丁E患肺癌，病情严重，要求丁某某来医院，但丁某某推托不来。2009年5月7日，丁E将其承租的公房购成产权房。2009年6月6日，丁E作为卖售人与四被告签订房地产买卖合同，除约定转让房屋所有权及该房屋占用范围内的土地使用权，转让价款为517200元；在2009年6月10日之前，向房地产交易中心申请办理转让过户手续外，其他条款基本未填写。同日，买卖双方申请了系争房屋的房地产登记，其后该房屋权利变更登记至四被告名下。2009年6月20日，原告获得以丁E名义汇出的汇款20000元，相应汇款凭据由被告丁D持有。2009年6月22日，丁E

跳楼自杀。

后原告诉至法院,诉称原告系丁E的女儿,被告丁A是丁E的哥哥,其余被告均为丁E的妹妹。原告在处理父亲后事时,得知丁E生前居住的房屋转到四被告名下。四被告于丁E去世后的第二天,也就是2009年6月23日,取得了系争房屋的所有权凭证。原告认为丁E为无民事行为能力人,其生前处分自己所有的房产的行为是无效的,且该转让行为致使丁E增加了房产交易所得税的费用,原告作为其唯一继承人亦有损失,故请求法院确认四被告与丁E所签订的房屋买卖合同无效。

二、争议焦点

本案是一起买卖合同纠纷案件,案件争议的焦点主要有两个:

1. 精神分裂症患者是否等同于无民事行为能力人、限制民事行为能力人?

丁某某认为丁E生前患有精神分裂症,是完全无行为能力的人。四被告认为,1989年9月,丁E因患精神分裂症到某精神卫生中心治疗,经治疗,一般情况可,接触可,思维内容较完全,无妄想,情绪稳定;后长期门诊随访,近十年病情稳定,无明显精神分裂症状。从罹患精神分裂症至其去世前,丁E平日生活自理,通过门诊治疗且能够自行配药(非免费服药)并享受政府规定的救济和补贴。因此,被告丁A、丁B、丁C、丁D认为丁E并不是完全无行为能力的人,签订买卖合同时是有行为能力的。

2. 精神分裂症患者处分其财产的房屋买卖合同是否有效?

四被告认为丁E签订买卖合同时是有行为能力的,买卖过程是丁E本人的意思,他亲自陪同兄弟姐妹去交易中心办理手续,反映的是丁E的真实意思,因此,丁E生前处分其财产的房屋买卖合同是有效的。而丁某某认为丁E是无民事行为能力人,其与四被告签订的房屋买卖合同无效。

三、案件处理

一审法院认为本案的争议在于,精神分裂症患者是否等同于无民事行为能力人、限制民事行为能力人,进而是否影响该患者签订的买卖合同的效力,以及涉案买卖这一处分行为是否侵犯被监护人丁E的利益,进而是否影响买卖合同的效力。

根据医学常识,精神分裂症除了严重的精神病性症状外,一般没有定向障碍,意识通常也清醒,智能基本上也属于正常,但自知力明显有缺损,即不承认自己患有精神病,甚至也不承认自己的行为有所异常。现没有证据证明丁E生前被宣告为无民事行为能力人或限制民事行为能力人。况且,在丁E生前,丁E的法定代理人为被告丁D;丁E或其法定代理人均未曾主张系争买卖合同无效;

原告作为其亲生女儿在其成年后亦未要求变更丁E的法定代理人为原告本人，因此，应当认定丁E生前已对其所有的房屋予以处分，且丁E生前亦未对此有异议。现原告在丁E去世后以其继承人身份提起本案诉讼，存有不妥之处。更何况，丁E长期患病、所需花费极大，前妻、女儿又不与之往来，若其仅仅依靠救济、补贴，按常理是难以维系的，因此被告所言丁E依靠被告多方位照顾是合情合理的，丁E作出买进公房又"卖出"房子并为原告准备结婚费用的举动亦是合情合理的。在此情形下，出于丁E利益之考虑，没有证据证明涉案争议之买卖合同具有无效之因素。因此，原告的诉讼请求，本院不予支持。四被告自愿支付原告13万元，于法无悖，法院予以准许。

综上，根据我国《合同法》第52条、《民法通则》第4条之规定，法院判决如下：(1) 驳回原告丁某某的诉讼请求。(2) 被告丁A、丁B、丁C、丁D于本判决生效之日起二十日内支付原告丁某某130000元。本案受理费减半收取计1750元，保全费120元，均由原告负担。

二审法院认为，丁E生前患有精神疾病和肺癌，其日常生活需要他人照顾，治病亦需较大花费，这些责任大部分由被上诉人丁D及其他兄弟姐妹承担，上诉人丁某某并没有关心、照顾丁E。因此，为生活和治疗原因，丁E将系争房屋出售给自己的兄弟姐妹，也在情理之中。上诉人非丁E的法定代理人，对丁E也未尽照顾义务，现其提出系争房屋买卖合同无效，又未提供相应的事实和法律依据，故该上诉理由，本院难予支持。原审判决并无不当，本院予以维持。据此，依照我国《民事诉讼法》第153条第1款第1项之规定，判决：驳回上诉，维持原判。

四、分析思考

(一) 精神分裂症患者的民事行为能力

民事行为能力是指能够独立有效地实施民事法律行为的地位或资格。现代世界各国对自然人民事行为能力的划分都是以意思能力的状态为基础的，即以自然人是否具有正确识别事务或判断事务的能力为总的标准。一般情况下自然人的意思能力是随着年龄的增长而逐步发育成熟的，于是年龄成为划分自然人民事行为能力的基本标准。同时，精神性疾病对自然人的意思能力也有不同程度的影响，所以精神状态成为划分自然人民事行为能力的补充标准。世界各国大多采取"年龄主义＋有条件的个案审查"的综合判断标准。

我国《民法通则》第11、12、13条根据自然人的年龄和精神状态将自然人的行为能力划分为完全民事行为能力人、限制民事行为能力人和无民事行为能力人三类。《民法通则》第11条规定："十八周岁以上的公民是成年人，具有完全民事行为能力，可以独立进行民事活动，是完全民事行为能力人。十六周岁以上不满十八周岁的公民,以自己的劳动收入为主要生活来源的,视为完全民事行为能力人。"第 12 条规定:"十周岁以上的未成年人是限制民事行为能力人,可以进行与他的年龄、智力相适应的民事活动;其他民事活动由他的法定代理人代理,或者征得他的法定代理人的同意。不满十周岁的未成年人是无民事行为能力人,由他的法定代理人代理民事活动。"第 13 条规定:"不能辨认自己行为的精神病人是无民事行为能力人,由他的法定代理人代理民事活动。不能完全辨认自己行为的精神病人是限制民事行为能力人,可以进行与他的精神健康状况相适应的民事活动;其他民事活动由他的法定代理人代理,或者征得他的法定代理人的同意。"从这些法律规定看,并非任何精神病人均为无民事行为能力人、限制民事行为能力人。另外,我国《民法通则》第 19 条规定:"精神病人的利害关系人,可以向人民法院申请宣告精神病人为无民事行为能力人或者限制民事行为能力人。被人民法院宣告为无民事行为能力人或者限制民事行为能力人的,根据他健康恢复的状况,经本人或者利害关系人申请,人民法院可以宣告他为限制民事行为能力人或者完全民事行为能力人。"2012 年修正的《民事诉讼法》第 187 条也规定:"申请认定公民无民事行为能力或者限制民事行为能力,由其近亲属或者其他利害关系人向该公民住所地基层人民法院提出。申请书应当写明该公民无民事行为能力或者限制民事行为能力的事实和根据。"从以上两部法律的规定看,我国对于精神病人认定为无民事行为能力人和限制民事行为能力人可以采取宣告制度。

从我国立法看,判断精神病人是否为无民事行为能力和限制民事行为能力关键还是要看其意思能力,只有"不能辨认自己行为的精神病人"才是无民事行为能力人,"不能完全辨认自己行为的精神病人"才是限制民事行为能力人。《最高人民法院关于贯彻执行〈中华人民共和国民法通则〉若干问题的意见》第 4 条、第 5 条对"不能辨认"和"不能完全辨认"作了具体解释:"不能完全辨认自己行为的精神病人进行的民事活动,是否与其精神健康状态相适应,可以从行为与本人生活相关联的程度、本人的精神状态能否理解其行为,并预见相应的行为后果,以及行为标的数额等方面认定。""精神病人(包括痴呆症人)如果没有判断能力和自我保护能力,不知其行为后果的,可以认定为不能辨认自己行为的人;对于比较复杂的事物或者比较重大的行为缺乏判断能力和自我保护能力,并且不能预见其行为后果的,可以认定为不能完全辨认自己行为的人。"《精神疾病司法鉴定暂行规定》第 20 条第 2 款也规定:被鉴定人在进行民事活动时,经鉴定患有精神疾病,由于精神活动障碍,致使不能完全辨认、不能控制或者不能完全保护自己合法权益的为限制民事行为能力。

从本案看,根据法院调查,1989 年 9 月,丁 E 因患精神分裂症到某精神卫生中心治疗,经治疗,一般情况可,接触可,思维内容较完全,无妄想,情绪稳定;后长期门诊随访,近十年病情稳定,无明显精神分裂症状。从罹患精神分裂症至其去世前,丁E平日生活自理,通过门诊治疗且能够自行配药(非免费服药)并享受政府规定的救济和补贴。在治疗期间,丁E神智清楚、问答切题、生活自理,没有精神紧张、惊恐、胡言乱语的现象。从以上调查看,丁E并非没有判断能力和自我保护能力、不知其行为后果的不能辨认自己行为的人,因此丁E虽为精神分裂症患者,但并非无民事行为能力人。另外,丁E生前患有精神疾病和肺癌,其日常生活需要他人照顾,治病亦需较大花费,前妻、女儿未提供任何帮助和照顾,若其仅仅依靠政府救济、补贴显然无以为继,因此丁E卖掉房屋治病是合情合理的,是一种正常意思的反映,可以认定丁E在实施买卖房屋时具有行为能力。

(二) 合同的成立与生效要件

1. 合同的成立

我国《合同法》第2条规定:"本法所称合同是平等主体的自然人、法人、其他组织之间设立、变更、终止民事权利义务关系的协议。"依此规定,我国合同法调整的合同是平等主体的当事人之间设立、变更、终止财产性民事权利义务关系的协议。由此看来,合同具有两大特点:第一,合同是一种双方或多方民事法律行为;第二,合同在本质上是一种协议或合意。

合同的成立要件,也称合同的构成要素或构成要件,是指依照法律规定或当事人约定合同所必不可少的事实因素。合同只有具备其成立要件,才能在法律上被视为一种客观存在。合同的成立要件可以分为一般成立要件和特别成立要件。一般成立要件是指一切合同依法成立所必不可少的共同要件。一般认为合同的一般成立要件包括主体和合意两个构成要件。主体,即要求存在双方或多方当事人,只有一方当事人的不能成立合同。合意,即要求合同当事人就合同的条款至少是主要条款达成合意,双方或多方当事人意思表示一致。[①] 至于何为主要条款,学者有不同的意见,但一般认为最起码应当包括交易的标的物和价格。合同的特殊成立要件,是指依照法律规定或当事人约定合同的成立应特别具备的条件,如要物合同,必须要有物的交付合同才成立。

合同的成立一般要经历要约和承诺两个阶段。要约,又称发盘、报价或发价,是指缔约人一方以缔结合同为向对方当事人所作的意思表示。我国《合同法》第14条规定:"要约是希望和他人订立合同的意思表示,该意思表示应当符合下列规定:(一) 内容具体确定;(二) 表明经受要约人承诺,要约人即受该意思表示约束。"根据该条规定,要约应当符合以下构成要件:(1) 要约是特定人的意思表示;(2) 要约是以缔结合同为目的的意思表示;(3) 要约是向受要约人发出的意思表示;(4) 要约的内容应具备希望和他人订立合同的必要

---

① 参见崔建远主编:《合同法》,法律出版社2003年版,第41页。

条款;(5)要约需表明受要约人承诺,要约人即受该意思表示约束。① 承诺,又称接盘,是指受要约人向要约人作出对要约的内容表示同意并愿意与要约人缔结合同的意思表示。《合同法》第 21 条规定:"承诺是受要约人同意要约的意思表示。"作为合同成立过程的承诺必须具备以下要件:(1)承诺必须由受要约人向要约人作出;(2)承诺必须是对要约明确表示同意的意思表示;(3)承诺的内容必须不能对要约的内容作出实质性的变更;(4)承诺应在要约有效期间作出。

我国《合同法》第 25 条规定:"承诺生效时合同成立。"因此,一旦承诺生效了,合同也就成立了。我国《合同法》第 26 条规定:"承诺通知到达要约人时生效。承诺不需要通知的,根据交易习惯或者要约的要求作出承诺的行为时生效。采用数据电文形式订立合同的,承诺到达的时间适用本法第十六条第二款的规定。"

2. 合同的生效

合同的成立不等于合同的生效,合同的成立是当事人意思自治,是当事人的意志结果;合同的生效是指合同产生法律上的拘束力,是国家通过法律评价合同的表现,是法律认可当事人的意思的结果。成立的合同只有符合法律的要求才会生效,与法律的要求相抵触的合同只能被法律否定。可见,合同的成立是合同生效的前提,只有合同成立了,才能谈得上合同的生效。

合同作为一种双方或多方的民事法律行为,其生效首先必须符合民事法律行为的一般构成要件:第一,行为人具有相应的民事行为能力;第二,当事人意思表示真实;第三,不违反法律和行政法规的强制性规范。② 另外,我国《合同法》还规定了合同生效应具备的一些条件。《合同法》第 45 条、第 46 条规定了附生效条件和生效期限的合同,至条件成就、期限界至时合同生效。第 47 条规定,限制民事行为能力人订立的合同在法定代理人追认后合同生效,但纯获利益的合同或者与其年龄、智力、精神健康状况相适应而订立的合同,不必经法定代理人追认即可生效。第 48 条规定,行为人没有代理权、超越代理权或者代理权终止后,以被代理人名义订立的合同需经本人追认后方可生效。第 51 条规定,无处分权的人处分他人财产的,需经权利人追认或者无处分权的人订立合同后取得处分权的,该合同方可生效。另外,《合同法》第 52 条规定:"有下列情形之一的,合同无效:(一)一方以欺诈、胁迫的手段订立合同,损害国家利益;(二)恶意串通,损害国家、集体或者第三人利益;(三)以合法形式掩盖非法目的;(四)损害社会公共利益;(五)违反法律、行政法规的强制性规定。"该法第

---

① 参见马俊驹、余延满:《民法原论》,法律出版社 2010 年版,第 517 页。
② 参见王利明主编:《民法》,中国人民大学出版社 2010 年版,第 112—115 页。

53条规定:"合同中的下列免责条款无效:(一)造成对方人身伤害的;(二)因故意或者重大过失造成对方财产损失的。"

3. 本案中合同是否成立、生效

在本案中虽然看不出合同订立过程是否经历了要约和承诺的阶段,合同约定的内容也不是十分完整,但是因为丁E与丁A、丁B、丁C、丁D签订的房地产买卖合同中就房屋所有权、该房屋占用范围内土地使用权的转让以及转让价款为517200元作出了约定,我们认为双方已经就合同的主要条款达成了一致意见,因此该合同成立。

上文叙述了影响合同效力的各种情形,与本案有关的可能主要涉及合同当事人的民事行为能力和本案是否涉及恶意串通损害第三人利益的情形。上文已有定论,精神分裂症患者不等于无民事行为能力人、限制民事行为能力人,本案中丁E神智清楚、问答切题、生活自理,没有精神紧张、惊恐、胡言乱语的现象。丁E出卖房屋是其治病需较大花费,女儿不提供任何帮助和照顾,若其仅仅依靠政府救济、补贴显然无以为继情况下作出的理智选择,因此本案中并不因丁E为精神分裂症患者,其订立的房屋买卖合同就无效。对于是否存在丁E与四被告恶意串通损害丁某某利益的问题,从本案看,丁E与四被告买卖房屋是为了丁E治病筹钱的善意举动,而且后四被告主动提出退还13万元的行为也证明了四被告的善意,因此也不构成恶意串通损害第三人利益的情形。综上,该房屋买卖合同依法有效。

(三)完全民事行为能力人是否可以设立监护人或法定代理人?

在本案中有两个问题值得进一步深入思考。一个问题是由于我国当前成年监护制度不完善,没有建立起成年人保护或保佐等制度,因此在我国民法语境下,监护人、法定代理人针对的都是无民事行为能力人或限制民事行为能力人,这就会出现本案中一方面丁E不被认定为无民事行为能力人或限制民事行为能力人,但另一方面又设定有监护人或法定代理人的矛盾情况。实际上国外成年监护制度,不仅包括对成年的无民事行为能力人或限制民事行为能力人的监护,还包括对精神耗弱者、由于特殊疾病或身体残疾行动不便者、行为不检者等的照顾或保护制度。适用照顾或保护制度的这类人本身在意思能力上可能是没有缺陷的,因此不宜定性为无民事行为能力人或限制民事行为能力人,但其行为却因某种原因受到一些限制,与常人相比需要提供某种特别帮助或照顾,对这类人也可以设立保护人或者广义上的监护人,作为法定代理人保护其利益。

(四)本案中丁D是否构成自己代理?

本案中另外一个值得思考的问题是,丁D作为丁E的监护人和法定代理人,其与丁E签订房屋买卖合同的行为是否构成自己代理?自己代理是指代理人以被代理人的名义与自己签订合同或为其他民事行为。笔者认为,在本案中丁E不被认定为无民事行为能力人或限制民事行为能力人的情况下,丁D被继续认定为丁E的监护人和法定代理人是不合适的,至少在我国的民法语境下是不合适的。在本案中丁D应当为丁E的非法定代理人意义上的照顾人或者说一般的事实上的照顾人。同时,从案件事实看,丁E实际上全程参与了房屋买卖合同的订立、房屋的过户手续的办理等行为,以上行为并非由丁D代理其完成,因此本案不构成自己代理。

案例五：北京亚环影视公司诉某电影学院合同履行纠纷案

——涉他合同之履行

一、基本案情

原告：北京亚环影视公司

被告：北京电影学院

1999年3月，北京亚环影视公司（以下简称"亚环公司"）与北京电影学院（以下简称"电影学院"）签订了《外借人员劳务合同书》，约定亚环公司"借用"电影学院表演系学生赵薇参加《财神到》摄制组，担任演员工作，学院不得擅自变更借用人员职务或转借；借用期自1999年4月10日起至1999年7月10日止，借用期为3个月。合同签订后，剧组为赵薇量试了服装，电影学院派人将剧本取走，亚环公司向电影学院缴纳了15000元合同费用。但亚环公司未与赵薇本人另行签订聘用合同。

此后，赵薇到台湾参加《还珠格格》续集的宣传活动，亚环公司同意将借用时间推迟到4月26日起算。但赵薇从台湾返回北京后，未到《财神到》剧组报到。同年5月4日，亚环公司得知赵薇到上海参加电影的拍摄，即函告电影学院，要求学院给予明确答复。5月6日，亚环公司另行聘用其他演员演出赵薇所饰演的角色。

后亚环公司诉至法院，要求电影学院对其违约行为公开赔礼道歉，返还劳务费15000元，并赔偿经济损失1133450元。电影学院则辩称，学院与亚环公司签订合同后，校方未给赵薇安排其他实习任务，并一直催促她去剧组报到，所以学院已经履行了合同，并未违约；亚环公司交给学院的15000元是签订合同的手续费，并非被借演员的劳务费；赵薇没有参加《财神到》的演出，是因为亚环公司没有如同聘用其他演员那样与赵薇本人另行签订劳务合同，电影学院对赵薇拒绝演出不应承担违约责任；亚环公司没有延期拍片，其提出经济损失无直接证据佐证，电影学院不同意赔偿，也不同意亚环公司要求赔礼道歉的诉讼请求。

二、争议焦点

本案是一起涉及第三人的合同纠纷案件,案件争议焦点主要有两个:

1. 涉及第三人的合同效力如何?

一种观点认为,原则上,合同中的权利义务只能由缔约双方享有和承担,第三人不享有合同权利,也不承担合同义务,即合同相对性原则。因为不能为第三人设定义务,因此,亚环公司与电影学院签订了《外借人员劳务合同书》应当无效。

另一种观点认为,合同的相对性原则并不是绝对的,存在相对性原则的突破,法律上存在涉他合同,而且参加摄制组拍摄电影对于一个演员来说未必完全是一种负担,也可以为其带来某种收益,因此亚环公司与电影学院签订的《外借人员劳务合同书》不能绝对无效。

2. 涉及第三人的合同应如何履行?

亚环公司认为,赵薇从未到《财神到》剧组报到,电影学院未履行合同义务应当承担违约责任。电影学院则认为,学院与亚环公司签订合同后,校方未给赵薇安排其他的实习任务,并一直催促她去剧组报到,所以学院已经履行了合同,并未违约。

三、案件处理

法院经审理认为,亚环公司与电影学院订立《外借人员劳务合同书》,系平等的法人之间为借用电影学院学生赵薇出演《财神到》电视剧而自愿实施的民事法律行为,双方意思表示真实一致,约定的内容不违反法律规定,该合同依法成立,对双方具有法律约束力,合同双方均应当按照约定全面履行自己的义务。电影学院未能依约履行合同,已构成违约,应依法承担相应的民事责任。亚环公司与电影学院订立的合同主要条款系为第三人赵薇设定的义务,是以第三人赵薇履行合同行为为标的的第三人负担合同,虽然电影学院规定学生参加拍片要由所在系和学院批准,但按照电影学院的规定,应由学生提出拍片的申请后方涉及电影学院各级领导批准程序的启动。电影学院在赵薇本人无申请,及其与赵薇无约定的情况下,与亚环公司订立由赵薇履行义务的合同,使合同从订立时就存在不能实际履行的可能。根据第三人履行承担的法律原则,当事人约定由第三人向债权人履行债务,第三人不履行债务或履行债务不符合约定的,该约定对第三人不具约束力,电影学院应对第三人不履行合同所造成的法律后果承担违约责任。为了保证合同实际履行,亚环公司应当与赵薇订立劳务合同,以约束其履行合同,防范风险。事实上亚环公司在与电影学院订立借用人员合同后,未与赵薇订立劳务合同。故亚环公司所称商业运作风险系其盲目缔约所致,对此后果,电影学院不承担责任。该片拍摄中所租用的场地、车辆、器材及住宿服装等已经产生了使用效用,现无直接证据证明其损失发生的具体事实,故亚环公司以此部分费用作为损失要求赔偿的诉讼请求,证据不足,本院不予支持。但因电影学院未实际履行合同,也未付出相应对价,其应将所收取的劳务费退还亚环公司,减少其损失。赔礼道歉仅适用于人身权及法人的名称权、名誉权、荣誉权的侵害,故亚环公司要求赔礼道歉的诉讼请求,于法无据,不予支持。最终法院判决电影学院返还亚环公司人民币15000元;驳回亚环公司要求赔礼道歉,赔偿经济损失1133450元的诉讼请求。

四、分析思考

(一) 关于涉他合同的效力问题

合同以订约人是否仅为自己设定权利义务为标准,可分为束己合同与涉他合同。原则上,合同中的权利义务只能由缔约双方享有和承担,第三人不享有合同权利,也不承担合同义务,即合同相对性原则。合同相对性原则要求合同一般只能约束缔约双方,是束己合同,而不能为第三人设定义务,法律仅在特殊情况下承认涉他合同。涉他合同,也称除了当事人之外还为第三人订立的合同,它突破了合同相对性原则。根据第三人是享有权利还是履行义务,为第三人订立的合同分为两种情况:第一种情况是,双务合同中的义务由订约人承担,但是权利归第三人享有;第二种情况是,合同的订约人与相对人约定,其所承担的义务由第三人履行。涉他合同的特点是:(1) 第三人不是订约当事人,他不必在合同上签字,也不需要通过其代理人参与缔约。(2) 涉他合同如给第三人设定权利,不需要征得第三人同意,但如为其设定义务,则必须经第三人同意。(3) 在涉他合同中,他人对合同为其设定的债权有接受或拒绝的权利。在接受时,该他人就是债权人;在拒绝时,合同所设之债权则由缔约人自己行使。

本案中,亚环公司与电影学院所签合同,不仅直接约束缔约双方,而且为合同外的第三人赵薇设定了义务,即特定的表演行为。根据本合同的文义并探求当事人缔约时的真实意思,应认为此合同的内容既具有束己合同的因素,又具有第三人负担合同的成分。合同中"束己"的因素即约束缔约双方的是,亚环公司应给付电影学院15000元;电影学院负有批准赵薇外出拍摄《财神到》的申请的义务,这是合同约定的作为义务;电影学院作为赵薇的所在单位于1999年4月10日至7月10日期间不得擅自变更赵薇的职务或转借,这是合同约定的不作为义务。合同的涉他因素是,双方为第三人赵薇设定了"担任演员"的特定义务,时间为三个月。所以,本案中的合同实际上是一个复合型的合同,判决指出了合同是第三人负担合同,但没有说明其中的"束己"成分,因此不能全面揭示合同的性质。

分析合同是否有效以及电影学院是否构成违约也应从合同的特点入手。从合同中"束己"的因素看,此合同是双方当事人在平等基础上基于意思表示一致而达成的协议,不违反法律的强制性规定,是有效的。电影学院依约履行了义务,没有给赵薇安排其他的实习任务,并一直催促她去剧组报到,没有违约。从合同中"涉他"的因素看,合同的主要条款系为赵薇设定的义务,是以赵薇履行合同的行为为标的的第三人负担合同。那么,合同中的这部分内容是否有效呢?根据涉他合同的一般原理,为第三人设定的权利义务非经第三人承诺对其不产生效力,不能直接约束第三人。如果第三人不履行此义务,应由债务人承担违约责任。但债务人承担违约责任的前提是,该第三人负担合同是有效合同。一般说来,为第三人设定的义务可能有三种:一是财产给付义务,二是与第三人特定人身不可分离的行为给付义务(如授课、表演),三是人身义务(如婚姻)。第三人负担合同的效力因设定义务内容的不同而有异:为第三人设定人身义务的,因违背人格平等和意思自治的理念导致合同本身无效,这没有疑义;为第三人设定财产给付义务的合同有效,但仅在当事人之间发生效力,第三人不履行的,应由债务人履行或承担违约责任;为第三人设定特定的行为义务的,因为给付行为与特定人身不可分离,无法从市场上找到替代品,故第三人不履行的,不仅对第三人不产生效力,而且此合同也因标的不能而无效。从另外一种意义上讲,未经第三人许可或者授权而为其设定与其人身不可分离的特定义务,有违人格尊重的一般原理。事实上,赵薇虽系电影学院学生,但双方是平等的民事主体,电影学院根据自身的管理规则有权对学生的教学情况进行管理,但无权为他人缔约。学校对学生不具有支配权,有关拍摄的协议必须由学生本人签订。对亚环公司来说,自以为与电影学院签了"外借"合同就可以"借到"赵薇,这是一种错误认识。因此,此合同中为第三人赵薇设定行为义务的部分内容应属无效。本判决一方面认为"电影学院在赵薇本人无申请,及其与赵薇无约定的情况下,与亚环公司订立由赵薇履行义务的合同,使合同从订立时就存在不能实际履行的可能",另一方面又认为合同有效,其妥当性是值得怀疑的。

(二)关于涉他合同履行的问题

由第三人履行的合同中,第三人违约时,债务人应当向债权人承担违约责任,因此,第三人代为履行中的第三人只是替代债务人履行债务,并不是合同的当事人。但是,本案合同的复杂性决定了本案处理结果的复杂性。本案合同中,既有有效因素,又有无效部分,如何理解合同中亚环公司给付电影学院的15000元的性质成为处理本案的核心。笔者认为,如果把15000元理解为电影学院"不变更借用人员职务或转借"这一义务的对价,那么,电影学院依约履行了此义务,应有权获得这15000元。如果将15000元理解为"借用"赵薇而给付的报酬,那么根据这个无效的涉他合同,电影学院应予返还。因合同无效所造成的损失,双方均有过错,应由双方根据过错的比例分担。依笔者所见,探求亚环公司的真意并根据合同的数额,后一种看法似乎更为合适——不宜单纯地把15000元理解为电影学院"不变更借用人员职务或转借"的对价,它主要是聘用赵薇演出的对价,只不过此费用给了缔约方电影学院。所以,根据此无效的第三人负担合同,电影学院应将此15000元予以返还;亚环公司遭受的损失,属缔约双方的过失所致,应在证据证明的基础上根据双方的过错程度分担。本判决一方面认为电影学院违约,另一方面认为"该片拍摄中所租用的场地、车辆、器材及住宿服装等已经产生了使用效用,现无直接证据证明其损失发生的具体事实,故亚环公司以此部分费用作为损失要求赔偿的诉讼请求,证据不足,本院不予支持",否认了亚环公司的赔偿请求,虽然后果上相差不远,但法理上却是迥异的。

案例六：令狐某某诉某某教育咨询服务公司教育培训合同纠纷案

——继续性合同的解除事由及合同解除的效力

一、基本案情

上诉人（原审原告）：令狐某某
上诉人（原审被告）：某某教育咨询服务有限公司

上诉人令狐某某、某某教育咨询服务有限公司（以下简称"某某公司"）因教育培训合同纠纷一案，均不服某区人民法院一审判决，向某市中级人民法院提起上诉。某市中级人民法院于 2011 年 1 月 19 日公开开庭进行了审理。

原审查明，被告对外发放"美国肯尼迪大学工商管理硕士课程"宣传材料，英文名称为："Master of Business Administration"；"项目概况"写明培训项目名称为"美国肯尼迪大学 MBA（中国）项目"（C-MBA）；"项目优势"写有"正规证书""证书世界通行"等字样。

原告填写申请表，申请就读"C-MBA 工商管理硕士证书"，交纳培训费 50000 元。某某公司向原告发出了《美国肯尼迪大学 MBA 项目录取学员缴费通知》。

2009 年 11 月 6 日，原告收到《继续和延伸教育工商管理硕士临时录取函》，写明其已被约翰—肯尼迪大学的继续和延伸教育学院的"the Master of Business Administration Certificate program"暂时性录取。2009 年 11 月 14 日，原告收到"亚太学院"发来的正式录取通知，"代表约翰—肯尼迪大学"通知原告已被"Master of Business Administration Certificate（C-MBA）training program"录取。

2010 年 3 月 23 日，被告向存有疑问的学员发出一份告知函，作了几点说明，相关内容为："所有已录取学员都是我校正式的学员，在完成规定的课程后均可获得由美国肯尼迪大学发放的工商管理硕士证书，并在总校留有学籍。"

2010 年 5 月 20 日，部分学员联名向被告提交了书面意见，被告向这些学员发出了《处理意见》。相关内容为：招生宣传不存在蓄意隐瞒事实和误导学员的行为；对于在学员手册中出现的带有"学位"两字，实属教务人员在编排手册过程中出现的文字错误,对此深表歉意。

庭审中,原告表示:对"C-MBA",本人原来的理解是三大模块课程中的"MBA核心课程模块及论文"中的"核心课程模块"的英文缩写,其中的"C"是指英文单词Core(核心);对于本人报名的培训班,从被告的宣传材料和给学员填写的"申请表"等资料所标注的中文名称看,均包含"硕士证书"四字,故原告认为自己报名参加该项培训最终可获得"硕士证书",且应为硕士学位证书。被告则表示"C-MBA"就是该培训项目的英文"Master of Business Administration Certificate"的缩写,中文意思应为"工商管理硕士证书项目",且这里的证书是指硕士课程证书。

二、争议焦点

本案是一起教育培训合同纠纷案件,案件争议焦点包括:

1. 原告能否解除合同?

原告认为,被告以美国肯尼迪大学为名,发布不实的宣传和承诺,欺骗本人,收取高额学费,严重违背了诚实信用原则,致使本人无法达到参加教育培训的目的,有权解除双方的教育培训服务合同关系。被告认为原告报名参加的是美国肯尼迪大学"C-MBA",即工商管理硕士课程证书项目的学习。相关的宣传资料写明学员取得的是"C-MBA",即工商管理硕士课程证书,而非学位证书。被告一直按照双方的约定,提供教育培训服务,花费了大量人力、物力、财力,要求继续履行合同。

2. 原告解除合同具有何种法律效力?

原告认为被告应当退还其学费5万元,并支付利息1983.87元。实际上是主张解除合同的法律效果是恢复原状并赔偿损失。而被告则认为即便合同解除,在要求其退还学费的同时,也应要求原告对其提供的服务支付对价。实际上是认为对于教育服务合同等继续性合同的解除应当仅对未来有效,对于已经履行的合同不应恢复原状也无法恢复原状。

三、案件处理

某区人民法院经审理认为:被告某某公司发放"美国肯尼迪大学工商管理硕士课程"宣传资料,原告令狐某某根据该宣传资料向某某公司申请就读该课程,并交费上课。双方建立了教育培训服务合同关系。由于双方当事人并未签订书面教育培训服务合同,故在形成该合同关系的过程中产生的往来材料,经双方认可一致且具备合同要素的内容,均可作为双方教育培训服务合同关系的组成部分而对双方具有约束力。根据这些相关材料,原告理解为硕士学位证书,符合一般常理。某某公司向学员发出的告知函再次明确,学员最终获得的将是

"美国肯尼迪大学发放的工商管理硕士证书"。某某公司直至发出《处理意见》时,才第一次明确原来材料中的"硕士证书"并非学位证书,对需要取得学位证书的学员提出了需另行交费对接至"美国管理技术大学",这已属对双方原有教育培训服务合同内容的变更。令狐某某在某某公司作出上述明确表示,确定自己无法取得学位证书,无法实现合同目的的情况下,提出解除双方的教育培训服务合同有事实和法律依据。

对合同的解除,某某公司应承担主要责任。然而,学员方面自身亦有一定的责任,应根据双方的责任大小,依法酌情判处某某公司退还一定的费用。某区人民法院依照我国《民法通则》第5条、《合同法》第94条,作出如下判决:

(1) 解除原、被告教育培训服务合同;
(2) 被告返还原告培训费45000元;
(3) 驳回原告其余诉讼请求。

判决后,双方均提起上诉,某市中级人民法院认为:首先,某某公司在其宣传材料中明确:课程名称为美国肯尼迪大学工商管理硕士课程;项目优势为有正规证书,证书世界通行;学员参加所有课程的学习和考评,并完成毕业论文,即可获得肯尼迪大学颁发的硕士证书。第二,令狐某某在《申请表》中写明申请就读的是"C-MBA工商管理硕士证书"。第三,某某公司在向学员发出的告知函中再次明确学员在完成规定课程后,可获得美国肯尼迪大学发放的工商管理硕士证书。第四,某某公司在《处理意见》中确认其发给学员的学员手册中带有"学位"两字。基于上述事实,按通常理解,足以认定令狐某某完成规定课程后可取得美国肯尼迪大学工商管理硕士学位为双方教育培训合同的内容之一,并属于令狐某某订约的目的。

某某公司在双方履行合同过程中明确表示,令狐某某完成规定课程,仅能取得工商管理硕士课程证书。该行为可认定为某某公司明确表示不履行合同的主要义务,已构成根本违约,导致令狐某某不能实现合同目的。据此,令狐某某有权依法解除双方合同。合同解除后,尚未履行的,终止履行;已经履行的,根据履行情况和合同性质,当事人可以要求恢复原状、采取其他补救措施,并有权要求赔偿损失。本案中,鉴于某某公司之前提供的教育培训客观上无返还可能,原审在综合考虑合同解除后果的基础上,酌情扣除令狐某某应当承担的费用后,确定某某公司应返还的费用金额,并针对令狐某某的诉讼请求作出相应判决,属合理行使自由裁量权。令狐某某、某某公司的上诉请求,缺乏依据,均不予支持。某市中级人民法院根据我国《民事诉讼法》第153条第1款第1项的规定,作出判决如下:驳回上诉,维持原判。

四、分析思考

（一）关于合同的解除事由

合同的解除，是指在合同依法成立以后尚未全部履行前，当事人基于协商、法律规定或者当事人约定而使合同关系归于消灭的一种法律行为。合同的解除具有以下法律特征：第一，合同的解除以当事人之间存在有效合同为前提。第二，合同的解除必须具备一定的条件。合同依法成立以后，即具有法律拘束力，任何一方不得擅自解除合同，但是在具备了一定条件的情况下，法律也允许当事人解除合同。第三，合同的解除是一种消灭合同关系的法律行为。

在合同的解除类型上，根据合同解除的方式可以分为单方解除和协议解除。单方解除，是解除人行使解除权将合同解除的行为。单方解除不必经过对方当事人同意，只要解除人将解除合同的意思表示直接通知对方，或经过人民法院或仲裁机构向对方提出主张，即可发生合同解除的效果。协议解除，是当事人双方协商同意将合同解除的行为。协议解除不以解除权的存在为必要，解除行为也不是解除权的行使。

根据合同解除的条件可以将合同的解除分为约定解除和法定解除。法定解除是合同的解除条件由法律直接加以规定的合同解除。我国《合同法》第94条规定了法定解除合同的条件："有下列情形之一的，当事人可以解除合同：（一）因不可抗力致使不能实现合同目的；（二）在履行期限届满之前，当事人一方明确表示或者以自己的行为表明不履行主要债务；（三）当事人一方迟延履行主要债务，经催告后在合理期限内仍未履行；（四）当事人一方迟延履行债务或者有其他违约行为致使不能实现合同目的；（五）法律规定的其他情形。"约定解除是当事人以合同形式，约定为一方或双方保留解除权的解除。其中保留解除权的合意也称为解约条款，是对当事人行使解除权条件的约定。我国《合同法》第93条第2款规定："当事人可以约定一方解除合同的条件。解除合同的条件成立时，解除权人可以解除合同。"

约定的合同解除条件会因当事人的约定而各不相同，我们无法作出具体解读，但对于法定的合同解除条件可以作详细探讨。

1. 因不可抗力致使不能实现合同目的

所谓合同目的，是指合同双方通过合同的订立和履行最终所期望得到的东西或者达到的状态。合同目的具有这样一些特征：第一，一定的抽象性。合同目的不同于合同标的。合同标的是具体的合同权利义务所指向的对象，合同目的是则合同双方通过合同的订立和履行所要达到的最终目标。合同标的是具体明确的，可以是特定的物，也可以是行为，无论是什么都必须明确，否则合同债务人无法履行。第二，是抽象概括的，不是具体的物和行为，而是物和行为背后所隐含的合同当事人的目标。合同目的可以由合同具体规定,也可以根据合同标的结合其他情况进行推定。合同目的具有确定性。一般情况下,在订立合同时,当事人的合同目的应该是确定的。从严格意义而言,任何人的行为都是有目的的。合同的订立和履行属于人的行为,而且是比较正式的行为,更应该具有一定的具体目的。因此,对于特定的合同当事人,其合同目的是确定的。第三,多样性。同一合同标的,可能对于不同的合同当事人,其目的也不尽相同。每一种合同标的都是多方面的,某些合同当事人可能用到其中的某些方面,其他人可能用到另一些方面。如买卖鸡蛋,该鸡蛋可以用于孵小鸡,也可以食用,还可以用于杂技表演。合同标的同样为鸡蛋,但合同目的多种多样。第四,可以明示也可以默示。有些合同对合同目的作了明示,有些不明确,但当事人根据交易的习惯和商业惯例可以推定,其合同目的是默示的。

合同目的表明了合同当事人订立合同的目的,作为合同的一个组成部分有助于合同的完整性。合同的本质在于意思表示,当事人的合同目的是意思表示的一个有机组成部分,如果合同的目的不明,会有损于意思表示的完整性,从而影响合同的完整性。对合同完整性的破坏可能导致对合同的理解分歧,并影响合同的正确履行,从而影响当事人订约意图的最终实现。在合同中明确合同目的至少有如下作用:第一,对合同的其他具体条款进行补充完善,包括对合同具体条款约定不明确的完善和对合同具体条款的解释。第二,确定合同当事人的法定权利义务,包括确定合同的附随义务、合同解除权成立与否,以及是否承担定金责任。第三,可作为确定合同效力的依据。

不可抗力是不能预见、不能避免和不能克服的客观情况。如果由于这些客观情况导致当事人通过合同的订立和履行最终所期望得到的东西或者达到的状态无法实现,那么当事人订立合同的初始动机也就不存在了,因此各国法律都允许不可抗力导致合同目的不能实现时解除合同。

2. 在履行期限届满之前,当事人一方明确表示或者以自己的行为表明不履行主要债务

这包括了明示预期违约和默示毁约。明示预期违约是指当事人无正当理由,明确肯定地向另一方表示他将在履行期限到来时不履行合同。构成条件如下:(1)必须发生在合同有效成立后,合同履行期到来前这段时间内。(2)必须是一方明确肯定地向对方作出毁约的表示。(3)当事人表示的必须是不履行合同的主要义务。正是一方表示其在履行期到来之后将不履行合同的主要义务,导致另一方订约目的不能实现,或严重损害其期待利益。如果拒绝履行的仅是合同的部分内容或次要义务,且不妨碍债权人所追求的根本目的,即这种拒绝履行并没有使债权期待成为不能,就不构成预期违约,因此提出不履行合同义务无正当理由。

所谓默示毁约,是指在履行期限到来之前,一方当事人以自己的行为表明其在履行期限到来时将不履行或者不能履行合同义务。

当一方已经通过语言明示或通过行为默示表示其将拒绝履行合同时,应允许另一方当事人解除合同。

3. 当事人一方迟延履行主要债务,经催告后在合理期限内仍未履行

履行迟延是指债务人对于已届履行期限的债务,能够履行而未履行的现象,又称债务人迟延、逾期履行。履行迟延是实践中较常见的债务违反的形态。履行迟延是以一定的时间来确定的,通常以债的履行期届满时债务人有无履行债务来判断。债务人构成履行迟延,须具备以下要件:(1) 须存在有效的财产性债务;(2) 须债务已届履行期;(3) 履行须为可能;(4) 债务人无正当理由,未履行其债务;(5) 须有可归责于债务人的事由。

根据合同的性质和当事人的意思表示,当履行期限在合同的内容上并不是特别重要时,或者说债务人在履行期限届满后不履行并不至于导致合同目的落空的,在这种情况下法律原则上不允许债权人立即解除合同,而要求由债权人向债务人发出履行催告,给对方规定一个宽限期。如果宽限期过了对方仍未履行,说明对方或者履行不能或者拒绝履行,此时允许守约方解除合同。

4. 当事人一方迟延履行债务或者有其他违约行为致使不能实现合同目的

如果违约方的迟延履行将直接导致守约方通过合同所期望得到的东西或者达到的状态无法实现,则可以不需经过催告期而直接解除合同。除了迟延履行之外的其他违约行为导致守约方通过合同所期望得到的东西或者达到的状态无法实现的,也如同迟延履行违约一样,应当允许当事人解除合同。

5. 法律规定的其他情形

这是《合同法》作出的一条兜底性的规定,即其他法律法规规定了可以解除合同的条件的,当条件具备时,当事人有权解除合同。

(二) 关于合同解除的效力

合同解除的效力即合同解除以后所产生的法律后果。我国《合同法》第97条规定:"合同解除后,尚未履行的,终止履行;已经履行的,根据履行情况和合同性质,当事人可以要求恢复原状、采取其他补救措施,并有权要求赔偿损失。"从这一规定看,合同解除的效力主要是两方面,一是合同解除是否具有溯及力,二是合同解除与损害赔偿的关系。

合同解除最直接的法律后果是合同关系消灭,合同无须再履行。对于解除以前已经履行的债权债务关系应当如何处理,这是合同的溯及力问题。如果合同解除以后已经履行的部分要恢复到合同订立前的状况,则合同解除具有溯及力;如果合同解除后已经履行的仍然有效,不需要恢复原状,则合同解除不具有溯及力。我国《合同法》第97条规定得比较灵活,一方面要看当事人是否要求

采取恢复原状等措施,另一方面还要根据履行情况和合同性质。对于非继续性合同的解除,原则上具有溯及力。所谓非继续性合同,是指履行行为为一次性行为的合同。继续性合同的解除,原则上不具有溯及力。所谓继续性合同,是指履行必须在一定的持续的时间内完成,而不是一时或一次完成的合同。

在合同解除与损害赔偿的关系上,我国《民法通则》第115条规定:"合同的变更或者解除,不影响当事人要求赔偿损失的权利。"因此,在合同解除时当事人受到损害的,有权请求对方予以赔偿。

(三)本案分析

在本案中,原告与被告虽然没有签订书面的教育培训合同,但原告填写了申请表,并交纳了5万元的培训费,而被告则先后向原告发出了临时录取函和正式录取通知,因此事实上原被告之间已经成立了教育培训合同,但双方合同的内容只能按照双方往来材料进行认定。被告在宣传材料和答复材料中多次使用"硕士证书""正规证书""证书世界通行"等字样,并且在学员手册中还出现了"学位"字样,根据这些材料原告合理地相信通过该教育培训合同,自己最终可以获得美国肯尼迪大学的工商管理硕士学位证书,这是符合一般常理的,应当构成合同内容的一部分。但最终被告明确告知原告该证书并非硕士学位证书,而是硕士课程证书,这是一种明显的违约行为,并使得原告订立该教育培训合同的目的落空,由于正是被告违反合同的行为,导致原告合同目的无法实现,因此根据我国《合同法》第94条第4项的规定,原告可以请求解除合同。

原告请求解除合同的同时请求被告退还学费5万元,支付利息1983.87元,很明显是主张恢复原状,并赔偿利息损失。但是,在该教育培训合同中,被告方的教育培训是继续性的行为,且原告已经享受的教育培训服务无法恢复原状。因此,完全以恢复原状作为本案合同解除的效力不具有可操作性,可以考虑将已经享受的教育培训服务折抵部分学费和损害赔偿费后确定一个合理的学费退还数额。

在本案中明显存在欺诈行为。所谓欺诈是指故意向对方提供虚假情况或者在有说明义务时,故意违反说明义务隐瞒事实,致使对方在不真实的基础上作出了错误的判断,并基于错误的判断作出了意思表示。[1] 欺诈必须符合以下四个构成要件:(1)须有欺诈行为;(2)须欺诈行为与表意人陷于错误而为意思表示具有因果关系;(3)须有欺诈的故意,即认识到欺诈行为,希望表意人陷于错误而为意思表示;(4)须实施欺诈之人为相对人或第三人。[2] 被告在宣传材料和学员手册中多次使用"硕士证书""正规证书""证书世界通行""学位证书"等字

---

[1] 参见江平主编:《民法学》,中国政法大学出版社2007年版,第181页。
[2] 参见王泽鉴:《民法总则》,中国政法大学出版社2001年版,第391—392页。

样,但实际上该培训使学员仅能获得"硕士课程证书",可见被告的宣传材料明显是试图使他人产生通过该培训能获得硕士学位证书的错误认识,因此有欺诈的故意,而原告正是相信被告的宣传材料而陷于错误认识,并因此与被告建立教育培训合同的,符合欺诈的构成要件。

  因欺诈而实施的民事行为是可撤销民事行为,因此原告除了可以通过解除合同、请求赔偿来进行救济外,也可以主张被告存在欺诈而撤销该教育培训合同。在本案中,撤销的法律后果与解除合同的法律后果基本一致。根据江平教授的观点,因欺诈而撤销的法律后果主要有三个:行为自始没有法律效力;欺诈人故意损害他人的损害赔偿;受欺诈人无缔约过失的赔偿义务。[①]

[①] 参见江平主编:《民法学》,中国政法大学出版社 2007 年版,第 181 页。

案例七:李某、吴某等诉张某、王某等房屋买卖合同纠纷案

——国家房地产调控政策能否作为请求
法院降低约定违约金的理由

一、基本案情

原告:李某、吴某等

被告:张某、王某等

原告李某、吴某等与被告张某、王某等因房屋买卖合同纠纷一案,向某区人民法院提起诉讼。某区人民法院立案后,依法组成合议庭,于2010年11月19日公开开庭进行了审理。本案现已审理终结。

原告诉称,2010年4月23日,原、被告签订房屋买卖合同,由被告向原告购买某区零陵路×××号××室房屋(以下简称"系争房屋"),总价240万元。合同签订当日,被告向原告支付2万元。4月24日,被告向原告支付了房款10万元。按照合同约定,被告应于2010年5月10日再支付109万元,余款119万元通过银行贷款方式支付。但被告到期却未支付109万元。2010年5月12日及5月25日,原告两次向被告发函,被告均未予回应。根据合同约定,被告应承担合同总价20%的违约赔偿金及逾期付款违约金;被告已支付的房款12万元冲抵违约赔偿金。故原告诉至本院,要求判令:(1)解除原、被告于2010年4月23日签订的关于系争房屋的买卖合同。(2)被告向原告支付违约赔偿金360000元及逾期付款违约金8175元;(3)本案诉讼费由被告承担。

被告辩称,同意解除合同,但原告主张的违约金过高,被告愿意支付原告违约金30000元,该款项从被告已支付原告的房款120000元扣除,剩余部分的房款,被告已在另案中要求原告返还。

二、争议焦点

本案是一起买卖合同纠纷案件,案件争议的焦点在于被告认为合同约定的违约金过分高于其违约行为给原告造成的损失,要求人民法院予以适当减少,其

理由是否能够成立。被告认为其每月工资不足以支付银行贷款 119 万元,加之国家房地产宏观政策的影响使其无法按期支付房款,不具有主观上的故意,因此认为合同约定的违约金过高,主张减少。原告认为被告目前有多套房产,且有能力购买汽车并成功竞拍上海私车牌照,可见被告不按期支付房款在主观上有过错,因此不应当减少约定的违约金。

三、案件处理

某区人民法院认为,原、被告签订关于系争房屋的买卖合同系当事人的真实意思表示,合法有效,原、被告均应恪守。本案中,被告未能按约在 2010 年 5 月 10 日向原告支付房款 109 万元,构成违约。本案的争议焦点在于被告认为合同约定的违约金过分高于其违约行为给原告造成的损失,要求人民法院予以适当减少的理由是否能够成立。从履约能力和过错程度角度考察,在购买系争房屋之前,被告家庭已通过银行贷款在上海购买了两套住房。被告在 2010 年 5 月又斥资购买汽车并成功竞拍上海私车牌照。被告虽认为其每月工资不足以支付银行贷款 119 万元,但其非但没有积极筹措应付款项,反而在生活必需品消费方面仍然存在巨额支出。被告虽非恶意违约,但其履约的过错程度较为明显。事实上,被告在本市及外地拥有多处房产,积极妥善处理家庭财产,并非完全没有继续履行买卖合同的可能性。反观原告,其在本次房屋买卖过程中并无过错。从外部宏观政策变化角度考虑,国家调整房地产政策是为打击炒房,抑制不合理的住房需求。被告在中国境内拥有多处房产的情况下,再与原告签订买卖合同购买系争房屋的行为虽然是合法民事行为,但已属于国家宏观调控抑制的范围。对此,被告虽未必可以提前预见,但政策调整属于市场风险,被告作为市场交易主体,承担相应的市场交易风险,亦属合理。同时,从买卖合同订立的时间节点考察,缔约日期在国务院发布调控政策之后,中央部委和地方政策出台之前,国家房地产宏观政策调整显然不能成为被告减轻违约责任的理由。

关于被告认为系争房屋的评估价格高于买卖合同约定的成交价格,原告不存在实际损失的意见,本院认为,根据合同法及相关司法解释的规定,原告的实际损失是衡量违约金是否过高的标准之一。随着国家房地产宏观调控政策的出台及中央部委和地方政策的跟进,房地产市场价格在未来仍有较大的不确定性。原告为本次交易已实际支付中介费 10000 元,并在订立买卖合同中花费了一定的必要开支,且还将承受继续保有房屋所可能带来的市场价格波动的风险。被告提出减少违约金的请求并无不当,但被告应承担的违约责任仍应兼顾合同履行状况、当事人的过错程度,以及合同的逾期利益等因素。过多调整违约金必然会减少当事人违约的机会成本,有违合同法规定的诚实信用原则,亦有损于当事人意思自治的契约精神,不利于维护和平衡当事人的合法权益。

本案中，原、被告均对解除买卖合同不持异议，故原告要求解除买卖合同的诉讼请求，本院予以支持。关于原告要求被告支付违约赔偿金 360000 元及逾期付款违约金 8175 元的诉讼请求，符合合同约定，但因被告提出减少违约金的请求亦与法无悖，故本院酌情判处本案中被告应向原告支付的违约金数额。鉴于原告提出的诉讼请求并无不当，本案所有诉讼费用均由被告承担。被告应于本判决生效之日起十日内向原告支付违约赔偿金及逾期付款违约金合计 124087.50 元。

四、分析思考

（一）违约责任的归责原则

违约责任是合同当事人不履行合同义务或者履行合同义务不符合约定时，依法产生的法律责任。归责原则是指基于一定的归责事由而确定行为人是否承担责任的法律原则，具体到合同法，违约责任的归责原则就是指基于一定的归责事由而确定违约责任成立的法律原则。我国《合同法》第 107 条规定："当事人一方不履行合同义务或者履行合同义务不符合约定的，应当承担继续履行、采取补救措施或者赔偿损失等违约责任。"根据这一规定，我国学者基本上认为我国合同法违约责任归责原则主要是严格责任。严格责任原则是指不论违约方主观上是否有过错，只要不履行合同义务或者履行合同义务不符合约定，就必须承担违约责任。严格责任具有以下特点：第一，责任的严格性，具体体现在：一方面，严格责任不考虑当事人主观上是否具有过错；另一方面，严格责任也不以违约方主观过错的轻微而免除其责任，即只要构成违约，哪怕违约当事人主观过错是轻微的也要承担责任。合同责任仅以不可抗力作为法定的免责条件，意外事故则不应当作为法定的免责条件。一方违约以后其能够被免除责任的机会是很少的，即使是不可抗力，也不是说一旦出现不可抗力，当事人就会被免除责任。只有在不可抗力持续影响到一方的主要义务不能履行时，才使其免责。如果只是暂时影响义务的履行，只能推迟履行而不应免责。如果只是影响到次要义务的履行，则更不能影响到合同主要义务的履行。当事人在订约时，有可能预见到未来会发生各种意外和风险，由于合同法不承认意外事故能够免责，因此，当事人对意外风险实行免责的方法只有事先达成免责条款。第二，非违约方只需证明违约方的行为已构成违约，而违约方只有在能够证明违约是不可抗力的情况下发生时，才能免责。第三，严格责任既可以是法定责任也可以是合同当事人约定的责任。[①]

需要注意的是，在严格责任的归责原则中，说不论违约方主观上是否有过

---

① 参见李炜：《略论我国合同违约责任的归责原则》，载《甘肃政法学院学报》2004 年第 5 期，第 67—68 页。

错,只要有违约行为,就必须承担违约责任,并不是指过错在严格责任中不具有任何意义。陈国平律师认为,过错程度对于违约责任的承担具有重大影响。违约方的过错程度在处理合同纠纷、确定违约方承担的责任大小时,经常具有重要的作用。一般认为,根据交易利益来确定违约方(债务人)应负的责任,主要体现在以下几个方面:第一,如果合同的履行仅对债权人有利益而对债务人无利益,债务人不履行合同时仅就故意和重大过失负责,对于轻过失不承担责任。受让人、事务管理人、监护人及财产管理人虽于自己无利益,亦应对轻过失负责。第二,如果合同履行不仅对债权人有利,而且对债务人也有利,或者仅对债务人一方有利,债务人应就其故意和一切过失造成的合同不履行的后果承担责任。第三,在例外情况下适用惩罚性损害赔偿。根据2013年修正的《消费者权益保护法》第55条,经营者提供商品或服务有欺诈行为的,应当按照消费者的要求增加赔偿其受到的损失,增加赔偿的金额为消费者购买商品的价格或接受服务的费用的三倍。欺诈行为本身表明当事人具有严重的过错,因此应当使其依法承担惩罚性损害赔偿的责任。第四,损害赔偿时是否减轻责任。对于故意和重大过失违约行为,不得减轻违约方的赔偿责任。而在违约当事人有轻过失责任时,可以相应减轻其赔偿额。其中,对于故意造成损害,扰乱社会经济秩序的,合同管理机关可以依法予以罚款;构成犯罪的,还将依法追究刑事责任(这些已不属于合同责任)。第五,对违约金的调整。实践中,处理合同纠纷时,轻过失违约的,可以相应减少违约者承担的违约金数额。第六,关于责任免除。由于故意和重大过失违约行为人表现了对合同义务和他人利益的漠视态度,因此法律规定对故意和重大过失违约责任不得通过免责条款加以免除。这对于维护合同效力、保障交易秩序是十分必要的。①

应当指出的是,我国《合同法》在第107条一般性地规定了严格责任的同时,在很多具体法条中还规定了过错责任原则。如《合同法》第180条规定:"供电人因供电设施计划检修、临时检修、依法限电或者用电人违法用电等原因,需要中断供电时,应当按照国家有关规定事先通知用电人。未事先通知用电人中断供电,造成用电人损失的,应当承担损害赔偿责任。"第181条规定:"因自然灾害等原因断电,供电人应当按照国家有关规定及时抢修。未及时抢修,造成用电人损失的,应当承担损害赔偿责任。"第222条规定:"承租人应当妥善保管租赁物,因保管不善造成租赁物毁损、灭失的,应当承担损害赔偿责任。"第303条第1款规定:"在运输过程中旅客自带物品毁损、灭失,承运人有过错的,应当承担损害赔偿责任。"第374条规定:"保管期间,因保管人保管不善造成保管物毁

---

① 参见陈国平:《过错程度对违约责任承担的影响》,http://www.110.com/ziliao/article-324527.html,2013年8月12日访问。

损、灭失的,保管人应当承担损害赔偿责任,但保管是无偿的,保管人证明自己没有重大过失的,不承担损害赔偿责任。"可见我国《合同法》对违约责任采取严格责任为主,过错责任为辅的归责原则。

(二) 违约责任的免责事由

我国《合同法》虽然主要采取严格责任原则,但并不意味着违约方对任何情况下的违约行为都需要承担责任,法律规定了免责事由的当事人虽有违约行为也不需要承担责任;当事人约定了不承担责任或减轻责任的免责条款的,只要该约定不违反法律的强制性规定,该约定就有效。我国《合同法》对于免责事由主要规定了不可抗力、货物自身的自然属性、货物的合理损耗和债权人过错等。《合同法》第117条规定:"因不可抗力不能履行合同的,根据不可抗力的影响,部分或者全部免除责任,但法律另有规定的除外。当事人迟延履行后发生不可抗力的,不能免除责任。本法所称不可抗力,是指不能预见、不能避免并不能克服的客观情况。"第311条规定:"承运人对运输过程中货物的毁损、灭失承担损害赔偿责任,但承运人证明货物的毁损、灭失是因不可抗力、货物本身的自然性质或者合理损耗以及托运人、收货人的过错造成的,不承担损害赔偿责任。"第370条规定:"寄存人交付的保管物有瑕疵或者按照保管物的性质需要采取特殊保管措施的,寄存人应当将有关情况告知保管人。寄存人未告知,致使保管物受损失的,保管人不承担损害赔偿责任;保管人因此受损失的,除保管人知道或者应当知道并且未采取补救措施的以外,寄存人应当承担损害赔偿责任。"

这里需要注意的是,政府行为,尤其是我国近年来密集出台的房地产调控政策是否属于不可抗力。北京博儒律师事务所认为,不可抗力的预见主体应当为一般公众,即善意的一般人,不能预见是指善意一般人都无法预见。虽然大部分的国家行为不能预见,不可克服,但某些国家行为,比如国家政策发布之前会通过各种渠道预热和宣传,公众一般会通过各种途径了解动态,因此是可以预见的。另外,某些国家行为也是可以克服的,如错误的法律规范可以通过提请原行政立法机关重新审议而修改或撤销,错误的处罚决定可以通过行政复议程序或行政诉讼程序予以解决,这些都说明国家行为并非全部不能预见、不能避免与不能克服,判断国家行为是否属于不可抗力要具体事实具体看待。房地产新政作为国家政策的一种,在颁布之前已经广为宣传,一般大众是可以预见的,不符合不可抗力的主观构成要件,不能作为不可抗力进行抗辩。[①] 2011年4月21日浙江省高级人民法院民一庭出台的《关于审理受房地产市场调控政策影响的房屋买卖合同纠纷案件的若干意见(试行)》,是全国第一个专门针对审理受房产新

---

① 参见北京博儒律师事务所:《楼市调控政策是否属于不可抗力》,载《中国地产市场》2012年第9期。

政策影响的房屋买卖案件的司法指导性意见。该意见第 2 条规定:"纯粹因受限贷、限购、禁购等调控政策的直接影响,合同确实无法继续履行的,不属于'不可抗力',一般应认定属于《最高人民法院关于审理商品房买卖合同纠纷案件适用法律若干问题的解释》第 4 条、第 23 条规定的'不可归责于当事人双方的事由'。当事人据此请求解除合同的,可予以支持,但当事人另有约定的除外。"结合《最高人民法院关于审理商品房买卖合同纠纷案件适用法律若干问题的解释》,国家的房地产宏观调控政策仅可作为解除合同的条件,而不构成不可抗力,不得作为违约责任的免责事由。

(三) 违约责任的责任形式

依据《合同法》的有关规定,违约的当事人承担违约责任的责任形式主要包括:继续履行、采取补救措施、损害赔偿、支付违约金等。

1. 继续履行

继续履行是指虽然要对方承担一种违约责任,但是还要实现合同目的。当事人一方不履行非金钱债务或履行非金钱债务不符合约定的,对方可以要求履行,但特殊情况除外,如法律上或事实上不能履行、债务的标的不适于强制履行或履行费用过高、债权人在合理期限内未要求履行等。

2. 采取补救措施

对于能够采取补救措施的情况,债权人可以要求债务人采取补救措施,但这一方式不影响用其他形式承担违约责任。

3. 赔偿损失

损失赔偿额应当相当于因违约所造成的损失,包括合同履行后可以获得的利益,但不得超过一个限度;违约方订立合同时预见到或应当预见到的违反合同造成的损失。但是,经营者对消费者提供商品或服务有欺诈行为的,应当按照《消费者权益保护法》的规定三倍赔偿损失。

4. 支付违约金

违约金是指当事人一方不履行合同时,依法律规定或合同约定向对方支付一定数额的金钱。合同当事人可以约定一方违约时应当根据情况向对方交付一定数额的违约金,也可约定违约产生的损失赔偿额的计算方法。

值得注意的是,违约金具有补偿性,约定的违约金视为违约的损害赔偿,约金的数额与损失赔偿额应大体相当。因此,我国合同法规定了双方当事人在合同中约定的违约金数额明显高于或低于实际损失时的法定变更程序。

(四) 本案中被告要求人民法院予以适当减少的理由能否成立?

《合同法》第 114 条第 2 款规定:"约定的违约金低于造成的损失的,当事人可以请求人民法院或者仲裁机构予以增加;约定的违约金过分高于造成的损失的,当事人可以请求人民法院或者仲裁机构予以适当减少。"对于当事人约定的违约金，应当严格遵守，这是合同严守原则的当然要求，即约定违约金的数额属于双方当事人意思自治的范畴，但过分的合同自由，也会带来不适当的结果，成为一方欺诈另一方的工具。根据民法理论，违约金具有补偿守约方损失的功能，违约金的数额与损失额应大体一致，是合同正义的内容之一，是合同法追求的理想之一。因此，在违约金过分高于实际损失时应当予以调整。

根据《合同法》第114条第2款的规定，当事人认为约定的违约金过分高于造成的损失，可以请求予以减少，但相关的法律法规没有规定"过分高于"的认定标准，在司法实践中属于法官自由裁量的范围。如何把握好"过分高于"和"适当减少"的尺度将是对承办法官智慧的考量，处理不好会引发当事人上诉甚至上访。本案属于法官行使自由裁量权降低被告违约金的案件，审理的难点和亮点体现在对当事人履约能力的综合分析、实际损失的确定及对过分高于和适当减少的精确把握。

综合考量本案的过错方在于被告。双方签订了买卖合同但被告没有按照合同约定的时间履行付款的义务，经催讨两次后仍然没有支付；且被告在有履约能力的情况下采取消极的不作为的方式对抗合同的效力，如在签订买卖合同后用巨额支出购买生活必需品之外的消费品，同时被告还有其他的固定资产。因此，是由于被告违背诚实信用原则，才导致合同履行被迫中止，造成原告的可得利益的损失和实际的损失。

"约定的违约金过分高于造成的损失的，当事人可以请求人民法院或者仲裁机构予以适当减少。"此处的损失是指因违约造成的实际损失还是指依照《合同法》第113条或其他特别法规定的可赔损失，没有明确规定。从比较法看，国外通行的做法是以实际损失作为参考，而非以可赔损失作为参考，这一点值得我们在审判实务中借鉴。另外，我国学者也多认为应以违约造成的实际损失为标准。本案中原告为本次交易已实际支付中介费10000元，并在订立买卖合同时花费了一定的必要开支，这是原告在本次交易中所承受的实际损失。

根据涉案标的把握"过分高于"。本案的涉案标的为240万元，原告所主张的违约金、违约赔偿金360000元及逾期付款违约金8175元，占到涉案标的的15%，且违约金与上述实际损失之间的差额相当大。

依据宏观调控政策把握"适当减少"。综合考虑需要对原告主张的过高的违约金进行调整时，《合同法》第114条第2款的用语是"适当减少"，恰如其分把握其在具体案件中的"适当"需要找到突破口。该买卖合同的缔约日期在国务院发布调控政策之后，中央部委和地方政策出台之前，可能会涉及持有人的房产税费等问题，由于被告的过错导致原告继续持有该房屋，结合调控政策，原告持有该房屋的市场风险和交易成本会增加。综合考量下来，法院判决被告向原告支付违约赔偿金及逾期付款违约金合计124087.50元。

案例八：马某、章某等诉某置业公司商品房买卖合同纠纷案

——出卖人瑕疵担保义务以及因质量问题引起的迟延交付

一、基本案情

上诉人(原审原告)：马某、章某等

被上诉人(原审被告)：某置业有限公司

上诉人马某、章某等与被上诉人某置业有限公司商品房买卖合同纠纷一案，因上诉人不服某区人民法院民事判决，向法院提起上诉。法院受理后，依法组成合议庭审理了该案，现已审理终结。

原审法院查明，2006年12月3日，被告与原告签订一份商品房买卖合同，被告需在2008年9月30日之前交房，如逾期未交房买受人不退房，出卖人按已付款的2%向买受人支付违约金。合同签订后，原告就房屋质量问题与被告协商不成，从而引起纠纷。

二审查明，上诉人与被上诉人于2006年12月3日签订商品房买卖合同。该合同约定：……第8条：交付期限，出卖人应当在2008年9月30日前，依照国家和地方政府的有关规定，将验收合格、符合本合同约定的商品房交付买受人使用……第9条：出卖人逾期交房的违约责任，逾期不超过30日，出卖人按日向买受人支付已交付房价款万分之三的违约金，合同继续履行；逾期超过30日，买受人要求继续履行合同的，合同继续履行，自本合同第8条规定的最后交付期限的第二天起至实际交付之日止，出卖人按日向买受人支付已交付房价款万分之五的违约金。该合同附件六"商品房使用说明书"第2条规定：查验房屋质量，注意主体结构是否有开裂、渗漏现象；已安装的门窗是否合格、是否有损坏；确认水表、电表的读数；给排水管道是否有损坏或畅通。2008年8月16日，被上诉人向上诉人送达住房交付通知书，要求上诉人自2008年8月23日起办理交房手续。同年8月17日，上诉人收到被上诉人的交房通知。涉案商品房于2008年7月竣工验收并于同年9月28日经相关建设部门验收备案。2009年2月19日、21

日,上诉人在物业公司借得房屋钥匙查看涉案商品房,并反映了房屋需要维修的质量问题,物业公司对反映的情况进行了登记。2009年2月25日,涉案房屋的设计单位根据现场察看,对涉案房屋楼板裂缝提出处理意见。被上诉人根据设计单位的意见,组织相关人员对地面裂缝进行了维修。上诉人提供的照片可以证实,被上诉人在2009年6月6日前已经将地面裂缝修复。2009年7月18日,上诉人马某在被上诉人的商品房交付使用验收单上签字确认涉案房屋已经验收。二审期间,上诉人认为其在2008年10月就前往办理交房手续,并发现涉案房屋存在地面裂缝等质量缺陷问题,已经及时向物业公司反映了情况。被上诉人对上诉人在2008年10月曾经查验涉案房屋的说法予以否认,认为上诉人直到2009年2月19日才到物业公司处借钥匙查验房屋准备交接房屋,上诉人未按照通知时间前往办理交房手续。双方因对被上诉人是否逾期交房存在争议,经多次协商未果,因而成讼。

二、争议焦点

本案是一起商品房买卖纠纷案件,案件争议的焦点有两个,一个是卖方的标的物瑕疵担保义务和买方的标的物质量验收义务,另外一个是因标的物瑕疵引起的迟延交付问题。

(一)商品房是否存在瑕疵?买方是否未及时履行验货义务?

在本案中合同双方当事人对于商品房是否存在瑕疵看法基本一致,都认可该房屋存在质量问题,但对于该房屋质量问题的严重程度有不同看法。上诉人认为本案中商品房存在质量瑕疵问题与本案商品房的主体结构符合质量要求是两个不同的法律概念。本案商品房有多处不同程度的裂缝,卫生间存在漏水问题,直接影响到上诉人入住以及房屋装修,这种房屋质量问题会影响到房屋的安全结构。被上诉人认为涉案商品房虽有裂缝问题,但经设计单位认定为"砼收缩裂缝,不影响结构安全",因此该商品房仍然符合合同约定的交房条件。2009年2月,被上诉人邀请设计、监理、施工、物业及上诉人到涉案商品房查看现场,设计单位认为不影响结构安全,经论证确定了修复方案,且被上诉人已按上诉人认可的修复方案履行了维修义务,上诉人也签字认可了维修结果。

双方对于买方是否及时履行了验货义务也存在争议。被上诉人认为其在2008年8月16日即向上诉人送达住房交付通知书,要求上诉人在2008年8月23日起办理交房手续。同年8月17日,上诉人收到被上诉人的交房通知。但直到2009年2月19日、21日,上诉人才到物业公司借得房屋钥匙查看涉案商品房,反映房屋需要维修的质量问题,明显未及时履行验货义务。而上诉人则认为虽然被上诉人尽了交付商品房的通知义务,但本案商品房质量瑕疵从被上诉人通知上诉人前就已经存在,而且被上诉人是明知的,被上诉人的这种行为是恶意的,其目的在于规避延期交房的违约责任。上诉人在合理期限内提出商品房存在质量瑕疵,并不能因此改变或者代替被上诉人向上诉人交付商品房的条件。本案商品房存在质量瑕疵的情况下,只要上诉人在合理期限内提出来,就不能认为上诉人拒收商品房的行为是被上诉人逾期交房的理由。

(二)本案中是否存在迟延交付?若存在迟延交付,责任由买方还是卖方承担?

上诉人认为被上诉人违反合同约定,构成违约。按照合同约定,涉案商品房的交付时间是2008年9月30日前,但被上诉人向上诉人交付商品房的实际时间是2009年7月18日,已经逾期323天;并且商品房质量问题与被上诉人逾期交房的违约行为具有因果关系。涉案商品房存在质量瑕疵,不符合商品房买卖合同第8条约定的交房条件,被上诉人为了让本案商品房符合交付使用条件进行修理,才导致被上诉人延期交房。因此,被上诉人应当承担迟延履行的责任。

被上诉人认为己方不存在逾期交房的违约事实。涉案商品房经相关部门、单位验收合格,具备交房条件。被上诉人在2008年8月16日以特快专递方式向上诉人寄送了交房通知书,履行了通知义务,根据合同约定可以视为被上诉人已按期交房。商品房迟延交付责任在上诉人方。2008年9月30日前上诉人未办理收房手续,至2009年2月19日上诉人才到物业管理处借钥匙,对卫生间及厨房进行闭水试验,当其发现该房主卧室、次卧室、客厅有裂缝问题时,才向被上诉人提出维修要求及质量异议,之前从未向被上诉人提出过收房要求。裂缝修复,实际需要的工时不过几天,是上诉人提出种种特殊要求耽搁拖延了时间,至2009年4月底才维修好。2009年7月18日,上诉人才办理收房手续。涉案房虽有轻微砼收缩裂缝质量瑕疵,但不影响结构安全,属轻度的砼建筑质量通病,不影响交房条件的成就。上诉人把合同约定交房条件责任与商品房质量维修责任混为一谈,要求被上诉人支付违约金,没有事实和法律依据。

三、案件处理

原审法院认为,原、被告于2006年12月3日签订的房屋买卖合同,是双方真实的意思表示,其形式和内容不违反法律规定,依法成立,应受法律保护。本案争议的焦点是被告是否违约。从庭审及被告提交的证据可以认定,2008年8月16日被告向原告送达书面交房通知书,原告也认可收到了该份通知书,但原告一直认为房屋有质量问题而未前来办理交房事宜。被告在发现房屋有质量问题时采取了积极的修复措施,且经过专家认定,不影响结构安全,但原告一直拖延不办理入住手续,为此,原告应承担迟延交房的民事责任。原告对被告的诉讼请求无法律依据,本院不予支持。

二审法院认为,综合案情,本案的争议焦点实质上是交房期限届满前被上诉人的商品房质量是否符合交付使用的条件。上诉人作为买受人在受领商品房时对房屋质量进行验收是其义务。上诉人于2009年2月21日反映涉案商品房存在质量问题。该质量问题是否已经严重影响到房屋的结构安全和使用安全,必须有相关证据予以证实。根据谁主张谁举证的原则,上诉人对涉案商品房存在严重质量缺陷或者不能安全使用负有举证责任,因上诉人未提供证据证实上述质量问题已经严重影响到房屋的使用安全,故上诉人应承担举证不能的法律后果。2009年2月25日,涉案房屋的设计单位对涉案房屋楼板裂缝检测,结论为:经分析、判断,裂缝为砼收缩裂缝,不影响结构的安全,故本院对上诉人关于被上诉人交付房屋时因存在质量问题而无法交房的抗辩理由不予采纳。我国《合同法》第153条规定:"出卖人应当按照约定的质量要求交付标的物。出卖人提供有关标的物质量说明的,交付的标的物应当符合该说明的质量要求。"该条是标的物的瑕疵担保规定。当标的物存在瑕疵时,出卖人负有瑕疵担保义务,买受人享有瑕疵担保请求权。在出卖人应负瑕疵担保责任时,对买受人提出修复请求的,出卖人应对标的物进行修理,除去标的物的瑕疵,使其符合规定的品质;买受人也可以自行修理,其修理费用由出卖人承担;此外,买受人也可以请求另行交付无瑕疵之物。涉案的商品房存在质量瑕疵,被上诉人有义务对商品房的质量瑕疵进行修理,被上诉人在本案中也实际选择了承担修理的违约责任,该商品房经过修理后,上诉人实际验收接管了房屋。其中,上诉人自认楼板裂缝是2009年4月28日修复的,双方当事人对修理房屋已经达成一致意见。双方当事人选择以修理方式对房屋质量瑕疵进行完善,本院对此予以认可。出卖人在合理期限内修理房屋是承担瑕疵担保责任的方式之一。虽然被上诉人的修理工作给上诉人使用房屋带来一定的不便,但是这不属于逾期交房的情形。对上诉人要求被上诉人承担逾期交房违约金的诉讼请求,本院不予支持。最终二审法院作出了维持原判的判决。

四、分析思考

(一) 卖方的瑕疵担保责任

买卖合同中卖方的瑕疵担保责任包括权利瑕疵担保义务和物的瑕疵担保义务,是指出卖人对于其交付的标的物,应担保其权利完整无缺不会被人追诉,并且具有依通常交易观念或当事人意思,认为应当具有的价值、效用或品质。本案中主要涉及的是物的瑕疵,也就是出卖人交付的标的物其品质不符合法律规定或合同约定的标准,致使该标的物的用途和价值降低或消失的情形。我国《合同法》第153条规定:"出卖人应当按照约定的质量要求交付标的物。出卖人提供有关标的物质量说明的,交付的标的物应当符合该说明的质量要求。"第154条规定:"当事人对标的物的质量要求没有约定或者约定不明确,依照本法第六十一条的规定仍不能确定的,适用本法第六十二条第一项的规定。"这两条是对买卖合同中卖方物之瑕疵担保责任的明确规定。

物之瑕疵担保责任要求买受人在合同订立时不知物有瑕疵或者瑕疵于合同订立后、危险负担转移前产生的,如此出卖人才负有瑕疵担保责任,若买受人在订立合同时就知道物之瑕疵,则出卖人不负有瑕疵担保责任。出卖人应承担物之瑕疵责任时,买受人享有以下请求权:(1) 减少价款请求权;(2) 解除合同请求权;(3) 修复请求权;(4) 更换请求权;(5) 损害赔偿请求权。本案中双方在商品房买卖合同附件六"商品房使用说明书"第 2 条约定:查验房屋质量,注意主体结构是否有开裂、渗漏现象;已安装的门窗是否合格、是否有损坏;确认水表、电表的读数;给排水管道是否有损坏或畅通。而涉案房屋通过检查发现:朝南主卧、次卧有几米长的裂缝,客厅也有很长的裂缝,水表箱管道接头处有滴水,很显然涉案房屋存在质量问题。双方当事人对于房屋存在瑕疵没有异议,并且卖方也对该瑕疵进行了修复。

但本案中双方对房屋瑕疵的严重程度存在分歧。买方认为该瑕疵影响结构安全,不符合交房条件,但无相关证据支持。卖方认为该瑕疵不影响结构安全,符合交房条件,并出具相关建设部门验收备案书和设计单位认为不影响结构安全的鉴定书作为证据。根据谁主张谁举证的原则,由于买方无相关证据支持其请求而卖方有相关证据证明其请求,因此应当认为该房屋虽有瑕疵,但该瑕疵并不影响结构安全,符合交房条件。

(二) 买方的货物验收义务

我国《合同法》第 157 条规定:"买受人收到标的物时应当在约定的检验期间内检验。没有约定检验期间的,应当及时检验。"第 158 条规定:"当事人约定检验期间的,买受人应当在检验期间内将标的物的数量或者质量不符合约定的情形通知出卖人。买受人怠于通知的,视为标的物的数量或者质量符合约定。当事人没有约定检验期间的,买受人应当在发现或者应当发现标的物的数量或者质量不符合约定的合理期间内通知出卖人。买受人在合理期间内未通知或者自标的物收到之日起两年内未通知出卖人的,视为标的物的数量或者质量符合约定,但对标的物有质量保证期的,适用质量保证期,不适用该两年的规定。出卖人知道或者应当知道提供的标的物不符合约定的,买受人不受前两款规定的通知时间的限制。"这两条规定了买受人的检验义务,即买受人在收到出卖人交付的标的物后应当在约定的期限或者合理的期限内对标的物及时进行检查,并将检验的结果通知出卖人。

本案中被上诉人于 2008 年 8 月 16 日向上诉人送达书面交房通知书,上诉人也认可收到了该份通知书,但上诉人一直认为房屋有质量问题而未办理交房事宜,直到至 2009 年 2 月 19 日上诉人才向被上诉人提出维修要求及质量异议。

在本案中需要解决的问题是上诉人认为房屋有质量问题而未办理交房事宜的消极行为是否算作已经履行了检验义务、检验义务应当如何履行。从《合同法》第158条的规定看,买受人应当以通知的形式将标的物质量或数量问题告知对方,可见检验义务应当以明示的、作为的方式履行,而不能以默示的、不作为的方式履行。因此,在本案中虽然上诉人一直认为房屋有质量问题,但没有积极地将房屋存在质量问题通知对方,而是消极地不办理交房事宜,这不能视为履行了检验通知义务。而2009年2月19日上诉人向被上诉人提出维修要求及质量异议,这才能视为履行了检验通知义务。

(三) 关于迟延履行

迟延履行是指合同当事人的履行违反了履行期限的规定。广义上的迟延履行包括债务人的给付迟延和债权人的受领迟延。给付迟延,是指债务人在履行期限到来时,能够履行而没有按期履行债务。其构成要件为:(1) 须有债务存在;(2) 履行须为可能;(3) 须债务履行期已届满;(4) 须因可归责于债务人的事由而未履行;(5) 须无法律上的正当理由。给付迟延的法律后果为:(1) 债权人可诉请强制执行;(2) 债务人赔偿因迟延而给债权人造成的损失;(3) 在给付迟延后,如遇有不可抗力致使合同标的物毁损,债务人须承担履行不能的责任,不得以不可抗力为由主张免责,但如债务人能证明纵然没有给付迟延,损失仍将发生的,则可免责;(4) 当事人一方迟延履行其主要债务,经催告后在合理期限内仍未履行,或当事人一方迟延履行债务致使不能实现合同目的的,当事人可以解除合同并请求赔偿损失。受领迟延,是指债权人对于债务人的履行应当受领而不为受领。其构成要件为:(1) 须有债权存在;(2) 须债务人的履行需要债权人的协助;(3) 须债务已届履行期且债务人已履行或提出履行;(4) 须债权人未受领给付,且受领迟延无正当理由。在受领迟延的情况下,债权人应依法支付违约金,因此给债务人造成损害的,则应负损害赔偿责任。债务人得依法自行消灭其债务,如以提存的方式消灭债务。

在本案中被上诉人于2008年8月16日向上诉人送达书面交房通知书,而上诉人一直未办理交房事宜,交付商品房的实际时间是2009年7月18日。双方当事人对于是构成给付迟延还是受领迟延存在争议。上诉人认为交付的房屋应当是没有质量问题的房屋,因此修复后2009年7月18日的交付才是交房,被上诉人构成迟延交付。被上诉人认为房屋虽然存在瑕疵,但不影响结构安全,符合交房条件,因此发送交房通知后上诉人不办理交房事宜的,商品房迟延交付责任在上诉人,换言之是上诉人构成受领迟延。可见本案的关键是房屋存在瑕疵与交付条件是何关系,换言之本案中的房屋质量瑕疵是否构成上诉人拒绝接收房屋的正当理由。我国《合同法》第148条规定:"因标的物质量不符合质量要求,致使不能实现合同目的的,买受人可以拒绝接受标的物或者解除合同。"可见只有在标的物质量不符合要求导致不能实现合同目的时方可拒绝接收标的物。另外,我国《建筑法》第 61 条规定:"交付竣工验收的建筑工程,必须符合规定的建筑工程质量标准,有完整的工程技术经济资料和经签署的工程保修书,并具备国家规定的其他竣工条件。建筑工程竣工经验收合格后,方可交付使用;未经验收或者验收不合格的,不得交付使用。"由于在本案中涉案房屋已经通过了合格验收,达到了交付条件,房屋瑕疵并不影响结构安全,是可以修复的而且不会导致上诉人的合同目的无法实现,因此不构成上诉人拒绝接收的正当理由。相反,正是由于上诉人拒绝办理交房手续并及时履行检验义务,而导致房屋未得到及时修复,进而导致实际交房时间迟延,因此房屋迟延交付的责任应当由上诉人承担。

案例九：崔某某、温某某诉唐某某买卖合同纠纷案

——买卖合同中的风险分担

一、基本案情

上诉人（原审原告）：崔某某、温某某

被上诉人（原审被告）：唐某某

上诉人崔某某、温某某与被上诉人唐某某买卖合同纠纷一案，某区人民法院于2010年4月27日作出一审判决，崔某某和温某某对该判决不服，向本院提起上诉。本院依法组成合议庭进行了审理。本案现已审理终结。

一审法院审理查明：从2009年10月12日起，本案双方当事人便通过电话联系购买生猪事宜，最后双方于同年10月14日确定由崔某某从云南发一车生猪给唐某某，口头约定到达地点为四川省梓桐县，运到梓桐县的单价为12元/kg，运费8500元由唐某某支付后从货款中扣减，检疫合格后进行交付。2009年10月14日晚12时许，崔某某雇请冯某某用货车为唐某某装运生猪180头，从云南省陆良县中枢镇运往四川省梓桐县，并持有2009年10月14日云南省陆良县动物卫生监督所动物检疫员刑某某签发的《出县境动物检疫合格证明》《动物及动物产品运载工具消毒证明》以及云南省陆良县防制牲畜口蹄疫指挥部办公室签发的《陆良县牲畜五号病非疫区证明》、云南省陆良县动物疫病预防控制中心出具的抽检样品数量为9头的《陆良县重大动物疾病免疫抗体监测报告书》。2009年10月15日13时20分许，唐某某与温某某电话联系，要求将到达地点改为四川某某食品公司。温某某当即表示请唐某某直接与驾驶员冯某某联系，并将冯某某的电话号码用短信发送给唐某某。此后，冯某某便将此车生猪直接运往了四川某某食品公司，于2009年10月15日21时50分过磅，净重为19380 kg。驾驶员冯某某提出线路改变导致比原定线路远，要求增加运费500元，温某某与唐某某电话联系，同意唐某某将9000元运费支付给驾驶员，此款在货款中扣除。随后唐某某委托的接猪人姚某给付了冯某某9000元运费，后冯某某离开。2009年10月16日凌晨3时许，唐某某电话通知温某某，该批生猪经检疫发现疫病。

2009年10月17日,四川省三台县动物卫生监督所出具关于对病猪及同群易感猪进行处理的通知和证明。通知和证明的主要内容为:兹有生猪108头于2009年10月15日22时左右运达四川某某食品公司,在进行检疫时发现有病猪。根据《动物防疫法》及国家相关规定对该批病猪及同群猪180头于2009年10月17日全部进行了扑杀销毁。

另查明,崔某某组织的180头生猪为其和温某某合伙向唐某某销售。审理中,唐某某以生猪存在严重质量问题等为由不同意崔某某和温某某的诉讼请求。

二审查明的事实与一审判决认定的事实相同。

二、争议焦点

本案是一起买卖合同纠纷案件,案件争议焦点主要有以下几点:

1. 交付地点究竟为何地?

上诉人认为双方约定的交付地点为四川省梓桐县,变更交付地点未取得其同意,是否变更,变更到达何地,都是唐某某提出并自行与驾驶员联系决定的。本案货物到达地为梓桐县,到达梓桐县即视为交付,以后的运输及其他风险由唐某某承担。被上诉人唐某某认为交货地点变更由双方达成一致,且对本案不能构成实质性影响。地点变更不是到达梓桐县后再变更的,而是在路途中崔某某和温某某同意变更的。崔某某、温某某将驾驶员的运费从8500元增加为9000元,体现了对地点变更的同意和认可。

2. 本案是否完成了货物的交付?

上诉人认为无论从事实上还是根据肥猪交易习惯,崔某某、温某某均完成了交付。运达屠场后检疫人员验收肥猪检疫合格的所有单证,并出具证明证实单证相符,本案180头肥猪已经实际交付给了唐某某并为其实际控制。而被上诉人认为崔某某和温某某并未将涉案生猪实际交付给自己。崔某某、温某某将涉案生猪送达四川某某食品公司后,立即依法进入检疫流程,尚未进入交付环节。下猪到屠场不能视为交付。检疫需要进行相当多的查验、抽血等步骤,不可能仅凭目测完成,必须将生猪先从车上下到观察圈里,再冲洗后才能检疫。因此,生猪从车上下到观察圈里并不意味着已经检疫合格并交付,而仅仅是检疫工作的前置程序。检疫人员发现涉案生猪患有疫病后,现场的熟人立即将该情况电话通知了尚在重庆等待检疫结果的唐某某。唐某某明确予以拒收,并未进行领受,并立即电话通知对方。涉案生猪在交付前已全部被强制扑杀,买卖标的物已不存在,客观上不能完成交付行为。

3. 交付的货物质量是否合格?

上诉人认为双方从未口头约定需要驾驶员把肥猪运到,下完车等检疫合格后再交付,只约定提供经检疫合格的生猪。被上诉人出示的证据也充分证明单证相符,交付的生猪是经检疫合格的合格产品。上诉人还认为生猪在被上诉人处下货后数小时,在屠宰时才检查出来检疫不合格,也有可能是在被上诉人处感染的。被上诉人认为运送来的该车生猪连食品公司的检疫都没有通过,属于质量严重不合格。同时认为生猪进入圈栏隔离观察,时间短,不可能在下车后染病。

4. 生猪被扑杀的风险由谁承担?

上诉人认为本案中被上诉人把生猪关在屠场准备屠宰出售过程中,在屠宰前的检疫才发现的病情,并不是双方约定的检疫合格后在交付环节中的检疫。屠宰前检疫发生的风险属于货物交付以后的风险,根据我国《合同法》第142条的规定,交付后标的物损毁、灭失的风险应由被上诉人承担。被上诉人认为货物的质量问题与货物交付后的风险转移是两个不同的概念,因货物出现严重质量问题且无法达到合同目的,不属于货物的风险转移,应当由出卖方承担责任。运送来的该车生猪连食品公司的检疫都没有通过,属于质量严重不合格,被上诉人有权不予接收,更不应支付货款。

三、案件处理

原审法院认为:双方当事人的生猪买卖协议意思表示真实,未违反法律的禁止性规定,合法有效。双方虽然口头约定生猪的交付地点为四川省梓桐县,但事后唐某某明确提出将生猪运送至四川某某食品公司,崔某某和温某某对此未提出异议,温某某还明确答复让唐某某与驾驶员直接联系运送地点。在生猪到达四川某某食品公司后,崔某某和温某某要求将增加的运费合计9000元支付给驾驶员,同意运费在货款中扣减,应视为双方已协商一致,同意将交货地点变更为四川某某食品公司。

动物、动物产品出售或调运离开产地前必须由动物检疫员实施产地检疫,崔某某和温某某提供的《出县境动物检疫合格证明》等相关证据只能证实该180头生猪在运往四川省前进行了产地检疫,并不能证实运送到交货地点后该批生猪未患动物疫病,为质量合格的生猪。本案争议的主要焦点为双方是否完成货物的交付。

根据双方交易时的《动物检疫管理办法》(2002年5月24日农业部发布)第17条规定,"国家对生猪等动物进行定点屠宰,集中检疫"。第19条规定,"对动物应当凭产地检疫合格证明进行收购、运输和进场(厂、点)待宰。动物检疫员负责查验收缴产地检疫合格证明和运载工具消毒证明……"第20规定,"动物检疫员按屠宰检疫有关国家和行业标准实施屠宰检疫。动物屠宰前应当逐头(只)进行临床检查,健康的动物方可屠宰;患病动物和疑似患病动物按照规定处理……"因为生猪是否患疫病不能仅通过目测完成,崔某某和温某某认为生猪转运到四川某某食品公司后,三台县动物卫生监督所驻屠场的三个检疫人员查验单证,收取了全部检疫运输单证,在查验没有病残猪后同意下猪到屠场,已完成了检疫的说法不能成立。在生猪进入四川某某食品公司后,经检疫人员检疫,该批生猪有病猪,三台县动物卫生监督所进行了全部扑杀销毁。唐某某得知生猪检疫有疫病后,于 2009 年 10 月 16 日凌晨 3 时许及时通过电话告诉了温某某,应视为双方约定的检疫合格后进行交付并未完成,因此崔某某和温某某要求唐某某支付货款 223560 元的理由不能成立。一审法院依照我国《合同法》第 133 条,判决驳回崔某某、温某某的诉讼请求,诉讼费用减半收取 2394 元,由崔某某、温某某负担。

二审法院认为,原审判决认定事实基本清楚,适用法律正确,虽然在生猪是否交付的问题上认定错误,但判处适当,应予维持。依照我国《民事诉讼法》第 153 条第 1 款 1 项的规定,判决如下:

(1) 驳回上诉,维持原判。

(2) 一审案件受理费负担维持不变,二审案件受理费 2394 元由崔某某和温某某承担。

(3) 本判决为终审判决。

四、分析思考

(一) 关于生猪的交货地点

双方订立口头买卖合同时约定的交货地点是四川省梓桐县,后来唐某某与温某某电话联系,要求将到达地点改为四川某某食品公司。温某某当即表示请唐某某直接与驾驶员冯某某联系,并将冯某某的电话号码用短信发送给唐某某。此后,冯某某便将此车生猪直接运往了四川某某食品公司,经温某某和唐某某同意,领取运费后离开。这一事实表明交货地点从四川省梓桐县变更到四川某某食品公司是经过双方协商同意的,属于合同的变更,生猪的交货地点应当为变更后的四川某某食品公司。

(二) 关于该合同是否完成了交付

在本案中要注意区分交付、清偿和检验义务。生猪运到唐某某指定的四川某某食品公司后,过磅、下车,进入四川某某食品公司圈栏,唐某某委托的接猪人姚某给付了驾驶员运费,同意其离开,说明唐某某已经实际收到崔某某和温某某交付的生猪。随后虽然生猪经检疫发现疫病,但检疫与已经事实上完成的货物交付不冲突。唐某某认为货物没有完成交付的辩解不成立。但是,交付不能完全等同于清偿,换言之出卖人不能认为完成了交付即履行完了合同义务,从合同中解脱出来了。买受人还有检验货物的权利和义务,在交付时如可以即刻验货并且货物符合法定或约定条件,则出卖人的交付同时具有清偿意义。但是也存在约定验货期限或者合理的验货期限的情形,在此情形下买受人没有义务现场验货或者无法现场验货,此时出卖人的交付不具有清偿意义,只有在货物检验符合法定或约定条件时才具有清偿意义。本案中崔某某和温某某虽然在事实上完成了生猪的交付,但是生猪是否能检验检疫合格无法当场即刻判断,因此崔某某和温某某的交付不具有清偿意义,唐某某具有验货的权利和义务。

(三)关于交付的生猪质量问题

崔某某和温某某交付的生猪起运前取得了起运地相关部门的检疫证书,但考虑到《陆良县重大动物疾病免疫抗体监测报告书》是通过抽检样品作出的,对出卖人要求不仅生猪起运时合格,而且交付时生猪质量合格,符合订立合同的目的和对生猪质量起码的要求,合理合法。生猪于2009年10月15日晚上过磅下车,进入围栏。凌晨屠宰时检疫人员按照规程检疫即发现存在疫病。唐某某认为生猪进入圈栏后进行了隔离观察,时间短,不可能在下车后染病。崔某某和温某某认可生猪下车后两个多小时发现有疫病,但其没有明确指出交货后存在导致生猪染病的客观情况,也没有提出证据加以证明,因此认定生猪交付后染病证据不足,应认定崔某某和温某某交付的生猪已经存在疫病,交付的生猪不合格。由于涉案生猪依照有关规定必须全部扑杀销毁,不能使用,应当认定货物已经失去效用,不能实现合同目的。

(四)关于由谁承担生猪被扑杀的风险

生猪疫病难以通过目测发现,对生猪检疫的时间和方式并不能根据合同当事人意愿安排,而必须由有关机构的检疫人员依照相关程序实施,因此应当允许买受人在合理期限内提出质量异议。虽然唐某某接收了生猪,但是在及时进行的检疫中发现疫病后,唐某某连夜通知了出卖人,其提出质量异议时间在合理期限内,不应认定唐某某同意作为合格货物接受生猪。由于崔某某和温某某交付的涉案生猪不合格,不能实现合同目的,唐某某有权要求退货和拒绝支付货款。该批生猪无论是哪一方当事人占有,都必须予以销毁,事实上生猪已被依法强制销毁。造成被销毁的原因在于生猪因疫病不能使用,而这是崔某某和温某某没有提供合格生猪而致,因此唐某某无须再退货和支付货款。

实际上本案从标的物风险转移的角度也可以作出解释。在本案中虽然崔某某和温某某在事实上完成了生猪的交付,但该生猪检测出的5号病毒是一种有潜伏期的疫病,因此有可能导致该生猪被扑杀的原因在交付以前就已经存在,只是在事后才通过检疫确认感染该病毒。唐某某认为生猪进入圈栏后进行的隔离观察时间短,不可能在下车后染病。崔某某和温某某认为生猪下车后两个多小时发现有疫病,应当认定生猪交付后染病。由于双方都无确凿证据,根据疫学因果关系和盖然性原则应当认定在交付前感染疫病的可能性更大。换言之,虽然生猪是在唐某某处被扑杀,但招致扑杀的风险——感染疫病却是在交付以前就存在的,因此该扑杀的后果应当由崔某某和温某某承担。

案例十：某饮食公司诉相某房屋租赁合同纠纷案

——房屋用途对于租赁合同的意义

一、基本案情

上诉人（原审原告、反诉被告）：某饮食公司
被上诉人（原审被告、反诉原告）：相某

上诉人某饮食公司、上诉人相某因房屋租赁合同纠纷一案，均不服某区人民法院一审判决，向某市中级人民法院提起上诉。某市中级人民法院于2004年5月18日受理后，依法组成合议庭进行了审理。现已审理终结。

原审法院经审理，确认如下事实：原告是涉案房屋产权的共有人之一。原告（乙方）和被告（甲方）在2003年8月21日签订《房地产租赁合同》，约定被告同意将涉案房屋出租给乙方作为住宅使用，租期从2003年9月1日起至2004年8月31日止，每月租金9000元由被告开具发票，发票税费由原告支付。房屋交付日期2003年8月25日。自2003年8月25日起至2003年8月31日止为免租装修期。原告应按时交纳租金，逾期交付租金的，每逾期一日，原告须按当月租金额的2%向被告支付违约金。双方同意原告将18000元交被告作为租赁保证金，待租赁期满或解除合同当日，如原告在合同履行过程中没有违约，没有造成房屋结构或装修的破坏，房屋的其他设施未遭到破坏，则被告将保证金退回原告。若原告的租金或其他杂费未付清，被告则在该保证金中扣除。另外，合同还对逾期交房、房屋的使用、装修、改建，以及违约责任、损害赔偿等作出了约定。当日，原告向被告支付保证金18000元和9月份租金9000元。次日，双方再订立《补充协议》，订明：被告同意原告将租赁房屋作办公用途，被告开具租赁发票所产生的税费900元由原告负责。随后，原告支付了租赁发票税费900元和9月涉案房屋的物业管理费939.60元。8月25日，小区管理处发出"小区装修施工许可证"，核准原告在涉案房屋装修施工申请。即日，原告进入涉案房屋进行装修。2003年9月6日，原、被告分别获小区的物业管理处通知不得将涉案房屋作办公用途，原告遂未能继续进入涉案房屋进行装修。9月17日，原告发函

被告称:因被告未履行出租人义务而使原告装修工作遭到管理处阻止而停工,延误的10天时间应相应减免租金,并要求被告尽快协调解决原告进场装修、使用问题。同月28日,原告向被告发出《解约通知》,称被告至今未保证原告正式搬进并使用租赁房屋,且被告的代理人在电话中已明确表示不能且将不会履行合同的义务,故根据《房地产租赁合同》的规定,原告从即日起解除《房地产租赁合同》和《补充协议》,要求被告除退回保证金及租金共27000元外,还须赔偿原告因履行合同而支付的各种费用及产生的损失67810.74元。10月1日,被告收到上述《解约通知》,但未作回复。被告支付了涉案房屋2003年10月、11月、12月的物业管理费2818.80元。2003年12月31日,被告向原告收回涉案房屋的钥匙并在收条上书写收到原告交来的房屋钥匙五条,房屋未恢复原状。后经协商,将"房屋未恢复原状"一句删去。诉讼期间,原告提供了涉案房屋电话新装工料费100元两张及涉案房屋的租赁中介费9000元发票、装修工程款56771.14元的发票各一张。被告提供了其签字的小区业主公约,当中约定:本小区为纯住宅,禁止业主将住宅改变为办公等非住宅用途及禁止业主出租给他人做办公等非住宅用途。业主大会通过时间为2004年1月10日。2004年3月9日,原告提出拆除涉案房屋内自装的嵌装物,但认为依约不需要恢复原状,双方到现场确认原告在涉案房屋的装修工程拆除项目。

某市中级人民法院对原审判决认定的事实予以确认。

二、争议焦点

1. 本案租赁房屋的用途究竟是什么?

原审法院认为双方订立的《补充协议》约定将涉案房屋作办公用途,是对涉案房屋租赁用途的补充约定,并不影响原《房地产租赁合同》订立初衷是住宅使用。可见原审法院对《房地产租赁合同》及《补充协议》中约定的房产租赁用途作了并列式解释,即或者作住宅使用,或者作办公用途。上诉人某某饮食公司认为,一般情况下,补充协议是对原合同进行变更或者补充:对原合同已有条款作不同的约定的,则为变更;对原合同未进行约定的事项加以约定的,则为补充。本案中,双方原约定的租赁用途是住宅使用,而《补充协议》中则约定了作办公用途,前后不一致,显然是《补充协议》对原合同约定的租赁用途作了变更规定,变更后,房产的租赁用途则是办公使用,已经不存在原审法院所谓的"初衷"之说法。而上诉人相某认为涉案房屋的本来用途就是住宅使用,并提供了小区业主公约作为证明,该公约约定:本小区为纯住宅,禁止业主将住宅改变为办公等非住宅用途及禁止业主出租给他人做办公等非住宅用途。

2. 本案中合同解除到底属于协议解除还是行使法定解除权解除?

原审法院认为2003年9月28日原告向被告发出解约通知,被告于10月1

日收到也同意,至此上述《房地产租赁合同》和《补充协议》已经双方协商解除,也就是说原被告之间的合同解除属于协议解除。而上诉人某饮食公司认为本案中合同解除是上诉人行使法定解除权的结果,而非协议解除。我国《合同法》第216条规定:"出租人应当按照约定将租赁物交付承租人,并在租赁期间保持租赁物符合约定的用途",根据这一规定,出租人出租房产,必须保证承租人能够按约定的用途使用,该项义务包含:(1)房产本身的物理状态适于约定用途;(2)承租人按约定用途使用承租房产时不受任何障碍。本案中,正是由于被上诉人违反了上述义务,致使上诉人受物业管理处的阻挠而无法使用承租的房产,并且对上诉人屡次要求其与物业管理处协调以尽早排除障碍的合理要求置之不理。我国《合同法》第94条第4项规定:"当事人一方迟延履行债务或者有其他违约行为致使不能实现合同目的"的,另一方当事人可以解除合同,上诉人据此行使合同的法定解除权。

3. 本案中实际发生的各种费用、损失责任应如何承担?

被上诉人相某认为上诉人某饮食公司擅自改建房屋改变住宅用途,属严重违约,18000元租赁保证金无须退还;上诉人提前解约应承担违约责任;被上诉人有权要求上诉人恢复原状,支付房屋交付前的使用费、物业费等。上诉人认为双方约定的房产租赁用途本来就是办公使用,而被上诉人没有按合同约定的用途向上诉人提供适于约定用途的房产,最终导致上诉人行使法定的合同解除权单方解除合同。此结果完全是由于被上诉人的违约行为所致,被上诉人应当承担相应的违约责任,包括双倍退还收取的租赁保证金、已收的一个月租金及因此给上诉人所造成的损失(含装修费用、中介费及相应的利息损失)。

三、案件处理

原审法院认为:原、被告签订的关于涉案房屋的《房地产租赁合同》出自双方真实意思表示,没有违反法律禁止性规定,为有效合同。其后,双方订立的《补充协议》约定将涉案房屋作办公用途,是对涉案房屋租赁用途的补充约定,并不影响原《房地产租赁合同》订立初衷是住宅使用。原告在按办公用途装修受到物业管理处阻碍后,仍可按订立租赁合同的初衷继续使用承租房作住宅,故被告不必负违约责任。2003年9月28日原告向被告发出解约通知,被告于10月1日收到也同意,至此双方已协商解除合同,所以原告需支付被告2003年9月的租金、管理费和相关税费。2003年10月1日解除合同后,原告未依约将已装修的涉案房屋恢复原状并及时交还被告,因此应向被告支付即日起至2003年12月31日交还房屋之日止占用涉案房屋期间的房屋使用金和管理费。2003年12月31日,被告向原告收取钥匙的行为应视作接收涉案房屋,其删去"房屋未恢复原状"一句为免却原告恢复涉案房屋原状的义务。由于诉讼期间原告表示拆走在涉案房屋的镶嵌物,被告也同意,原告有责任恢复原状。原告提前解约征得被告同意,所以原告未违约,被告反诉要求原告支付违约金无据。原告解除合同后继续占用涉案房屋且未依约恢复原状,被告不退还租赁保证金是合理的,更无须支付滞纳金。租赁保证金18000元则可在原告的本案欠费中扣除后退还。综上所述,依照我国《合同法》第8条、第60条第1款、第97条的规定,判决如下:(1)在本判决发生法律效力之日起20日内,被告一次性退还原告租赁保证金18000元。(2)在本判决生效之日起20日内,原告一次性支付被告从2003年10月1日起至2003年12月31日止占用涉案房屋的使用金。(3)在本判决生效之日起20日内,原告一次性支付被告代垫付从2003年10月起至2003年12月止的管理费。(4)在本判决生效之日起5日内,被告将涉案房屋交给原告,原告须在受领房屋后15日内将涉案房屋恢复原状。原告应在交还房屋时向被告计付拆除和修复期间的房屋使用金。(5)驳回原告其他的诉讼请求。(6)驳回被告其他的反诉请求。

某市中级人民法院认为原审判决认定事实清楚,但适用法律有误,应予改判。某饮食公司上诉请求相某承担赔偿责任的理由依法成立,法院予以采纳;其他上诉理由没有事实和法律依据,法院予以驳回。相某的上诉理由没有法律依据,法院予以驳回。依照我国《合同法》第94条、第96条、第97条,最高人民法院《关于民事诉讼证据的若干规定》第60条和我国《民事诉讼法》第153条第1款第2项的规定,判决如下:(1)维持某区人民法院民事判决的第一、二、三、五、六项;(2)撤销某区人民法院民事判决的第四项;(3)相某应在本判决发生法律效力之日起10日内,赔偿某饮食公司54616.91元。本判决为终审判决。

四、分析思考

(一)关于租赁房屋用途的确定问题

在本案中,《房地产租赁合同》规定房屋用途为住宅,而《补充协议》规定房屋用途为办公,由此两当事人产生了理解上的差异。某饮食公司认为补充协议是对租赁合同的变更,即将原约定的住宅用途变更为办公用途;相某则认为补充协议没有改变租赁合同约定的住宅用途,仅是在此基础上增多了可以办公的用途。实际上,根据查明的事实、上述两份合同形成的时间先后以及合同的条款文义的表述等因素综合评判,是能够合理地得出房屋用途由住宅变更为办公的结论的,即《补充协议》对原《房地产租赁合同》作出了变更,从住宅的用途改变为办公的用途。

(二) 关于合同解除问题

根据业已查明的事实,签订租赁合同和补充协议后,相某已交付房屋给某饮食公司占有、使用。某饮食公司经小区物业管理处许可,对涉案房屋进行装修。2003年9月6日,小区物业管理处向双方表示不同意该物业用于办公用途,阻止某饮食公司继续进场装修。某饮食公司为此于同年9月17日致函相某,要求相某协调解决,但相某未作回复。同年10月1日,某饮食公司通知相某解除合同,要求退回保证金、租金和赔偿损失,但相某亦未作回复。在本案中双方对房屋作为办公用途的约定,未违反法律或行政法规的强制性、禁止性规定,是有效的,双方必须遵从。小区管理处或者他人不同意该物业用于办公用途,并不能对抗双方的合同约定。由于小区管理处的阻挠,某饮食公司按约定的办公用途进行的装修未能继续完成。在此情形下,某饮食公司要求相某予以协调解决进场装修问题是合法合理的,相某不予回复是不当的。由于相某未能履行与小区管理处协调解决继续进场装修的义务,致使承租房可作办公用途的合同目的不能实现,因此,某饮食公司通知相某解除合同,符合我国《合同法》第94条第4项的规定,依法应确认该解除通知的效力。根据我国《合同法》第96条第1款的规定,合同自解除通知到达相某时(即2003年10月1日)解除。可见合同的解除,是某饮食公司无法实现合同目的而依法行使合同的法定解除权所致。

(三) 关于本案已实际发生费用及责任承担的问题

在本案中某饮食公司按约定的办公用途进行装修所发生的工程费用为56771.14元。此外,某饮食公司依约支付给相某保证金18000元、2003年9月份租金9000元和物业管理费939.60元以及该租金发票税费900元、租赁中介费9000元、电话安装工料费200元;相某支付该物业2003年10—12月份物业管理费2818.80元。综上,某饮食公司实际发生费用共计94810.74元,相某已发生费用2818.80元。根据我国《合同法》第97条"合同解除后,尚未履行的,终止履行;已经履行的,根据履行情况和合同性质,当事人可以要求恢复原状、采取其他补救措施,并有权要求赔偿损失"的规定,上述合同于2003年10月1日解除时,该合同正处在履行状态,故双方根据履行情况和合同性质,可以要求恢复原状、采取其他补救措施,并有权要求赔偿损失。由于合同已经解除,原合同违约责任等相关约定已不再具有法律效力,因此某饮食公司请求相某双倍返还租赁保证金共计36000元;相某请求某饮食公司支付违约金7200元、2003年12月份租金的违约金10800元,以及不予退还保证金18000元无法律依据。合同解除是相某未能依约提供可用于办公的房屋所致,相某应承担合同解除的责任。所以,某饮食公司主张相某承担赔偿责任于法有据,应予支持。另外,合同于2003年10月1日解除后,某饮食公司未能及时将租赁物返还相某,迟延至同年12月31日才返还,因此,某饮食公司对其迟延返还租赁物造成对方的租金收入和支付物业管理费的损失应承担赔偿责任。双方交接租赁物时,在收条上删去"房屋未恢复原状"字句,应当视为免除了某饮食公司恢复原状的义务。依据最高人民法院《关于民事诉讼证据的若干规定》第67条"在诉讼中,当事人为达成调解的目的作出的妥协、让步,不能在其后的判决中作为对其不利的依据"的规定,在调解过程中,某饮食公司表示承担拆除租赁物的镶嵌物,视为为达成调解目的所作出的妥协和让步,在调解不成的情况下,不构成其恢复原状责任。

第四部分 侵权责任法

案例一：马某、王某等诉某农林开发公司财产侵害案

——侵权责任法规定了哪些归责原则

一、基本案情

原告：马某、王某等七人

被告：某农林开发公司

2010年1月14日，某农林开发公司与某林场签订了速生林开发承包土地意向书，由某农林开发公司承包林场使用的1万亩土地种植速生林，承包期限30年。某农林开发公司所承包的以上土地均位于黄河大堤之内，属于黄河行洪河道范围。马某、王某分别于2010年5月7日、2010年5月21日代表包括上述两人在内的七人（乙方）与李某（甲方）签订土地承包合同书两份，双方约定，甲方将位于某农林开发公司速生林在内的725亩左右的土地承包给乙方耕种。合同订立后，马某等七人在该土地上的速生林间种植了棉花、大豆。2010年春天，某农林开发公司栽树期间，挖开了所谓的"生产堤"并在河床内开挖了引沟，引入黄河积水浇灌。2010年5月后，为防止黄河涨水淹没树木，某农林开发公司组织人力和机械对引沟进行了堵截。同年9月4日，黄河水上涨，冲垮了生产堤开挖处，部分林地进水，马某等七人的部分棉花、大豆被淹，经价格认定中心认定，马某等七人的损失价值为1627179元。为此，马某等七人以财产损害为由诉诸法院，要求某农林开发公司赔偿其损失。①

二、争议焦点

本案争议的焦点为侵权责任法上有哪些归责原则，本案应适用何种归责原则，以及按照不同的归责原则当事人是否应当承担责任。

侵权责任法上的"归责"，是指确认和追究侵权人的侵权责任，或者说是指

---

① 参见胡松河：《〈土地承包法〉案例解析第二十一组》，http://blog.sina.com.cn/s/blog_925346c90101feru.html，2015年7月10日访问。为了结合2009年生效后的《侵权责任法》来理解侵权责任的归责原则，这里对该文描述的案情进行了一定程度的改编。

在行为人因其行为或物件致人损害的事实发生以后，应依据何种根据使之负责，此种根据体现了法律的价值判断，即法律应以行为人的过错还是应以已经发生的损害结果，抑或以公正平等作为价值判断标准，而使行为人承担侵权责任。①归责原则是指以何种根据或基础确认和追究侵权人的侵权责任，它所解决的是侵权的伦理和正义性的基础问题。②归责原则强调行为人承担责任的依据和基础，是构建侵权责任法内容和体系的支柱，不同的归责原则确定了不同的责任构成要件和免责事由，在侵权责任法中处于十分重要的地位。根据当前关于侵权责任归责的理论学说和我国现行法律规定，法律界特别是实务界认为侵权行为之归责原则体系应包括过错责任原则、无过错责任原则和公平责任原则。其中需要指出的是，过错责任原则中包括了一般的过错责任原则和推定的过错责任原则。

某农林开发公司认为，本案是由于黄河水位上涨等不可抗力因素导致马某等七人损失的，该公司不存在主观上的过错，不构成对马某等七人的侵权，不应承担赔偿责任，"不幸事件只能由被击中者承担"。

马某等七人认为：(1) 根据有关证据，应认定某农林开发公司将自己的林地承包给了李某，李某又根据某农林开发公司的要求转包给马某等七人种植，某农林开发公司有确保种植者生产安全的义务。(2) 由于黄河历史原因，在黄河该流域已经形成了主河道并形成了两岸的生产堤。某农林开发公司开挖该生产堤违反了《河道管理条例》，具有行为的违法性。虽然某农林开发公司对开挖的生产堤处进行了填堵，但当黄河水上涨时，仅冲开了该填堵处，对此某农林开发公司具有重大过错。

马某等不服一审判决提起上诉时又诉称：某农林开发公司侵权行为系高度危险活动侵权，根据我国《侵权责任法》第 69 条的规定，"从事高度危险作业造成他人损害的，应当承担侵权责任"。因某农林开发公司开挖生产堤属于法律界定的危险作业，并且有损害后果和因果关系的存在，符合危险活动侵权的构成要件，因此某农林开发公司虽无过错仍应承担侵权责任。

另外还有一种观点认为，我国《侵权责任法》第 24 条规定："受害人和行为人对损害的发生都没有过错的，可以根据实际情况，由双方分担损失。"在本案中某农林开发公司和马某等都没有过错，但毕竟损害与某农林开发公司的行为有一定联系，应当由马某等和某农林开发公司根据公平原则分担损失。

三、案件处理

原审法院认为，本案属于一起因侵权行为引起的财产损害赔偿纠纷案。侵

---

① 参见王利明：《侵权责任法研究》（上卷），中国人民大学出版社 2010 年版，第 195—196 页。
② 参见张新宝：《中国侵权责任法》，中国社会科学出版社 1998 年版，第 42 页。

权损害赔偿民事责任一般应具备四个构成要件：一是有损害事实的存在；二是有违法行为；三是违法行为与损害结果存在因果关系；四是行为人主观上有过错。从马某等七人种植的农作物看，虽然棉花、大豆位于某农林开发公司的林地里，棉林交叉种植，但马某等七人是与李某签订的土地承包合同，李某收取了马某等七人的承包费，并未向某农林开发公司交纳。李某是在未经某农林开发公司授权的情况下，与马某等七人签订的合同，且事后未得到某农林开发公司追认。马某等七人与李某签订的土地承包合同与某农林开发公司无关。对此，某农林开发公司无过错。我国《水法》第37条第2款规定："禁止在河道管理范围内建设妨碍行洪的建筑物、构筑物以及从事影响河势稳定、危害河岸堤防安全和其他妨碍河道行洪的活动。"我国《河道管理条例》第24条规定："在河道管理范围内，禁止修建围堤、阻水渠道、阻水道路……"马某等七人种植的棉田位于黄河河道内，依上述法律规定，某农林开发公司挖沟浇树后，不管是否对河道内的挡水坝进行加固，对马某等七人棉田受损均无过错，河道内不允许修建围堤是法律规定的，且某农林开发公司浇地后，采取了一定措施，某农林开发公司浇地在先，马某等七人种地行为在后，马某等七人应当预料到河滩种地可能会被河水淹没的后果，应当采取必要的防护措施。2010年9月4日黄河涨水时，马某等七人等试图堵住挡水坝未果，可见是河水太大，淹没庄稼，并非某农林开发公司的过错造成。

综上，原审法院认为，某农林开发公司对马某等七人的财产所受损害既没有违法行为，主观上又没有过错，据此判决驳回马某等七人的诉讼请求。

二审法院经审理，驳回了马某等七人的上诉，维持原判。[①]

四、分析思考

关于侵权法上的归责原则，一般认为包括过错责任原则、无过错责任原则和公平责任原则，下文详细分析：

（一）无过错责任原则

无过错责任在理论上也称为危险责任或严格责任。杨立新教授认为，无过错责任原则就是严格责任。严格责任的"严格"，就是不考虑行为人过错，而是就行为的后果论责任。我国《侵权责任法》第7条规定："行为人损害他人民事权益，不论行为人有无过错，法律规定应当承担侵权责任的，依照其规定。"司法实践中无过错责任的成立，完全不考虑侵权人的主观过错之有无，只要证明存在加害行为、损害后果以及因果关系等客观要件即可。但对《侵权责任法》第7条

---

① 参见胡松河：《〈土地承包法〉案例解析第二十一组》，http://blog.sina.com.cn/s/blog_925346c90101feru.html，2015年7月10日访问。

所规定的"法律规定应当承担侵权责任的,依照其规定"却是严守的,即无过错责任原则的范围是法定的,主要包括产品责任、高度危险责任、环境污染责任、动物损害责任中的大部分责任和工伤事故责任。

本案中马某等七人提出某农林开发公司侵权行为系危险活动侵权,即认为某农林开发公司挖掘大堤的行为属于《侵权责任法》第九章中的高度危险作业,而要求某农林开发公司承担无过错责任。由于无过错责任有法定的适用范围,因此判定某农林开发公司挖掘大堤的行为是否属于高度危险作业成为能否适用无过错责任原则的关键。

从《侵权责任法》第九章规定看,高度危险活动包括高空、高压、易燃、易爆、剧毒、放射性、高速运输工具作业等形式。从法律规范文义解释的角度看,某农林开发公司开挖生产堤的行为不属于第九章规定的"高度危险活动"。二审法院在审理案件过程中,认为是否构成危险活动,至少有一个要素是不可缺少的,即这种活动的危险性变为现实损害的几率很大,并且超过了公认的一般危险程度。胡松河法官认为,这种概括是恰当的,原因一是符合现行法所称危险活动的共同特征;二是可以得到学术界研究成果的理论支撑;三是运用于实践之中既表明了对危险活动认定的慎重态度,又有一定的开放性。这种超过公认的一般危险程度的认定,应基于法律的规定和事实存在的客观状态。① 在本案中,某农林开发公司所承包的土地均处于黄河行洪河道范围,依照《防洪法》《水法》的规定,参照《河道管理条例》,行洪河道应为河水上涨时的泻流区域,故在行洪河道内种植物的淹没在法律上讲应是公认的一种危险。换言之,某农林开发公司的行为没有超过公认的危险程度,不属于高度危险活动。基于以上理由,二审法院认为某农林开发公司的行为不是一种法律上的危险活动,不宜按照危险活动侵权进行处理。

(二) 过错责任原则

过错责任原则(Verschuldensprinzip),也称为"过错原则"或"过失责任原则",是指除法律另有规定外,任何人只有因过错而侵害他人权益时,才需要承担侵权责任。② 过错责任原则可以分为一般的过错责任原则和过错推定责任原则两种形式。

1. 过错推定原则

所谓过错推定原则,是指损害发生以后,基于各种客观事实或条件而推定行为人具有过错,如果行为人不能通过举证推翻过错推定,即无法证明自己没有过

---

① 参见胡松河:《〈土地承包法〉案例解析第二十一组》,http://blog.sina.com.cn/s/blog_925346c90101feru.html,2015年7月20日访问。

② 参见程啸:《侵权责任法教程》,中国人民大学出版社2011年版,第60—61页。

错的,则须承担侵权责任。① 过错推定原则与无过错责任原则存在本质上的区别,因为过错推定原则仍然以过错作为侵权责任的必备构成要件,只是在法律上采取了技术化设计,根据损害事实直接在法律上推定行为人有过错,并在举证责任上实行举证责任倒置。由于过错仍然是过错推定原则下侵权责任的构成要件,因此我们认为过错推定原则实际上仍然是一种过错原则。有的学者,如杨立新教授认为,过错推定原则是一种独立的归责原则。但笔者认为,过错推定原则在本质上仍要求加害人主观上有过错,不过过错推定原则是不是独立的归责原则对司法实践的影响实质并不大。

过错推定原则适用于法律有特别规定的场合,这一点与无过错责任原则类似,因此一般将无过错责任和过错推定责任合称特殊侵权责任。从现行法律和司法解释看,过错推定原则的主要适用于《侵权责任法》第 58 条(医疗损害责任)、第 85 条(物件致人损害)等情形。从本案事实看,某农林开发公司开挖生产堤行为,应该说相应地产生了保护周边种植物不至于受到河水淹没等安全保护义务。但是,基于该行为处于法律规定的特殊区域(行洪河道),这种安全保护义务是受到限定的。其义务界限就在于能够保障黄河水在正常流量时不至于对周边种植物造成损害。当汛期来临或者黄河水上涨时,某农林开发公司负有的安全保护义务应是保证泄洪的畅通,而不是为减轻个人责任或者保护个别利益加固生产堤而危及社会公共安全。也就是说,某农林开发公司负有的义务因需保护更大利益而改变了其内容。如在黄河水正常流量之时,因生产堤的开挖导致种植物受损的,可以适用过错推定原则要求某农林开发公司承担责任。正是基于此种认识,二审法院认为,原审法院所作的"被告挖沟浇树后,不管是否对河道内的挡水坝进行加固,对原告棉田受损均无过错"的结论并不妥当,因在黄河正常流量情况下,某农林开发公司因其先前行为而负有的安全保护义务并未免除。但在黄河水上涨之时(确切讲应该是政府以及有权部门向社会宣布黄河防汛之时),哪怕并未实际发生洪涝灾害,某农林开发公司因其所负义务的改变,不应对淹没损失承担过错推定责任。②

2. 一般的过错责任原则

过错责任原则,是指以主观上存在过错作为侵权人承担侵权责任的基础和标准的归责原则。在一般的过错归责原则中,由受害人举证证明侵害人存在过错。一般意义上理解,过错是行为人对自己的行为及其后果的主观心理状态,是一种主观概念。但就过错的判断标准来讲,对于故意一般仍采取主观判断标准,

---

① 参见王成:《侵权责任法》,北京大学出版社 2011 年版,第 44 页。
② 参见胡松河:《〈土地承包法〉案例解析第二十一组》,http://blog.sina.com.cn/s/blog_925346c90101feru.html,2015 年 7 月 10 日访问。

即行为人预见自己行为的结果，仍然希望它发生或者听任它发生的主观心理状态。对于过失，一般也认为是行为人因疏忽或轻信而未达到应有的注意程度的一种不正当或不良的主观心理状态，但在判断标准上，采取了客观化判断标准，即行为人是否尽到了应尽的注意义务。

那么本案中某农林开发公司是否存在过错？从案件事实看，我们很容易排除某农林开发公司对种植物的淹没后果存有故意，实际上马某等七人在一、二审的诉辩中也均未提及。某农林开发公司是否存在过失呢？如上文所言，判定行为人是否存在过失主要看其是否违反了注意义务。实践中关于注意义务的客观标准通常有三个层次：其一为普通人的注意；其二为应与处理自己事务为同一义务；其三为善良管理人的注意，即罗马法中所称的"善良家父之注意"。这三个标准是逐一提高的，因此其过失程度也分别对应着重大过失、具体轻过失和抽象轻过失。除非立法上对侵权构成要件有特别的过错程度要求，一般情况下，只要构成轻过失即可构成侵权。因此，此案中采用普通人之注意即可，对某农林开发公司的行为无须更高的专业技术要求。如果能够判断某农林开发公司达到了普通人之注意义务标准甚至更高注意义务标准，则其无过失。

综合本案事实看，马某等七人耕种的作物在某农林开发公司所种植的片林间；某农林开发公司承包了包括马某等七人承包的725亩土地在内的1万余亩土地种植片林，其投入明显大于马某等七人，某农林开发公司为维护自身利益的注意应当高于马某等七人；某农林开发公司为防止自己的片林被淹，对开挖的生产堤进行了堵截；在黄河正常流量时，某农林开发公司保持其开挖堵截处未被黄河水冲毁，根据以上事实我们能够判定，某农林开发公司在处理他人事务时就像在处理自己事务一样，尽到了与处理自己事务的同一注意，当然也就尽到了普通人的注意义务，因此某农林开发公司主观上不存在过失。因为某农林开发公司主观上不存在过错，所以不适用一般过错责任原则。

（三）公平责任原则

所谓公平责任，是指在当事人双方对造成损害均无过错，但是按照法律的规定又不能适用无过错责任的情况下，由人民法院根据公平观念，在考虑受害人的损害、双方当事人的财产状况及其他相关情况的基础上，判令加害人对受害人的财产损失予以适当补偿。

《侵权责任法》第24条规定："受害人和行为人对损害的发生都没有过错的，可以根据实际情况，由双方分担损失。"《侵权责任法》的这一规定，确定了公平责任是我国侵权行为归责体系一个独立原则。关于这一认识，学术界有不同观点，有的学者认为《侵权责任法》第24条并不是规定公平责任原则就是一个归责原则，而是一种损失分担规则，而且其调整的不是严格意义上的侵权行为；同时，实践中双方当事人都无过错的损害并非一律适用这个原则。日本学者小口彦太教授认为,我国侵权法上的公平原则规定不是体现市民法原理而是体现着社会法原理,不是体现个人主义而是集体主义,其目的不是维护当事者的权利与义务,而是起到稳定社会的作用,他认为应当将公平责任置于社会法而不是侵权法的范畴。同时,该条款也赋予了人民法院衡平法意义上的权力,而这一权力是基于公正和衡平观念而行使。

本案证据明显证实,李某没有取得对本案涉及土地的使用权。李某没有取得该块土地的使用权证,李某也不是某农林开发公司的工作人员,该公司也未委托或授权李某发包该土地的承包经营权。另外,签约时李某根本未宣称或出示(实际亦未在审理中提供)诸如代理证书、单位印章甚至空白合同以及其他可作为宣称依据的文书或物件。因此,本案中李某的行为也不构成表见代理。从本案证据看,马某等七人承包土地并种植作物后,某农林开发公司曾安排人员前去制止并与李某进行协商,但未果。同时,从协议履行过程中看,承包费权利人实际也是李某,马某等七人是将承包费直接交给李某,李某亦未将承包费交给某农林开发公司。

综合以上分析和案件证据,可以发现马某等七人实际上是在未经事前同意或事后追认的情况下在某农林开发公司享有合法权益的土地上种植作物,严格意义上说马某等七人对某农林开发公司构成侵权。在某农林开发公司对马某等7人的损害无过错的情况下,综合全部案情看损害由马某等七人承担更符合公平正义的观念。相反,在侵权行为人实施侵权行为的过程中,非因被侵权人的过错而导致的损失若由被侵权人来分担,则明显有违公平正义观念。因此,在未经许可在某农林开发公司享有合法权益的土地上种植作物情况下,马某等七人非因某农林开发公司过错遭受的损失,不应由某农林开发公司分担。

从马某等七人的诉求及其上诉理由看,该案涉及侵权责任归责原则与归责原则体系的各个方面,是一起典型的侵权损害赔偿案件,需要裁判者从现有侵权归责理论的成果甚至适法价值的选择中作出结论。

案例二：李某诉吴某等隐私权侵权案

——从本案看侵权责任的构成要件

一、基本案情

上诉人（原审被告）：吴某等

被上诉人（原审原告）：李某

原告与被告系邻居关系，分别居住于本市××区×××村××号402室及401室，两室左右相邻，室外有一公用北阳台，原告房门在公用阳台南侧，朝向为北，被告房门在公用阳台东侧，朝向为西。2010年7月16日，被告在其房屋房门外上方及南阳台上方外墙处各安装了一个监控摄像头并连接至家中电脑，上述摄像头监控范围包括原告南阳台外侧、双方公用的北阳台以及楼梯走道。

原告认为：被告安装摄像头后，原告在公用部位的进出以及晾晒衣服的情况，被告都能看到，被告的行为侵害了原告的隐私权，现要求被告拆除探头。

被告认为：涉案两只摄像头无论从安装位置、成像效果、拍摄功能及角度均无法窥视到原告的个人隐私，也未占用到公用部位，被告行为不构成侵权。在被告安装摄像头之前，被告门前公用楼道经常出现污物，严重影响被告日常生活，经与原告交涉，原告否认系其所为，向居委反映，也因无法明确肇事者而未能解决，原、被告之间为此经常争吵。被告安装摄像头后，曾经拍摄到原告从其家中抛出污物的行为，原告提起本次诉讼，是出于报复和心虚。另外，小区内管理不善，经常发生盗窃事件，被告安装摄像头是一种自助救济行为，对原、被告均是有利的，故不同意原告诉讼请求。

本案事实有下列证据证明：（1）原、被告各自陈述及原告提供的照片；（2）该楼所属居民委员会证明；（3）被告提供的监控影像及照片等证据材料。

二、争议焦点

从当事人的诉讼理由看，本案关键是确定是否构成隐私权侵权，而是否构成侵权则要看本案是否符合侵权责任的构成要件，更进一步来说，隐私权侵权属于一般侵权责任，因此要看是否符合一般侵权责任的构成要件。从侵权责任构成要件的角度看，本案有以下关键问题需要回答：

1. 相邻公用部位是否存在隐私权？

本案中涉及的公用部位既非以家庭和住宅为核心的个人自主空间，也不属于可供不特定人随时出入的完全开放性公共空间，实际上它应属于一种特殊空间——"半公共空间"。随着社会的发展和进步，隐私权已经走出了传统的家庭和住宅的局限，在公共场所或半公共空间同样有隐私存在。尽管公共场所或者半公共空间较其他私密场所而言，公民对隐私的期待有所不同，但身处上述场合中的人们仍不丧失其对隐私、安全、尊严等价值的追求权利。

2. 在相邻公用部位安装摄像头是否构成对他人隐私权的侵犯？

实际上隐私更多时候表现为人们对于自身信息的控制。本案中，原告在被告摄像头长时间有计划、有目的地注视的状态下，其所愿意展露的部分已难以完全受其控制，这使得原告因此而丧失对自身信息的选择暴露权和控制权。侵害信息的本质也就是侵害隐私。隐私侵害行为，或表现为对私人信息的散布，或表现为对私人空间的侵扰，或表现为对私人活动的不当刺探和干预。

有人提出，即使没有摄像头，被告通过自家门上的"猫眼"或者干脆搬把椅子坐在自家门口同样可注视到整个公用部位的情况，难道说这也侵害了原告隐私么？如果现实确如假设的发生，我们认为被告这一"注视"也只可能是短暂的，况且被观看后留在他脑海中的记忆嗣后会慢慢消退，逐渐模糊。然而，摄像机镜头进行的是24小时持续的观察和清晰的记录，且这种记录经久不衰，多年以后仍能清晰地再现和放大，因而对人们的隐私权构成巨大威胁。

3. 个人信息知情权与他人隐私权的冲突

本案一、二审判决理由部分均未认定被告安装摄像头的行为与公共利益相关，应当说这一认定是毫无疑义的。假使本案被告以知情权来抗辩原告诉请，结果又如何呢？

本案被告安装摄像头用来防盗、防止他人乱丢垃圾可看作是在行使知情权，而本案原告个人信息的控制和个人生存尊严也应当得到实现，其应当享有拒绝、排斥任何未经法律允许的监视、窥探和防止个人私生活秘密、个人信息被披露的权利。正所谓任何一种权利的运用都需要有合理的制约，否则就会造成权利的滥用。本案中被告安装摄像头的行为，既非出于重大社会公共安全或者公共利益的考虑，其实施摄像监视所能达到的自身利益也无法高于被摄像监视之原告的人格尊严。因此，被告的自助救济超出了合理限度，构成对原告隐私权的侵犯。

三、案件处理

一审法院经审理认为：民事活动应当尊重社会公德，不得损害社会公共利益及他人的合法权益。本案被告安装的监控摄像头，其监控范围属公共及公用区域,包括与原告日常生活有密切联系的公用部位,被告的上述行为足以侵害到原告的隐私权。且被告通过上述监控摄像头所采集的信息系为个人所用,对公共利益无益,同时也不利于邻里之间的团结和睦。故本案原告作为最密切受侵者要求被告拆除涉案监控摄像头,符合事实及法律规定,法院予以支持。据此,依照我国《民法通则》第7条以及《侵权责任法》第2条、第3条、第15条的规定,判决被告吴某等应于本判决生效之日起五日内拆除涉案监控摄像头。

二审法院经审理认为:本案争议焦点在于上诉人吴某等安装的摄像头是否侵犯被上诉人李某的隐私权。经查,本案所涉摄像头的监控范围包括被上诉人的南阳台外侧、双方公用的北阳台及走廊,所涉区域均与被上诉人日常生活密切相关。上诉人称其安装摄像头的行为属自助救济,意在保护公共利益,防范乱扔垃圾、盗窃等行为。二审法院认为,自助救济应在合理限度内,且不得损害他人合法权益和社会公共利益。综合本案事实,二审法院认为上诉人的行为已超出合理限度,并侵犯了被上诉人的隐私权。原审法院判决并无不当,二审法院予以维持。上诉人的上诉请求,依据不足,二审法院不予支持。但需指出的是,本案双方当事人作为邻居,在日常生活中应相互尊重、和睦相处,不做影响他人生活秩序和环境卫生的事情,共同维护和谐的社会秩序。二审法院依照我国《民事诉讼法》第153条第1款第1项之规定,判决驳回上诉,维持原判。

四、分析思考

(一) 侵权责任构成要件的概念及其不同学说

侵权责任的构成要件是指承担侵权责任的各种作为必要条件的因素,即行为人承担侵权责任的条件,也就是判断行为人是否构成侵权的标准。我们不能仅凭损害事实就对行为人归责,如同刑法上不能仅凭死亡就判刑一样,责任的确立应当依据一定的标准来判断。侵权责任的构成要件与归责原则具有密切联系,归责原则是确立责任构成要件的基础和前提,有什么样的归责原则就有什么样的构成要件与之对应。例如,在过错责任原则中,过错是侵权责任的构成要件;而在无过错责任原则中,过错不是侵权责任的构成要件。我国侵权责任法中,归责原则不仅确立了侵权责任类型而且确认了不同侵权责任类型的构成要件。根据归责原则,我国侵权法上一般将侵权责任的构成要件区分为一般构成要件和特殊构成要件。一般侵权责任的构成要件是指在一般侵权行为中,适用过错责任原则时,认定责任的成立所应当满足的必要条件。这里的一般侵权行为主要是指因为侵害人自己的过错加害造成损失,主要承担赔偿损失和恢复原状责任的侵权行为。[1] 特殊侵权责任的构成要件是指在特殊的侵权形态中,适

---

[1] 参见张新宝:《侵权责任法》,中国人民大学出版社2010年版,第28页。

用于过错推定责任、严格责任和公平责任案件中的责任构成要件。各类特殊侵权责任的构成要件并不完全相同,没有统一的构成要件,其构成要件一般由法律特别规定。

对于一般侵权责任的构成要件,理论上一直存在三要件说和四要件说的争论。三要件说主张侵权责任的一般构成要件包括过错、损害事实、行为与损害事实之间的因果关系(法国民法持这种观点)。持三要件说的学者认为,在我国《民法通则》第106条第2款和《侵权责任法》第6条第1款等规定过错责任原则的条文中并未出现"不法"等字样,而且违法性概念可以涵括于过错的概念之中,违反法定义务本身就构成过错。四要件说主张侵权责任的一般构成要件包括违法性、损害事实、因果关系和过错(德国民法持这种观点)。三要件说与四要件说的区别主要在于违法性是否应当作为侵权责任的一般构成要件。最高人民法院的司法解释也没有一般性地明确是采取三要件说还是四要件说,但在一项专门解释中似乎表明其接受四要件说。《最高人民法院关于审理名誉权案件若干问题的解答》之七指出,认定名誉权侵权应当考虑以下几方面:(1)被侵权人确有名誉被侵害的事实;(2)行为人的行为违法;(3)违法行为与损害之间有因果关系;(4)行为人主观上有过错。考虑到我国民法的德国法传统、《侵权责任法》的规定和最高人民法院的相关司法解释及我国民法学界多数学者的主张,笔者认为侵权责任的一般构成要件应采取四要件说。

(二) 违法行为

行为的违法性是构成侵权责任的第一个要件,行为人只对违法行为承担责任。我国《侵权责任法》第6条第1款虽然没有明确规定违法行为要件,但该法第2条规定了"依照本法",第5条规定了"依照"其他法律等内容。杨立新教授认为违法行为具有以下特征:第一,违法行为是个人或社会组织的一种特定的活动。第二,违法行为是达到法定年龄的,从而有责任能力,能够认识、控制自己行为的人及具有法人资格的社会组织的行为。第三,违法行为是违反法律要求的行为,包括有某种特定义务而不履行、滥用权利、违反法律禁止等。第四,行为人主观上有故意或过失。[①]

在违法行为之违法性的鉴别上主要采取以下三点:

第一,违反法定义务。主要是指绝对权的义务人违反其不可侵义务,如非所有权人非法占有甚至据为己有的行为,就违反了基于所有权而产生的法定义务。

第二,违反以保护他人为目的的法律。法律有时候会直接规定对某种权利或利益的特别保护,违反这种法定义务具有违法性。

第三,故意以违背善良风俗的方式加害他人。也就是说,行为上不是明显的

---

① 参见杨立新:《侵权损害赔偿》,法律出版社2010年版,第84页。

违反法定义务或者违反以保护他人为目的的特别法律,但该行为是故意违反社会公德或善良风俗而加害他人的,仍然具有违法性。

具体到本案,本案被告安装的监控摄像头,其监控范围属公共及公用区域,似乎没有明显地违反法定义务和保护他人的法律,没有明显地侵犯隐私权,不具有违法性。但是,该监控摄像头的监控范围包括与原告日常生活有密切联系的公用部位,超过了社会公众认可的合理限度,与邻里团结和睦互信互助等善良风俗明显相违背,且被告通过上述监控摄像头所采集的信息系为个人所用,也不符合社会公德。因此,被告在本案中安装监控摄像头的行为具有明显的违法性。

(三) 损害事实

损害也称损害后果,是指被侵权人一方因他人的加害行为或物的内在危险之实现而遭受的人身、精神或财产方面的不利后果。损害事实的客观存在是构成一般侵权责任的另外一个要件。各国或地区立法上基本都没有对损害下定义,损害的概念大多由学者们给出。我国台湾地区学者王泽鉴先生认为损害"系指权利或利益受到侵害时所生之不利益。易言之,损害发生前之状态,与损害发生后之情形,而相比较被害人所受之不利益,即为损害之所在"①。我国侵权责任法上的损害有广义和狭义之分,狭义的损害是指财产损失,即《侵权责任法》第15条规定的责任形式中所说的"赔偿损失";广义上的损害既包括财产损失也包括人身伤害事实和精神损害,我国《侵权责任法》第26—31条规定的就是广义上的损害。损害一般应当为存在现实依据的"不利后果",但法律另有规定的除外,即使实际损害尚未出现,也认为存在法律上的损害,即侵权责任的构成不以实际损害已经出现为要件。损害后果虽然尚未实际发生,但已使他人人身、财产受到现实威胁或者妨碍的,受到此等现实威胁或妨碍的人得请求停止侵害、消除危险、排除妨碍。作为侵权责任法上的损害后果,应当具有以下特征:(1) 损害时侵害合法民事权益所产生的对被侵权一方人身或财产不利的后果;(2) 这种损害后果在法律上具有救济的必要性和可能性;(3) 损害后果应当具有客观真实和确定性。②

结合本案看,被告安装摄像头后,原告在公用部位的进出以及晾晒衣服的情况,被告都能看到,让原告产生了一种不安全感,有一种被监视的感觉,已经产生了一种精神上的痛苦,这对原告而言是一种精神方面的不利后果。因此,本案中存在客观的精神损害。

(四) 因果关系

因果关系是指他人的加害行为或者物的内在危险之实现与损害之间的内在

---

① 王泽鉴:《不当得利》,中国政法大学出版社2002年版,第22页。
② 参见张新宝:《侵权责任法》,中国人民大学出版社2010年版,第31页。

关系。① 在因果关系的判断理论上，主要有条件说、相当因果关系说、法规目的说等。条件说认为，凡是对损害后果之发生起重要作用的条件行为，都是该损害后果的法律上的原因。相当因果关系说也称充分原因说，对相当因果关系的判断一般分为两个步骤：第一，事实上的因果关系判断，王泽鉴先生称其为"条件关系"的判断，也就是审究其是否存在条件上的因果关系；第二，是法律上因果关系的判断，王泽鉴先生将其称为对"条件之相当性"的认定。我国台湾地区学者王伯琦对相当因果关系总结为："无此行为，虽不必生此损害，有此行为，通常足生此种损害是为有因果关系。无此行为，必不生此种损害，有此行为，通常亦不生此种损害者，即无因果关系。"② 法规目的说认为，行为人对行为引发的损害是否应当承担责任，并不是要探究行为与损害间有无相当因果关系，而是应当探究相关的法规的意义和目的。

20 世纪八九十年代，在侵权法因果关系问题上，我国理论与实务界采取了较为陈旧、落后的"必然因果关系说"，该说混淆了法律因果关系说和哲学因果关系说，不适当地限制了侵权责任的成立及赔偿范围，非常不利于维护被侵权人的合法利益。20 世纪 90 年代以后我国学者主张引入德国的相当因果关系说，目前该学说渐渐受到实务界重视，为越来越多的法院所接受。③

结合本案看，被告安装监控摄像头的行为与原告的精神损害之间具有相当因果关系。第一步，在条件关系的判断上采取的是"若无，则不"(but-for)的认定检验方式，也就是"无此行为，必不生此种损害"。很显然，若没有被告安装摄像头的行为，就不会有原告精神上的痛苦和损害，两者之间具有条件因果关系。第二步，对因果关系相当性的判断，其判断标准是，有此行为，通常足以生此种损害的，具有相当性；有此行为，通常亦不生此种损害者，不具有相当性。显然一般人处于被监控状态都会产生某种隐私被窥视的不安全感和精神上的某种不适应感，可见被告安装监控摄像头的行为与原告的精神损害具有相当性，构成相当因果关系。

（五）过错

对于侵权责任法上的过错是主观的还是客观的，存在主观过错说和客观过错说的争论。主观过错说认为，过错是行为人主观上应受非难的一种心理状态；客观过错说认为，过错不是行为人主观上应受非难的一种心理状态，而是"任何与善良公民行为相背离的行为"，过错是对事先存在的义务的违反。④ 我国大多数学者采取了折中的态度，即认为过错是一种主观的心理状态，但在

---

① 参见张新宝：《侵权责任法》，中国人民大学出版社 2010 年版，第 33 页。
② 转引自王泽鉴：《侵权行为法》，中国政法大学出版社 2001 年版，第 191 页。
③ 参见程啸：《侵权责任法教程》，中国人民大学出版社 2011 年版，第 81 页。
④ 参见杨立新：《侵权损害赔偿》，法律出版社 2010 年版，第 108 页。

过错的判断上采纳客观的判断标准即注意义务的违反。过错的形态包括故意和过失。

本案中被告很明确地表达了安装摄像头是为了自力救济的想法,可见被告非常明显地认识到安装摄像头会产生的后果,因此被告主观上构成故意。

综合以上分析,被告的行为符合一般侵权责任的构成要件,构成隐私权侵权。

案例三：尤某诉李某机动车交通事故侵权案

——交通事故中特殊主体的责任

一、基本案情

原告：尤某

被告：李某

2010年3月15日19时许，尤某驾驶电动自行车时，不慎与对向行驶的由李某驾驶的货车相撞，当场死亡，电动自行车损毁。经交警部门认定，李某酒后驾驶货车行经肇事路段时未保持安全车速，未注意路面行人、车辆动态，没有在确保安全的情况下驾车通行，是造成本起事故的主要原因，应负本起事故的主要责任。尤某驾驶电动自行车，违反右侧通行的规定逆向行驶，是造成事故的次要原因，应负本起事故的次要责任。尤某家属根据交警部门的责任认定要求李某赔偿损失，具体损失包括死亡赔偿金、精神损失费、被抚养人生活费、电动自行车损失费等共计25万余元。因具体赔偿数额等赔偿问题无法达成一致而发生纠纷，尤某家属遂向人民法院提起诉讼，请求李某承担侵权赔偿责任。后经律师调查后查明事实如下：案发时货车的登记所有人为刘某，但刘某在案发前已将该货车转让给张某，只是未办理过户手续，李某是张某雇用从事运输业务的司机，事故发生系由李某酒后驾车导致，事故车辆未投保交强险。

二、争议焦点

本案争议焦点为侵权责任主体应当如何确定；如果存在数个责任人，责任应当如何分担。在该案中原告起先以直接造成损害的司机李某为被告提起诉讼，在律师就案件有关事实进行调查以后又追加雇佣人张某和货车的登记所有人刘某为被告。被告李某辩称自己仅为受雇司机，根据法律规定应由雇主承担责任；被告张某辩称自己并非货车的登记所有人，且事故由李某造成，应由李某或刘某承担责任；被告刘某则辩称自己虽为该肇事货车名义上的登记所有人，但事实上已将该货车转让给张某，并有买卖合同和相关证人作为证明。

狭义上的侵权行为是自己的加害行为，即行为人自己实施的侵害他人民事权益的行为，由行为人自己承担责任。另外有一类侵权行为称为准侵权行为，是指行为人对自己的物件或他人的举动或行为承担责任,换言之有可能出现某人事实上实施了侵害他人权益的行为,但侵权责任并不由其承担,而由其他人承担的特殊情形。在侵权责任的主体认定上以加害人自己承担责任为原则,他人替代承担责任为例外,因此,《侵权责任法》第四章专门规定了"关于责任主体的特殊规定"。

三、案件处理

人民法院经过审理认为,该案是一起典型的机动车交通事故责任,符合侵权责任的构成要件:一是损害事实存在,该交通事故造成尤某死亡、电动自行车损毁;二是有违法行为,李某违反了我国《道路交通安全法》第22条第2款关于机动车驾驶人饮酒不得驾驶机动车的规定;三是存在因果关系,从交警部门的责任认定上看,正是李某违反交通法规酒后驾驶的行为导致了该交通事故,造成了尤某的死亡和财产损失;四是行为人主观上有过错,从主观上看李某酒后驾驶的行为具有明显的主观过错。本案的特殊之处在于我国侵权责任对于责任主体的特殊规定。我国《侵权责任法》第35条规定:"个人之间形成劳务关系,提供劳务一方因劳务造成他人损害的,由接受劳务一方承担侵权责任。提供劳务一方因劳务自己受到损害的,根据双方各自的过错承担相应的责任。"《侵权责任法》第50条规定:"当事人之间已经以买卖等方式转让并交付机动车但未办理所有权转移登记,发生交通事故后属于该机动车一方责任的,由保险公司在机动车强制保险责任限额范围内予以赔偿。不足部分,由受让人承担赔偿责任。"《最高人民法院关于审理人身损害赔偿案件适用法律若干问题的解释》第9条第1款规定:"雇员在从事雇佣活动中致人损害的,雇主应当承担赔偿责任,雇员因故意或重大过失致人损害的,应当与雇主承担连带赔偿责任。"机动车必须投保交强险,是法律的强制性规定。被告张某作为肇事车车主,未按照法律规定投保交通事故责任强制险,是不履行法定义务的行为,致使原告无法直接向保险公司主张权利,故被告张某应在交强险责任限额范围内先行承担强制保险的赔偿限额;超出赔偿限额的部分才由李某与张某承担连带责任。

综上,人民法院认为,尤某的死亡和财产损失等各项损失包括死亡赔偿金、精神损失费、被抚养人生活费、电动自行车损失费等共计25.34万元,应由张某在交强险范围内先行向原告承担12万元的损害赔偿责任,其余13.34万元由李某和张某承担连带责任。

四、分析思考

(一)关于侵权案件中的特殊责任主体

我国《侵权责任法》第四章专门对责任主体作出了特殊规定,从第四章的规定看,特殊的责任主体其"特殊"之处表现在两个方面。一方面,为他人的侵权行为承担责任,往往也称"替代责任"。民法上一般以自己责任为原则,所谓自己责任就是指因为自己的行为致他人损害的,行为人应当对自己的行为负责,包括对自己的行为负责和对自己的物件致使他人损害负责,这是人格独立、意思自治和责任自负的体现,既能惩罚有过错的行为人,又能维护个人行为自由。替代责任,也称转承责任(vicarious liability),它是指在某些特殊情况下,因某人的行为致人损害以后,依法由行为人之外的人负担赔偿责任的行为。替代责任是一种责任承担上的例外,责任承担者对侵权行为人往往存在监护、选任、管理、服务等关系或者对受害人存在安全保障义务,因此由其承担责任。我国《侵权责任法》第四章规定了监护人责任、用人者责任、互联网上的侵权责任、违反安全保障义务的责任、教育机构的侵权责任等替代责任。另一方面,表现为在特定条件或特定环境下的侵权。《侵权责任法》对此主要规定了两种,第 33 条规定:"完全民事行为能力人对自己的行为暂时没有意识或者失去控制造成他人损害有过错的,应当承担侵权责任;没有过错的,根据行为人的经济状况对受害人适当补偿。完全民事行为能力人因醉酒、滥用麻醉药品或者精神药品对自己的行为暂时没有意识或者失去控制造成他人损害的,应当承担侵权责任。"第 36 条规定了利用网络实施的侵权。前者的特殊之处在于一般情况下无意识的行为不具有法律效力,本不应构成侵权,但这种无意识的状态是由于当事人自己的过错造成的除外;后者的特殊之处在于运用了网络这一虚拟的环境或手动实施侵权,与现实中侵权存在明显不同。

  本案中肇事司机李某虽有酒后驾驶的情况但并未达到《侵权责任法》第 33 条第 2 款规定的"因醉酒、滥用麻醉药品或者精神药品对自己的行为暂时没有意识或者失去控制"的程度,因此不适用第 33 条。李某违反了我国《道路交通安全法》第 22 条第 2 款的规定:"饮酒、服用国家管制的精神药品或者麻醉药品,或者患有妨碍安全驾驶机动车的疾病,或者过度疲劳影响安全驾驶的,不得驾驶机动车。"因此,李某仍然构成侵权。本案的特殊之处在于李某虽为侵权人但侵权责任并不完全由李某承担,李某仅仅为该肇事车辆的受雇司机,而非车主,因此,本案需适用《侵权责任法》第 35 条的规定,即由雇主为受雇司机承担侵权责任。与此同时,根据《最高人民法院关于审理人身损害赔偿案件适用法律若干问题的解释》第 9 条第 1 款,本案中司机李某具有重大过失,应与雇主承担连带责任。

  本案中还有一个特殊之处就是该肇事货车的名义登记人和事实所有人并不一致,那么根据《侵权责任法》第 35 条,接受劳务一方到底是登记名义人刘某还是事实所有人张某?现实生活中进行了车辆买卖但未办理过户登记的不在少数,在发生交通事故的情况下应由受让人还是车辆的名义登记人承担责任值得探讨。在交通事故中承担损害赔偿责任的主体不是车辆的登记所有人,而是能够支配车辆运行并从车辆运行中实际获取利益的人。本案中,刘某将车辆转让给张某,是否办理过户手续系双方车辆买卖合同中的问题,与事故车辆交付后发生的交通事故没有任何因果关系。刘某交付车辆后,即不能支配车辆的行驶和营运,也不能从车辆的行驶和营运中获得任何利益,其仅为登记车主,对事故车辆发生道路交通事故造成的损害不承担赔偿责任。为了解决受让人与登记名义人不一致的问题,我国《侵权责任法》第50条规定:"当事人之间已经以买卖等方式转让并交付机动车但未办理所有权转移登记,发生交通事故后属于该机动车一方责任的,由保险公司在机动车强制保险责任限额范围内予以赔偿。不足部分,由受让人承担赔偿责任。"本条规定了在受让人与登记名义人不一致的情况下,首先由保险公司在机动车强制保险责任限额范围内予以赔偿,不足部分由受让人承担。但由于本案中肇事车辆并未办理交强险,不存在由保险公司在交强险范围内承担责任的问题,应由受让人张某承担责任。

综上,张某作为肇事车辆的受让人和司机李某的雇主,为接受劳务的一方,应当与具有过错的肇事司机李某承担连带责任,任何一方均有义务承担死亡赔偿金、精神损失费、被抚养人生活费、电动自行车损失费等损害赔偿义务。

(二)未办理"交强险"是否影响本案中侵权责任的承担?

在本案中可以引申的问题是车辆未办理交强险,是否可以认定车辆的登记所有人刘某或受让人张某具有过错?未办理交强险对本案处理有无影响?

机动车交通事故责任强制保险,简称交强险,是由保险公司对被保险机动车发生道路交通事故造成本车人员、被保险人以外的受害人的人身伤亡、财产损失,在责任限额内予以赔偿的强制性责任保险,属于责任保险的一种,其投保带有非自愿的强制性。根据《机动车交通事故责任强制保险条例》的规定,在中华人民共和国境内道路上行驶的机动车的所有人或者管理人都应当投保交强险,"机动车所有人、管理人未按照规定投保机动车交通事故责任强制保险的,由公安机关交通管理部门扣留机动车,通知机动车所有人、管理人依照规定投保,处依照规定投保最低责任限额应缴纳的保险费的2倍罚款"。

从以上规定看,交强险在投保上具有强制性,机动车所有人、管理人有办理交强险的法定义务,显然本案中车辆的登记所有人刘某或受让人张某违反了法定义务,需要承担相关责任。从以上法律规定看承担的是行政责任,即扣留机动车和罚款。在私法领域建立交强险制度旨在使道路交通事故受害人获得及时有效的经济保障和医疗救治,而且有助于减轻交通事故肇事方的经济负担。因此,车主未办理交强险的,学理上和实务上一般都主张根据《机动车交通事故责任强制保险条例》的精神,由具有交强险投保义务的人在交强险范围内先行承担责任。但本案中并不能因未办理交强险而加重张某的责任,也不应因此使得刘某成为交通事故的责任人。

案例四:钟某娣等诉钟某祥等交通事故侵权案

——无意思联络的数个侵权人应承担连带责任还是按份责任

一、基本案情

上诉人(原审第一被告):钟某祥
上诉人(原审第二被告):李某某
上诉人(原审第四被告):中国大地财产保险股份有限公司某市中心支公司
原审第三被告:某市兆达出租汽车公司
被上诉人(原审原告):钟某娣、殷某

广东某市某区人民法院经审理查明:2010年5月26日1时35分许,第一被告钟某祥驾驶的车主为第三被告某市兆达出租汽车公司的××号轿车从三栋方向往河南岸方向行驶,途经河南岸路金山湖市场路段时,与横过公路的行人殷某发发生碰撞,造成殷某发受伤。交通事故发生后,某市公安局交警支队江南大队进行了调查,并作出交通事故认定书,认定:第一被告钟某祥负事故全部责任;殷某发不负事故责任。2010年5月26日3时10分许,殷某发被诊断为:右股骨颈基底部粉碎性骨折。住院期间,第二被告李某某(钟某祥的妻子)在没有医务人员在场,也没有征询医务人员意见的情况下喂殷某发吃饭。因喂食过急,致使其突然出现呼吸道堵塞,无法正常呼吸,经抢救无效死亡。某市公安局交警支队江南大队委托某市公安局刑事科学技术研究所对殷某发的死因进行鉴定。该所于2010年6月10日作出《法医学尸体检验报告书》,结论为死者殷某发系哽死。

原告钟某娣(殷某发的妻子)、殷某(殷某发的儿子)诉称,2010年5月26日1时35分许,第一被告钟某祥驾驶轿车从三栋方向往河南岸方向行驶,途经河南岸路金山湖市场路段时,与横过公路的行人殷某发发生碰撞,造成其右股骨骨折等伤情。治疗期间,第一被告委托第二被告照顾殷某发,由于殷某发伤情重加之护理不当致其于第二天死亡。原告认为殷某发的死亡是第一、第二被告双方的共同过错行为所致。据此第一、第二被告应对殷某发的死亡后果承担连带赔偿责任,向原告支付赔偿金148393.5元。第三被告是第一被告的雇主,第一被告是在从事雇佣活动中致人损害的,而且第三被告是肇事车的车主,第三被告应与第一被告对本案的民事责任承担连带赔偿责任。第四被告对第三被告向其购买的保险在保额范围内向原告承担支付赔偿金的责任。为此,请求人民法院依法判令:(1)第一、二、三被告因交通事故造成殷某发死亡应向原告赔偿经济损失人民币148393.5元,并由上述三位被告承担连带赔偿责任;(2)第四被告在第三被告向其购买的强制保险限额范围内向原告支付赔偿金,在第三被告向其购买的保险单第三者责任险50万元保额内向原告支付赔偿金;(3)本案诉讼费用由上述被告共同承担。

二、争议焦点

本案当事人争议的焦点是殷某发的死亡是护理喂食行为造成的,还是交通事故肇事行为和护理喂食行为共同造成的;如果是共同造成的,造成损害的各方是承担连带责任还是按份责任。针对原告的诉讼请求,各被告提出了辩解。

第一被告钟某祥辩称:(1)对交通事故的事实没有异议,对交通事故造成受害人的损害愿意按《道路交通安全法》的相关规定进行赔偿;(2)其购买了强制保险,根据《道路交通安全法》的规定,保险公司应在其保险责任限额内承担责任,应由第四被告在保险限额范围内向原告进行赔偿;(3)原告计算的赔偿标准过高,受害人是农村户口,原告按城市户口计算赔偿数额过高。

第二被告李某某辩称:(1)本案属于交通事故损害赔偿纠纷,其不是交通事故的当事人,被告主体不适格,无须对殷某发的死亡承担责任;(2)殷某发是轻微的受伤,第二被告给殷某发喂饭的过程中,殷某发身体状况正常,并无异常,第二被告本身的行为也没有违反医院的任何规定;(3)第二被告发现殷某发吃饭有被噎的情况,已经立刻向医院报告,医院也立即对其进行抢救,第二被告已经履行了注意义务,没有过错。综上所述,第二被告对殷某发的死亡没有任何过错,无须对其死亡承担任何责任。

第三被告某市兆达出租汽车公司辩称:(1)根据鉴定的结论,殷某发的死亡结果是哽死,而医院的资料显示殷某发受伤仅是发生骨折。两者之间无因果联系。(2)交通事故赔偿责任主体应为保险公司。(3)殷某发哽死的法律事实,使其赔偿责任不应由第三被告承担。

第四被告中国大地财产保险股份有限公司某市中心支公司辩称:本案的受害人殷某发死亡的原因不是交通事故所导致,对本案原告所提起的各项诉讼请求不予赔偿。

三、案件处理

广东某市某区人民法院一审审理认为:本案殷某发的死亡系交通事故肇事

行为和护理喂食行为间接结合共同造成,且被告钟某祥驾车行经没有交通信号的道路时,遇老年人殷某发横过公路,没有停车让行,严重违反了《广东省道路交通安全条例》第33条第1款"机动车行经没有交通信号的道路时,遇老年人、儿童、孕妇、抱婴者,以及持盲杖的盲人、行走不便的残疾人横过道路,应当停车让行"的规定,具有重大过失,应负主要责任。另外,由于交通事故系被告钟某祥的肇事行为所致,在没有联系到殷某发的家属之前,被告钟某祥应当妥善处理好除医疗护理外的其他护理行为,聘请专业的护理人员进行护理,尤其是在殷某发的主治医生要求被告钟某祥之妻李某某聘请护理人员护理后,被告钟某祥和李某某并没有聘请专业的护理人员来护理,其主观具有一定的过失,负次要责任。故酌情确定交通事故肇事行为人承担殷某发死亡的主要责任(60%)、护理喂食行为人承担殷某发死亡的次要责任(40%),依据《侵权责任法》第12条和《最高人民法院关于审理人身损害赔偿案件适用法律若干问题的解释》第3条,两者之间不承担连带责任。

本案道路交通事故死者殷某发受到损害应赔偿的项目范围及数额为:死亡赔偿金80075元、丧葬费14012.5元、精神损害抚慰金50000元(酌情)、处理交通事故误工费3300元、住宿费88元、餐费265元、交通费623元,以上合计148363.5元。本案因交通事故肇事行为所产生的赔偿费用为89018.10元(148363.5元×60%),没有超过机动车交通事故责任强制保险伤残死亡赔偿限额11万元,所以,被告中国大地财产保险股份有限公司某市中心支公司应直接向原告赔偿殷某发89018.10元。由于被告李某某临时护理殷某发在一定意义上是履行被告钟某祥的义务,且被告钟某祥和被告李某某系夫妻关系,故被告钟某祥、李某某应向原告赔偿59345.40元(148363.5元×40%)。综上所述,依照我国《民法通则》第119条,《侵权责任法》第6条、第12条,《道路交通安全法》第76条第1款,《最高人民法院关于审理人身损害赔偿案件适用法律若干问题的解释》第3条、第17条、第18条,《最高人民法院关于确定民事侵权精神损害赔偿责任若干问题的解释》第8条第2款、第10条第1款的规定,判决如下:(1)被告中国大地财产保险股份有限公司某市中心支公司应在本判决发生法律效力之日起三日内向原告钟某娣、殷某赔偿殷某发死亡赔偿金、丧葬费、精神损害抚慰金等合计89018.10元。(2)被告钟某祥、李某某应在本判决发生法律效力之日起三日内向原告钟某娣、殷某赔偿殷某发死亡赔偿金、丧葬费、精神损害抚慰金等合计59345.40元。(3)驳回原告钟某娣、殷某的其他诉讼请求。

某市中级人民法院二审认为:上诉人钟某祥驾驶车辆与行人殷某发发生碰撞造成殷某发受伤的交通事故的事实清楚。根据交警部门作出的责任认定,钟某祥没有停车让行存在重大过错,应负事故全部责任,故本案因殷某发受伤而造成的损失应由上诉人钟某祥承担全部赔偿责任,上诉人大地保险公司在保险额范围内承担先行支付责任。但是,殷某发因本案事故仅造成受伤的损害后果。事故发生后,在治疗过程中,因上诉人钟某祥的妻子对殷某发喂食不当,致使殷某发突然出现呼吸道堵塞无法正常呼吸死亡。正如原审所认定的,殷某发的死亡是由交通事故与喂食不当共同造成的。而交通事故是主要原因,其行为人应负60%的责任;喂食不当为次要责任,应负40%的责任。因交通事故造成的责任,因肇事车辆已向保险公司投保,其赔偿责任由上诉人大地保险公司承担;因喂食不当造成的损失,应由行为人即上诉人钟某祥、李某某自行承担。上诉人钟某祥、李某某认为殷某发的死亡不是由其行为造成的理由不足,法院不予采纳。上诉人大地保险公司认为本案交通事故与殷某发的死亡没有因果关系的理由也不足,法院不予支持。至于因殷某发死亡所造成的损失的计算标准问题,殷某发虽然属农村户籍,但其在城市居住多年,原审按照城镇标准计算赔偿项目并无不当。根据法律规定,精神损害赔偿也属于本案的赔偿项目。故两上诉人对赔偿项目所提出的上诉请求也缺乏事实和法律依据。综上所述,两上诉人的上诉理由不足,法院一并予以驳回。原审判决认定事实清楚,划分责任正确,判决并无不当,法院予以维持。依照我国《民事诉讼法》第153条第1款第1款的规定,判决如下:驳回上诉,维持原判。

四、分析思考

(一) 本案是否构成无意思联络的数人侵权?

从本案的案件事实看,本案是一起典型的无意思联络的数人侵权案件。对于数人侵权行为,我国侵权责任法区分了以下几种情形:共同加害行为、共同危险行为、教唆帮助行为和无意思联络的数人侵权行为。所谓无意思联络的数人侵权,是指数个行为人并无共同的过错而因为行为偶然结合致受害人遭受同一损害。[①] 也有学者认为,无意思联络的数人侵权,是指没有共同故意的数人,分别实施侵权行为,造成他人同一损害的情形。[②] 两者的区别在于是没有共同过错还是没有共同故意,即共同过失是否应排除在无意思联络的数人侵权之外。笔者赞成无共同故意的观点,意思联络从字面上看应当是一种积极主动的行为,在主观上只能体现为故意。

无意思联络的数人侵权与共同加害行为具有以下区别:第一,共同加害行为要求实施侵权行为的数人之间具有意思联络,即有共同故意,而无意思联络的数人侵权中,数人之间没有共同的故意;第二,共同加害行为不要求造成受害人同一损害,但无意识联络的数人侵权要求必须造成了同一损害,否则不会将数人联

[①] 参见王利明:《侵权责任法研究》(上卷),中国人民大学出版社2010年版,第569页。
[②] 参见程啸:《侵权责任法教程》,中国人民大学出版社2011年版,第120页。

系起来作为无意识联络的数人侵权来看待。无意思联络的数人侵权与共同危险行为具有以下区别:第一,因果关系不同。无意思联络的数人侵权中,每个侵权人的侵权行为与损害后果的责任成立因果关系都是确定的、明确的。而在共同危险行为中,数个侵权人的侵权行为与损害后果的责任成立因果关系处于不明确的状态。第三,责任承担上不同。无意思联络的数人侵权中各人可能承担连带责任或者按份责任,而在共同危险行为中各人承担连带责任。无意思联络的数人侵权规定在我国《侵权责任法》第11、12条中。第11条规定:"二人以上分别实施侵权行为造成同一损害,每个人的侵权行为都足以造成全部损害的,行为人承担连带责任。"第12条规定:"二人以上分别实施侵权行为造成同一损害,能够确定责任大小的,各自承担相应的责任;难以确定责任大小的,平均承担赔偿责任。"

无意思联络的数人侵权的成立必须满足以下构成要件:第一,数人分别实施了侵权行为。这要求侵权人必须为两人以上,且各侵权人不存在共同故意,这也是无意思联络的本意,否则可能构成共同加害行为。第二,造成同一损害。同一损害不是指给受害人造成一个损害或者造成同一性质的损害,也不是指受害人遭受的损害是不可分割的,而是说各个侵权人分别实施的侵权行为与受害人的损害之间均有因果关系。受害人遭受一个损害的,各侵权人的侵权行为与该损害具有责任成立的因果关系;受害人遭受多个损害的,各侵权人的侵权行为与多个损害均具有责任成立的因果关系。第三,侵权行为与损害存在因果关系。学者认为侵权责任之所以将无意思联络的数人侵权在《侵权责任法》中规定了两个条文,并规定了不同的责任形式,主要是由于两者因果关系不同。第11条要求"每个人的侵权行为都足以造成全部损害",学者称这种因果关系为"聚合因果关系""等价因果关系"等。"每个人的侵权行为都足以造成全部损害"不等于每个人的侵权行为都实际造成损害,而是说如果每个侵权行为单独出现的话,都可以造成受害人的全部损害,各个行为在造成损害发生的原因力上是大致相当的。即便只有一个侵权行为发生也会导致目前的损害,因此各侵权行为人承担连带责任。第12条没有要求"每个人的侵权行为都足以造成全部损害",经与第11条对比,有学者认为第12条的言下之意应当是,每个侵权行为人的行为均不足以导致损害后果的发生,而必须相互结合才能导致损害后果的发生,或者分别实施侵权行为的数人中,一人的侵权行为足以导致全部损害的发生,而另外一人的侵权行为却仅能造成部分损害。[①] 这种因果关系也被称为部分因果关系,可以根据原因力来确定各自应承担的责任份额,对于结合较为密切,无法根据原因力确定各自承担份额的,平均承担责任,即数个侵权行为人承担按份责任。

---

① 参见程啸:《侵权责任法教程》,中国人民大学出版社2011年版,第122页。

结合本案看,第一被告的交通事故肇事行为和第二被告的护理喂食行为两个侵权行为结合才导致受害人殷某发的死亡。第一被告的交通事故肇事行为仅导致殷某发骨折,而骨折在当代医学上已经可以医治,一般不会导致死亡;同样第二被告的护理喂食行为在一般情况下也不会导致死亡,换言之第一被告的交通事故肇事行为和第二被告的护理喂食行为单独情况下均不"足以造成全部损害"即死亡,因此本案不适用《侵权责任法》第11条的规定,不适用连带责任。从案件事实看,本案符合《侵权责任法》第12条的规定,即第一被告的交通事故肇事行为和第二被告的护理喂食行为单独情况下均不"足以造成全部损害",但正是两者的结合,即先有交通肇事导致受害人殷某发进食不便需要医学护理,然后有护理不当导致死亡。从案件的前因后果上看,交通肇事行为为主要原因,进食护理不当为次要原因,因此根据原因力的大小,在责任承担上第一被告承担主要责任,第二被告承担次要责任。

至于出租车公司和保险公司作为被告出现,主要是根据《侵权责任法》第34条之规定,出租车公司需为司机承担替代责任,而保险公司是根据交强险承担保险责任,在此不作展开。

(二)何为"间接结合"?

本案一审法院在判决中提及"间接结合共同造成"的说法,在此做一点引申、思考。

目前对直接结合、间接结合主要有三种区分标准:一是结合紧密说。该观点认为,直接结合是指数个侵权行为结合程度非常紧密,对加害后果来说无法区分,凝结成一个共同的加害行为。如某电力公司架设的火线在广播线上方,刮风下雨吹落的树枝将两线绊连致导电,一人经过触电死亡,这是直接结合;甲开车逆行迫使骑自行车人乙为躲避甲向右拐跌入丙挖的坑里,施工单位丙未对该坑设保护措施,造成了乙车毁人伤,甲、丙是间接结合。二是时空统一说。该观点认为,数个侵权行为在侵权过程中发生的时间、地点是一致的,则构成直接结合,相反则构成间接结合。如两车相撞致一行人死亡,是直接结合。甲被乙打伤,送往医院后因护士丙误用针药致乙药物过敏死亡,是间接结合。三是综合标准说。即把结合紧密说、时空统一性说两者结合起来综合判断。数人侵权行为结合程度紧密同时又具有时空统一性则构成直接结合,反之则是间接结合。

虽然上述观点不无道理,但仍不能严格区分直接结合与间接结合。结合紧密说,在区分直接和间接的标准上引入"紧密性",结合紧密或不紧密,这种本身不确定的且弹性幅度大的概念,往往在司法实践中会因人而异,不同法官有不同的看法,易造成自由裁量权的扩大或任意选择运用连带责任或按份责任。时空统一说,太片面,很难成为界定直接结合、间接结合的标准,在实践中很多既使时间、地点不一致也构成共同侵权,承担连带责任。如数个工厂在不同时间、地点向同一河流排污,构成共同侵权,承担连带责任。对于人身损害,典型的例子如两车相撞发生交通事故,毫无疑问具有时空统一性,但是司法实践中却往往依照交通事故责任认定,判决承担按份责任。综合标准说,综合了前两种观点,但在实践中仍不能在本质上加以区分。紧密性缺乏科学的判断标准,时空统一性又太片面,在这种基础上的综合实际上仍是笼统大概的划分,缺乏充足依据。

案例五：徐某镔诉吴某泷等共同危险行为侵权案

——从本案看共同危险行为与
被告不明确案件的区别

一、基本案情

原告：徐某镔

被告：吴某泷、邱某键、涂某营、吴某铵、杨某燕、邱某珠、谢某兵、涂某军、谢某伟

2007年6月20日18时45分，原告徐某镔驾驶二轮摩托车，后载其妻李某霞、儿子，从梅城下龙洲往解放大街方向行驶，途经某镇台山路483号路段时，遇被告吴某泷、邱某键、涂某营在台山路483号（即被告吴某铵所有的房屋）门前马路边玩耍、嬉戏，三人比赛看谁石块扔得远，突然其中一人扔出的石块击中了正在驾车行进中的原告的右眼及鼻梁部位，致原告受伤。围观群众立即报警，某镇派出所于事发当晚分别对被告吴某泷、涂某营、邱某键制作了讯问笔录。在讯问中，被告吴某泷、邱某键均陈述是被告涂某营扔石块砸伤了原告，被告涂某营陈述是被告邱某键扔石块砸伤了原告。原告受伤后，于当晚被送往医院抢救治疗，于同年7月4日出院，花医疗费6019.95元、交通费683元。

二、争议焦点

本案的争议焦点在于本案是一起被告不明确案件，还是共同危险行为侵权案件。有一种观点认为，我国《民事诉讼法》第108条规定："起诉必须符合下列条件：（一）原告是与本案有直接利害关系的公民、法人和其他组织；（二）有明确的被告；（三）有具体的诉讼请求和事实、理由；（四）属于人民法院受理民事诉讼的范围和受诉人民法院管辖。"本案中原告无法举证证明何人为侵权人，没有明确的被告，因此法院应当驳回起诉。另一种观点认为，本案属于侵权责任法上的共同危险行为责任，原告只需证明各被告共同实施了导致其损害的危险行为即可，无须证明究竟谁具体造成其损害，各被告不能证明其没有实施危险行为的就应当承担连带责任。

原告认为，被告吴某泷、邱某键、涂某营在路边投掷东西玩耍，共同实施了危

及他人人身安全的行为,并造成了原告损害的后果,在不能确定实际侵权人的情况下,应由被告吴某泷、邱某键、涂某营承担连带赔偿责任,由于他们均系未满10周岁的未成年人,故其应负的赔偿责任应分别由他们的法定监护人承担。被告吴某铵是原告发生伤害路段的房屋所有权人,致原告伤害的石块也有可能来自其房屋,故被告吴某铵也应承担连带赔偿责任;被告谢某伟在某镇台山路483号经营摩托车修理店,事发当时其正在修理摩托车,敲打摩托车零件时也可能飞出石块伤害原告,故被告谢某伟也应承担连带赔偿责任。综上,原告请求法院依法判令九被告连带赔偿医疗费6019.95元、住院伙食补助费135元、交通费683元、护理费270元、营养费3000元、精神损害抚慰金5000元,合计15107.95元,并保留后续治疗费的诉权。

被告吴某泷辩称:事发当时其在家门口与邱某键、涂某营等人一起玩耍,没有用石块扔人。被告涂某营辩称:事发当时自己和被告邱某键、吴某泷一起玩捉迷藏,石块是从被告谢某伟店附近的石堆上拿的,但是他本人没有拿,是谁拿出来的记不清了。被告吴某铵辩称:事发当时其不在家中,不可能是侵权人,其儿子被告吴某泷在自己家即台山路483号门口玩耍,不可能用石块扔原告,故不同意负赔偿责任。被告杨某燕辩称:其儿子被告吴某泷没有用石块扔原告,故自己作为监护人不需要赔偿原告的损失。被告邱某珠辩称:事发当时其儿子被告邱某键在台山路482号的家门口和他姐姐一起玩,手上根本没有石块,不可能致伤原告,其本人也是在事发后看见有很多人围观,走出门外才得知原告受伤的事情,不同意赔偿原告的损失。被告谢某伟辩称:其在台山路483号开摩托车修理店,事发当时自己正蹲在店门口修理三轮车,看见被告吴某泷、涂某营、邱某键在店旁边玩,但没注意三个小孩具体处在什么位置。原告被砸受伤的情形,其没有亲眼目睹,原告受伤后有很多群众围观,其闻声站起来后才看到被告涂某营站在对面马路坡上,被告吴某泷在其摩托车店门口,被告邱某键在不远处自己家门口,这时坐在摩托车后面的女人(指原告妻子李某霞)抓住被告涂某营,质问他拿什么东西扔人,被告涂某营害怕得快哭了,同时还听到被告吴某泷叫被告涂某营快跑,然后被告吴某泷就跑到楼上去了,被告邱某键还在自己家门口看。坐在摩托车后面的那个女人在对面路沟里捡到一块石头,该石头与摩托车修理店旁石堆上的石头一致,但本人当时正在修车不可能扔出石块。总之,本人没有侵害原告,不同意赔偿原告的损失。被告邱某键、涂某军、谢某兵没有作出答辩。

三、案件处理

法院经审理认为,原告徐某镔驾驶摩托车途经某镇台山路483号路段时,被一块迎面飞来的石块击伤右眼及鼻梁的损害事实清楚,根据公安机关的讯问笔录,可以证实是被告吴某泷、邱某键、涂某营在玩耍过程中,实施了扔掷石块的行为，由于被告吴某泷、邱某键、涂某营均不承认自己是扔掷石块导致原告受伤的侵权人，在无法判明谁是真正侵权人的情况下，根据《最高人民法院关于审理人身损害赔偿案件适用法律若干问题的解释》第4条"二人以上共同实施危及他人人身安全的行为并造成损害后果，不能确定实际侵害行为人的，应当依照民法通则第一百三十条规定承担连带责任。共同危险行为人能够证明损害后果不是其行为造成的，不承担赔偿责任"的规定，可推定被告吴某泷、邱某键、涂某营在玩耍中共同实施了扔石块的行为，这种具有危险性的共同行为是导致原告徐某镔受伤的原因，即共同危险行为与损害后果之间具有因果关系，故被告吴某泷、邱某键、涂某营应承担连带赔偿责任。由于被告吴某泷、邱某键、涂某营均系未满10周岁的未成年人，属无民事行为能力人，故其应承担的赔偿责任应分别由他们的监护人承担，即被告吴某铵、杨某燕、谢某兵、邱某珠、涂某军应赔偿原告徐某镔的合理经济损失，并互负连带责任。被告吴某铵虽然是事发路段房屋的所有权人，但事发当时其不在现场，不存在实施侵害原告行为的可能性，故不另行承担赔偿责任。被告谢某伟在事发当时正在修车，不存在朝原告扔石块的可能性，故亦不承担赔偿责任。

根据《最高人民法院关于审理人身损害赔偿案件适用法律若干问题的解释》第17条"受害人遭受人身损害，因就医治疗支出的各项费用以及因误工减少的收入，包括医疗费、误工费、护理费、交通费、住宿费、住院伙食补助费、必要的营养费，赔偿义务人应当予以赔偿"的规定，依法采纳原告徐某镔的下列合理损失：医疗费6019.95元、交通费683元、住院伙食补助费135元、护理费270元，共计7107.95元。原告主张的营养费3000元，由于没有医疗机构出具的证明意见，故不予支持；原告主张的精神损害抚慰金5000元，由于被告的侵权行为并未造成原告伤残等严重后果，根据《最高人民法院关于确定民事侵权精神损害赔偿责任若干问题的解释》第8条"因侵权致人精神损害，但未造成严重后果，受害人请求赔偿精神损害的，一般不予支持，……"的规定，故对原告主张精神损害抚慰金不予支持。

综上，根据我国《民法通则》第14条、第133条第1款、《最高人民法院关于审理人身损害赔偿案件适用法律若干问题的解释》第4条、第17条、第24条，以及《最高人民法院关于确定民事侵权精神损害赔偿责任若干问题的解释》第8条之规定，判决如下：

（1）被告吴某铵、杨某燕、谢某兵、邱某珠、涂某军应于本判决生效之日起十日内赔偿原告徐某镔7107.95元人民币，并互负连带赔偿责任。

（2）驳回原告徐某镔的其他诉讼请求。

判决作出后，双方当事人均未上诉。

四、分析思考

（一）何为共同危险行为？

共同危险行为，是指二人以上实施危及他人人身、财产安全的行为，其中一人或数人的行为实际造成他人损害，但不能确定该人是谁，故而由全体行为人承担连带责任的情形。共同危险行为中的"危险"并不是指该侵权行为具有高度危险性，或者每个人从事的都是危险活动，而是强调多个行为人的行为在造成他人损害上的高度可能性。换言之，共同危险行为中的"危险"是指行为具有导致损害的可能性，而高度危险责任中的"危险"是指某种活动具有特别的危险，损害极其巨大或损害发生频率很高等，如易燃易爆物品责任等。在现代社会，基于社会关系的复杂性和人类认识水平的有限性，在损害后果客观发生以后，很可能无法确定真正的侵权人。共同危险行为就存在这样的特殊之处，受害人仅仅知道哪些人参与从事了对自己人身财产具有危险的活动，但根本不知道具体引发损害的具体是何人。为了消除这种情况，共同危险行为制度采取了因果关系举证责任倒置的制度安排，即除非参加危险活动的当事人能够证明其行为与损害之间不存在因果关系，否则他们就应当对受害人承担连带责任。该制度安排体现在《最高人民法院关于审理人身损害赔偿案件适用法律若干问题的解释》第4条中。这种制度安排有以下好处：第一，能使受害人利益得到保护。虽然受害人不能确切证明具体的加害人，但确认加害人就是多个参与人中的一个或数个。第二，不会冤枉非加害人，通过实施举证责任倒置，将能证明清白的加害人排除出去，有助于查明真相。

就侵权责任的构成要件看，共同危险行为侵权一般需具备以下构成要件：第一，存在损害，这是所有侵权赔偿责任都必须具备的要件，共同危险行为也不例外。第二，主观要件，共同危险行为既可能是一般侵权行为也可能是特殊侵权行为，若共同危险行为是一般侵权行为则行为人在主观上应当具有过错，若共同危险行为是特殊侵权行为则不管是否有过错均构成侵权。第三，共同危险行为的特别构成要件：(1) 数人同时或相继实施危险行为。共同危险行为人必须是数人，一人不构成共同危险行为。数人的行为必须具有相继性、同一性或密切性，也就是要求数人的行为在时空上密切联系，是在同一地点同时或间隔较短地相继实施的行为，否则完全可以通过时间和空间判断损害究竟由哪一行为引起，就不存在共同危险行为了。(2) 数人的行为均具有危险性。数人的行为构成共同危险行为要求每个人的行为均具有危险性，不具有危险性的行为与有危险性的行为不构成共同危险行为；同时具有危险性的行为应当是积极的作为行为，消极的行为或者部分主体的消极行为不构成共同危险行为。(3) 因果关系不明。我国《侵权责任法》第10条将因果关系不明表述为"不能确定具体的侵权人"，也称为"原因人不明"或加害人不明,是指数人分别实施的对他人权益具有危险的行为中,肯定有至少一人的行为造成损害,但不能确定究竟是何人。根据《侵权责任法》第 10 条的规定,如果能够确定具体的侵权人,则应由侵权人承担责任。(4) 损害结果的统一性和原因的整体性推定。共同危险行为的损害结果是统一的,会作为一个损害结果来看待,整个共同危险行为也作为一个原因来看待,但这种整体的原因是推定的。①

从概念和构成要件上看,共同危险行为不同于共同加害行为。首先,共同危险行为人之间一般没有共同过错,特别是没有意思联络,否则就转换成了共同侵权。其次,能否确定具体的加害人不同。在共同加害行为中,各侵权人可能共同实施了相同的侵权行为,也可能有内部分工,但是无论是否分工,行为人一般是明确的,不存在行为人不明的情况;而在共同危险行为中,往往出现加害人不明的情况。再次,各个行为之间是否在时空上具有同一性不同。共同加害行为不要求行为在时空上具有同一性,只要求各行为之间是有联系的,并导致同一的后果即可;共同危险行为要求各个行为之间在时间、空间上具有同一性,否则可能构成各自独立的侵权或共同加害行为但不构成共同危险行为。最后,免责事由不相同。共同危险行为主要通过因果关系举证责任倒置,通过证明其行为与损害之间没有因果关系而免责;而共同加害行为可以适用多种免责事由。

共同危险行为也不同于仅仅一人实施加害行为但无法查明加害人为何人的单纯加害人不明情形,最典型的就是"高空抛物"致人损害的案例。在高空抛物致人损害的案件中,往往难以确定行为人,但是不能将一幢建筑物的全部或部分所有人、居住者作为共同被告以"共同危险行为"为由,要求其承担连带责任。因为在这样的案件中虽然不能确定侵权人,但是其他的人并没有实施加害行为或危险行为,与共同危险行为要求数人在同一时空上实施了数个危险行为有根本性的不同。共同危险行为中有数人实施了数个危险行为,哪个危险行为致害无法查明;无法查明的高空抛物致害,其实只有一个人或部分人实施了加害行为,只是不知该加害人是谁,只有"一个"加害行为当然不能称为共同危险行为。部分人实施了加害行为,也不能与未实施加害行为的那部分人构成共同危险行为。

结合本案看,被告吴某泷、邱某键、涂某营在玩耍过程中,实施了朝马路扔掷石块的危险行为,并导致原告徐某镔受到人身伤害。三被告都实施了抛掷石块的危险行为,只是受害人和法院无法查明谁为真正的侵权人,而三被告也无法通过举证证明原告受到的损害与其无因果关系,因此三被告的行为构成共同危险行为,应当承担连带责任。由于三被告均为未成年人,根据我国《侵权责任法》

---

① 参见张新宝:《侵权责任法》,中国人民大学出版社 2010 年版,第 52—53 页。

第 32 条的规定,"无民事行为能力人、限制民事行为能力人造成他人损害的,由监护人承担侵权责任。监护人尽到监护责任的,可以减轻其侵权责任。有财产的无民事行为能力人、限制民事行为能力人造成他人损害的,从本人财产中支付赔偿费用。不足部分,由监护人赔偿"。由于三被告的监护人未尽到监护职责,且三被告无财产承担赔偿费用,因此应由三被告的监护人对原告承担连带赔偿责任。被告吴某铵和谢某伟均可证明原告损害与其不存在因果关系,因此不承担赔偿责任。

(二) 为何各共同危险人应当承担连带责任?

为何各共同危险人应当承担连带责任?其立法理由何在?实际上并非在所有国家共同危险行为人都须承担连带责任。早期美国法上典型的共同危险行为案件"打猎案"在证据法上采取的是"更有可能"(more likely than not)规则,即如果在打猎中 A 发射了两颗子弹,而 B 只发射了一颗子弹,那么由 A 承担全部责任而 B 不承担责任。但后来的 Summers v. Tice① 一案使加州最高法院面临新的问题,因为两个加害人都只发射了一颗子弹,因此无法适用"更有可能"规则,于是加州最高法院创新性地判决二人承担连带责任。

现代社会规定各共同危险人承担连带责任的理由一般是"更好地保护受害人"。如《德国民法典》第 830 条第 1 款第 2 句就规定,立法目的在于当无法完全准确地确定真正加害人而请求权无法实现时,使受害人摆脱举证困难的困境,并获得保护。② 同时,很显然共同危险行为致害人不明的特征,也使得适用按份责任成为不可能。在侵权法上一般根据原因力大小或过错程度而安排按份责任,但在共同危险行为中,各危险行为人的因果关系是不确定的,因此不可能按照原因力大小和过错程度而安排按份责任。

---

① See 199 P. 2d 1 (Cal. 1948).
② 参见〔德〕马克西米利安·福克斯:《侵权行为法》,齐晓琨译,法律出版社 2006 年版,第 234 页。

案例六：石某诉某鞭炮礼花厂产品侵权责任案

——从本案看产品缺陷与产品使用不当的区别

一、基本案情

原告：石某

被告：某市某鞭炮礼花厂

2010年2月13日，原告石某在位于某市某区的岳父母家团年。中午吃饭前，原告之岳父将从牧童村农家店严某某处购买的笛音雷燃放，燃放完之后原告之岳母将其放置在屋外。之后，原告两岁的女儿将燃放完毕的笛音雷弄到烤火的房间内，放置在火炉旁边。下午3时左右，原告岳母看见房间的爆竹燃了，原告立即跑往房间，抢救当时正在房间的女儿，随后笛音雷发生爆炸，原告眼睛受伤。

原告受伤之后，立即被送往医院检查治疗。2010年2月13日到3月22日，原告住院37天，诊断为左眼爆炸伤、左眼角巩膜裂伤，花费医药费10441.76元，诊断证明全休两周。2010年5月20日，经司法鉴定所鉴定，原告的伤残等级为七级，后期治疗费约需8000元。原告为鉴定支出挂号费9.5元、鉴定费1200元，两项共计1209.5元。

原告于2010年8月5日向某市某区人民法院提起诉讼，要求被告某市某鞭炮礼花厂与严某某承担连带赔偿责任。

2010年8月9日，原告自愿撤回了对被告严某某的起诉。

2010年9月8日，在庭审过程中，被告某市某鞭炮礼花厂申请对产品质量进行鉴定。某区人民法院依照法定程序将已经燃放过的烟花送往湖南省浏阳市国家烟花爆竹安全质量检测中心进行质量鉴定，该中心在经过认真核查后，经过专家讨论，表示对送检的烟花质量无法作出鉴定。

二、争议焦点

本案是一起产品责任纠纷案件，案件争议焦点在于受害人损害是由产品缺陷造成还是由于受害人不当使用产品造成的。

产品使用不当是指产品使用人没有按照使用说明指示的使用方法、使用步骤使用产品或者违背基本的常识、原理使用产品等不正确使用产品的情形。不当使用产品导致的损害不构成产品责任,产品销售者、生产者不承担责任。有一种观点认为,在本案中受害人未尽到监护责任导致其两岁女儿将礼炮放置在火炉旁,明显违反了易燃易爆物品的使用常识,属于产品的不当使用,本案不属于产品缺陷导致的产品责任。

另外有一种观点认为,本案属于产品缺陷导致的产品责任。本案中的礼炮存在二次爆破现象,礼炮一次使用无法全部爆破,存在明显的产品质量问题。正是由于其无法一次爆破才会导致受害人在处理使用过的产品时受到损害。

三、案件处理

某区人民法院经过审理认为,公民的人身权和财产权应该受到法律保护,生产者生产的产品存在缺陷,导致他人人身或财产损害的,应该承担相应的责任。本案属于产品责任纠纷,而非产品质量纠纷。产品责任纠纷是指因产品存在缺陷致人身、财产受损而引发的纠纷,属于侵权之诉;产品质量纠纷则是指因产品不符合标准而引发的纠纷,属于合同之诉。

本案中,原告认为被告生产的笛音雷在质量上存在问题,以至于第二次燃爆,导致原告左眼受伤,原告据此向被告请求赔偿,提起的是侵权之诉,而非合同之诉。作为主张自己权利的一方,原告就产品存在缺陷(购买的笛音雷二次燃放)、受损事实(原告左眼受伤)、产品存在缺陷与造成受损事实之间存在因果关系提出了证据。被告认为笛音雷没有炸筒现象、没有漏底现象、燃放后内置小筒不可能存在,据此认为产品不存在质量问题。这仅属于一种主观臆断的推测,不能推翻原告被笛音雷致伤的事实。被告出具了某市产品质量监督检验所的四份检验报告,以此证明自己生产的产品在质量上不存在问题。产品合格检验报告只能证明产品符合国家有关法律法规、质量标准,并不能证明产品不存在缺陷。产品存在缺陷可以从两个方面进行认定,一是产品存在一种不合理危险,二是产品不符合法定安全标准。对于符合法定安全标准,但具有不合理危险的产品,仍视为缺陷产品。换言之,有缺陷的产品肯定是质量不合格,产品质量合格并不等于产品不存在缺陷。况且检查报告对产品采取的是抽样检查的方式,某批抽样产品质量合格并不能据此认定原告购买的产品就为合格。综上所述,被告应该对此次事故承担责任。另外,烟花爆竹属于危险易燃品,应该避免接触火源。本案中,原告的女儿将燃放完的笛音雷放置于火炉旁,导致笛音雷二次燃爆。作为女儿的法定监护人,原告没有尽到应尽的监护责任,具有非常明显的过错,应承担相应的责任。

综合以上情况,某区人民法院认为,本案由原告承担30%的责任,被告承担70%的赔偿责任为宜。一审法院最终判决被告赔偿给原告各项费用合计

146951.54 元。

此案上诉到某市中级人民法院,在二审中,经二审法院主持调解,被告向原告支付 115000 元补偿金,双方纠纷就此了结。

四、分析思考

(一) 本案属于产品责任还是产品使用不当?

所谓产品责任,是指因产品缺陷造成他人的财产或人身损害的,产品的生产者和销售者对受害人承担的严格责任。产品责任具有以下特征:第一,承担产品责任的原因是产品存在缺陷,因此认定产品责任的前提是要认定产品是否存在缺陷。如果损害不是由于产品缺陷造成的,而是由于使用者使用不当造成的,则不适用产品责任。第二,产品责任是无过错责任,无论生产者或销售者对于产品的缺陷以及损害是否有过错,受害人都有权要求其承担责任。对于生产者承担无过错责任好理解,因为我国《侵权责任法》第 41 条明确规定:"因产品存在缺陷造成他人损害的,生产者应当承担侵权责任。"对于销售者承担无过错责任则不那么容易理解,因为我国《产品质量法》第 42 条第 1 款规定:"由于销售者的过错使产品存在缺陷,造成人身、他人财产损害的,销售者应当承担赔偿责任。"我国《侵权责任法》第 42 条第 1 款也规定:"因销售者的过错使产品存在缺陷,造成他人损害的,销售者应当承担侵权责任。"从这两条规定看,似乎都规定了销售者承担的是过错责任。但是,根据学者的解读,这两条规定的销售者过错,只有在销售者与生产者等其他责任主体之间分担责任时才具有意义,销售者承担的仍然是无过错责任,销售者有无过错只是在生产者与销售者之间的追偿关系上有意义。① 王利明教授也认为销售者承担的是严格责任。② 第三,产品责任的责任主体具有多样性。受害人可以选择请求生产者或者销售者或者同时请求生产者和销售者承担产品责任,另外,如果产品的仓储者、运输者等第三人对于产品缺陷具有过错的,生产者、销售者承担产品责任后可以对其进行追偿,仓储者、运输者等第三人成为最终责任人。产品责任作为一种无过错侵权责任,需要具备以下三个构成要件:

1. 产品具有缺陷

(1) 产品的概念和范围

我国《产品质量法》第 2 条第 2 款规定:"本法所称产品是指经过加工、制作,用于销售的产品。"首先,《侵权责任法》和《产品质量法》中产品责任的"产品"仅限于动产,我国《产品质量法》第 2 条第 3 款规定:"建设工程不适用本法

---

① 参见程啸:《侵权责任法教程》,中国人民大学出版社 2011 年版,第 174 页。
② 参见王利明:《侵权责任法研究》(下卷),中国人民大学出版社 2011 年版,第 240 页。

规定;但是,建设工程使用的建筑材料、建筑配件和设备,属于前款规定的产品范围的,适用本法规定。"另外,因为不动产造成的损害适用我国《侵权责任法》第85条的规定,所以产品责任中的产品仅指动产。其次,产品必须是经过加工、制作的动产,因此,初级农产品、猎获物和来源于大自然的原始物品如原煤、原油等一般不作为产品责任上的产品看待。所谓经过加工、制作的,是指任何改变物质原来的物理状态、化学性质,从而使物质品质有所变化的活动。对于初级农产品并非没有任何质量要求就可以出卖,我国《农产品质量安全法》第33条规定:"有下列情形之一的农产品,不得销售:(一)含有国家禁止使用的农药、兽药或者其他化学物质的;(二)农药、兽药等化学物质残留或者含有的重金属等有毒有害物质不符合农产品质量安全标准的;(三)含有的致病性寄生虫、微生物或者生物毒素不符合农产品质量安全标准的;(四)使用的保鲜剂、防腐剂、添加剂等材料不符合国家有关强制性的技术规范的;(五)其他不符合农产品质量安全标准的。"违反《农产品质量安全法》有关规定造成损害的也要承担相关责任,只是该责任不是《侵权责任法》和《产品质量法》中的产品责任。最后,产品必须已经投入流通环节,即"用于销售",未投入流通环节的产品造成的损害不构成产品责任。有很多产品,如食品、药品、消毒药剂、医疗器械、血液制品等属于特殊的产品,这些产品除了要符合《产品质量法》的规定外,还应符合《食品安全法》《医疗器械监督管理条例》等专门的法律法规的规定。

(2)产品缺陷

只有当产品存在缺陷,且该缺陷造成受害人损害时才发生产品责任。在产品责任中,"缺陷"是一个核心概念。我国《产品质量法》第46条规定:"本法所称缺陷,是指产品存在危及人身、他人财产安全的不合理的危险;产品有保障人体健康和人身、财产安全的国家标准、行业标准的,是指不符合该标准。"该条规定了两项判断标准:第一,产品有保障人体健康和人身、财产安全的国家标准、行业标准的,不符合该标准即构成产品缺陷。国家标准、行业标准有强制性标准和推荐性标准之分,这里用于判断产品缺陷的标准应当是强制性标准。第二,产品存在危及人身、他人财产安全的不合理的危险即构成产品缺陷。任何产品都不可能做到百分之百的绝对安全。对于产品投入流通时的那些科学技术水平尚不能发现的危险,生产者、销售者当然无法避免,对于这类危险造成的损害,我国产品质量法规定生产者、销售者不承担责任,可见产品投入流通时的那些科学技术水平尚不能发现的危险不属于不合理的危险。另外,如果产品本身不存在不合理的危险,而是由于使用者不合理的使用产生了危险,并由此导致损害的,生产者、销售者不承担责任。换言之,不合理使用产生的危险不属于产品缺陷。以上两项标准不是选择关系,存在危及人身、他人财产安全的不合理的危险标准属于兜底性的规定,该标准比国家标准、行业标准要严格。如果某产品虽然符合保障人体健康和人身、财产安全的国家标准、行业标准,但仍然存在危及人身、他人财产安全的不合理的危险的,仍然认定该产品存在缺陷。

另外,产品缺陷与合同法上的瑕疵也不能等同。《产品质量法》上的产品缺陷如果不是当事人约定可以接受的,则当然构成合同法上的产品瑕疵。但合同法上的瑕疵范围要更广,凡违反当事人的约定、与柜台展示的样品质量不符等都可以构成合同法上的瑕疵。另外,在合同法上,瑕疵还可以包括权利瑕疵。

2. 损害

损害是指使用缺陷产品所导致的死亡、人身伤害和财产损失及其他损失,包括产品本身的损害和产品以外的人身、财产损害。产品缺陷导致的损害既有其他侵权行为所导致损害的共性,也有其特殊之处。首先,产品缺陷导致的损害往往是一种大规模损害,这主要是由于现代商品具有极强的流通性,如三鹿奶粉造成的损害面十分广。其次,产品缺陷致害,有可能在短时间内无法发现,有些甚至要在后代中才能发现。

3. 因果关系

产品责任中的因果关系是指产品缺陷与受害人损害之间具有因果关系。这一因果关系与其他侵权责任中的因果关系并无不同。争议在于该因果关系的举证责任分配上,一些学者有不同的看法。当前司法实践中的做法是由受害人就其损害与产品缺陷之间存在因果关系承担举证责任,但是随着科学技术的发展,很多产品的科技含量较高,不是专业人士很难弄懂产品的相关构造、成分、运作原理等,要求一般的消费者来证明因果关系的存在具有很大的困难,因此,有学者主张采取举证责任倒置的做法,由生产者、销售者证明受害人的损害与产品缺陷之间不存在因果关系。我国司法实践采取了折中的做法,《最高人民法院关于民事诉讼证据的若干规定》第 4 条第 6 项规定:"因缺陷产品致人损害的侵权诉讼,由产品的生产者就法律规定的免责事由承担举证责任。"也就是说,原告只要初步证明因果关系存在,就转由被告产品的生产者举证证明免责事由的存在。在部分产品责任案件中,只要原告能证明因果关系存在的可能性大于 50%,即可裁判因果关系成立。①

在本案中,产品存在二次爆破现象,存在明显的产品缺陷。即便产品生产者能够证明其产品符合国家规定的产品标准也并不能免除其产品责任,生产者还应当证明其不存在不合理的危险,但本案中的二次爆破现象显然证明其确实存在不合理的危险,因此本案构成产品责任。另外,本案也不构成产品的不正当使用。若直接将礼炮放置于火炉旁发生爆炸致害,可认定为使用不当,但本案明显不是如此,本案损害是在对产品使用后的废弃物进行处理时造成的,不能认定为

---

① 参见程啸:《侵权责任法教程》,中国人民大学出版社 2011 年版,第 253 页。

是产品使用不当造成的。产品使用后的废弃物仍然有爆炸的可能性证明了产品存在缺陷。

(二) 产品责任上的召回制度和惩罚性赔偿

随着近年来食品药品安全事件的相继发生,产品质量问题成为我国社会一直关心的话题。我国《侵权责任法》相关法条的规定可以说与这一社会大背景不无关系,这里重点介绍第46、47条。第46条规定:"产品投入流通后发现存在缺陷的,生产者、销售者应当及时采取警示、召回等补救措施。未及时采取补救措施或者补救措施不力造成损害的,应当承担侵权责任。"第47条规定:"明知产品存在缺陷仍然生产、销售,造成他人死亡或者健康严重损害的,被侵权人有权请求相应的惩罚性赔偿。"这两条分别规定了具有重大意义的产品召回制度和惩罚性赔偿制度。召回制度,我们一般比较熟悉的是国外大型汽车生产企业的汽车召回制度。所谓召回,是指产品的生产者或者销售者在得知其生产或销售的产品存在危及购买者人身财产安全的缺陷时,依法将该类产品从市场上收回,并免费进行检测、修理或更换的制度。召回包括主动召回和强制召回两种方式,其中主动召回也称自愿召回,是指生产者发现其生产的产品具有不合理的危险,可能导致人身或财产损害时,主动将该类产品收回,并进行检测、修理或更换。强制召回,是在企业应当主动召回而没有召回的情况下,由相关主管机关强制命令企业必须召回相关缺陷产品的产品召回制度。

《侵权责任法》上的赔偿以填补为原则,即损失多少赔偿多少,但第47条例外地规定了惩罚性赔偿制度。所谓惩罚性损害赔偿(punitive damages),也称示范性的赔偿(exemplary damages)或报复性的赔偿(vindictive damages),是指由法庭所作出的赔偿数额超出实际的损害数额的赔偿,[1]它具有补偿受害人遭受的损失、惩罚和遏制不法行为等多重功能。与补偿性的赔偿相比较,惩罚性赔偿具有如下特点:第一,从目的和功能来说,惩罚性赔偿是由赔偿和惩罚所组成,它的功能不仅在于弥补受害人的损害,而且在于惩罚和制裁严重的过错行为。当加害人主观过错较为严重,尤其是动机恶劣、具有反社会性和道德上的可归责性时,法官和陪审团可以适用此种赔偿。惩罚性赔偿注重惩罚,同时通过惩罚以达到遏制不法行为的作用。第二,从赔偿责任的构成要件来说,与补偿性的赔偿相比,它虽然也要以实际损害的发生为适用的前提,但赔偿的数额主要不以实际的损害为标准,而要特别考虑加害人的主观过错程度、主观动机、赔偿能力等多种因素。第三,从赔偿范围看,惩罚性赔偿并不以实际的损害为限,其数额均高于甚至远远高于补偿性损害赔偿。在许多情况下,惩罚性赔偿是在实际的损害不

---

[1] See Exemplary Damages in the Law of Torts, 70 Harv. L. Rev, 517,517(1957), and Huckle v. Money, 95 Eng. Rep. 768(K.B. 1763).

能准确确定,通过补偿性赔偿难以补偿受害人损失的情况下所适用的。第四,从能否约定看,合同法允许当事人事先约定违约损害赔偿,而且这种约定可以具有惩罚性,但这并不是惩罚性赔偿。惩罚性赔偿的数额可能由法律法规直接规定,也可能由法官和陪审团决定,但不可能由当事人自由约定,这一点与补偿性赔偿不同。[①]

[①] 参见王利明:《惩罚性赔偿研究》,载《中国社会科学》2000年第4期,第114页。

案例七:张某等诉李某等机动车交通事故责任纠纷案

——未办理交强险、借用他人车辆时交通事故责任的承担

一、基本案情

上诉人:张某(原审被告)、张某父亲(原审被告)、莫某(原审被告、上诉人张某母亲)、黎某(原审被告)。

被上诉人:李某(原审原告)、王某美(原审原告)、王某帅(原审原告)。

原审被告:覃某、覃某父亲、明某(覃某母亲)、林某、陆某(林某母亲)。

上诉人张某、张某父亲、莫某、黎某因机动车交通事故责任纠纷一案,不服某市某区人民法院民事判决,向某市中级人民法院提起上诉。

一审法院审理查明,2010年10月23日约16时,原告的亲属王某驾驶一辆摩托车沿竹湾村路由南往北方向行驶,至盈洋家俬城路口对开路段左转弯时,与对向行驶的由被告张某驾驶的"韩本"助力车(搭乘被告覃某、林某)发生碰撞,造成原告的亲属王某受伤后抢救无效死亡,被告张某、林某受伤,两车受损的交通事故。事故发生后,王某经抢救无效死亡,用去医疗费6367元,其中原告支付1937元,被告张某家人支付4430元。被告张某家人还向原告支付丧葬费15000元。2010年11月2日,某区交警大队作出认定:王某左转弯时妨碍正常行驶的车辆通行是造成事故的原因之一,违反了《道路交通安全法实施条例》第49条第2款的规定;张某无机动车驾驶证,驾驶无号牌及载人超过核定人数的机动车辆上路行驶,也是造成事故的原因之一,张某的行为违反了《道路交通安全法》第8条、第19条、第49条的规定。王某、张某承担事故的同等责任;林某、覃某不承担事故责任。被告黎某是"韩本"牌燃油二轮车的车主,发生事故的当天,被告林某向其借用该车。被告林某在借车时,口头承诺"如出现意外事故,一切损失由其自负"。原告李某是王某的妻子,原告王某美、王某帅是王某的子女。

二审法院查明王某住院期间的医疗费为4728元。张某、覃某、林某案发时

未成年。黎某将车借给林某后,林某又将车交给张某驾驶。其余查明的事实与一审基本相同。

二、争议焦点

本案的复杂之处在于涉案人员较多,案件的争议焦点主要有两个:第一,本案中车辆所有人、借用人、实际使用人、未成年人监护人等究竟谁为责任主体;第二,各当事人之间的责任承担方式。

(一)本案责任主体为谁?

在本案中直接造成交通事故的责任人是摩托车的实际使用人——未成年人张某,其法定监护人是张某父亲和莫某。黎某作为肇事车车主,将肇事车辆借给未成年人林某,林某又借给本案实际使用人、未成年人张某使用并导致交通事故。本案争议的第一个焦点就是在张某、张某法定监护人、车主等相关人员中,究竟何人应当对此次交通事故承担责任。另外一个问题是,第一借用人林某将肇事车辆借来之后又借给了未成年人张某,那么林某在本案中是否为责任主体?有的观点认为林某不应承担责任,因为林某在本案中未发挥实质性作用,肇事车辆仅经其手借给实际使用人而已;有的观点则认为,林某将肇事车辆自车主处借得后又借给了张某,主观上有过错,应当承担责任。

(二)各责任主体间的责任分担方式是什么?

首先,我国法律规定了车主购买机动车交强险情形下的责任分担方式,但实践中对车主未购买机动车交强险情形下责任如何分担有不同的观点。其次,关于监护人与被监护人之间的替代责任是属于连带责任还是补充责任看法也不统一;关于车主、肇事人张某及其监护人是否应当承担连带责任以及林某是否也应当承担连带责任,各当事人均有较大的争议。

一审法院宣判后,被告张某、张某父亲、莫某、黎某不服,向某市中级人民法院提起上诉,称:(1)王某为农村居民,原审按城镇居民计算死亡赔偿金无事实依据;(2)原审判决没有计算上诉人已经支付的丧葬费15000元有误;(3)原审没有判决车辆使用人林某承担赔偿责任却判决车辆所有人承担连带赔偿责任错误,希望二审予以纠正。

被上诉人李某、王某美、王某帅认为本案的受害人住所地在某区的城中村,已经成为城市的一部分,应当按城镇居民计算死亡赔偿金;肇事车辆经检验属于轻便二轮摩托车范畴,应当认定为机动车;双方当时在某区交警的调解下已达成丧葬费由张某支付的意见,双方对此不持异议,请求二审法院维持原判。

原审覃某、覃某父亲、明某认为己方不是交通事故责任人,也不是肇事车辆的所有人和实际管理、支配、使用人;原审按城镇居民计算死亡赔偿金缺乏法律依据。请求二审法院依法驳回上诉人对其上诉请求。

三、案件处理

一审法院审理认为,被告张某与王某发生的交通事故,经公安交警部门确认,被告张某与王某承担事故的同等责任;被告林某、覃某不承担事故责任。三原告是王某的近亲属,有权要求侵权人承担侵权责任。肇事车经检验鉴定为轻便二轮摩托车,该车属于机动车的范围。机动车必须投保交通事故责任强制险,是法律的强制性规定。被告黎某作为肇事车车主,未按照法律规定投保交通事故责任强制险,是不履行法定义务的行为。该行为致使原告无法直接向保险公司主张权利,故被告黎某应在机动车交通事故责任强制保险责任限额范围内先行承担强制保险的赔偿限额;超出赔偿限额的部分由被告张某按照责任比例承担赔偿责任。同时,被告黎某将车借给未成年人使用,也应承担相应的赔偿责任。被告林某的承诺,不能免除黎某在本案中的责任。被告林某、覃某在本次交通事故中不承担事故责任,因此,不应承担赔偿责任。死亡赔偿金的性质是对未来收入损失的赔偿,王某原是乡村医生,收入相对比农民高,按城镇居民人均可支配收入计算死亡赔偿金较为适宜。因王某承担事故的同等责任,故原告请求被告支付精神损害抚慰金、赔偿车辆损失费,但因没有提供证据证实,法院也不予支持。依照我国《道路交通安全法》第 76 条和《侵权责任法》第 6 条第 1 款、第 16 条、第 48 条、第 49 条的规定,判决如下:(1) 被告黎某赔偿给原告李某、王某美、王某帅 130000 元;(2) 被告张某、莫某赔偿给原告李某、王某美、王某帅 81538.50 元;(3) 被告张某、莫某对被告黎某承担的赔偿款 130000 元承担连带赔偿责任。

二审法院认为,本案的交通事故发生后,经交警部门确认,张某与王某承担事故的同等责任,林某、覃某不承担事故责任,原审据此确认当事人各自的事故责任是正确的。由于本案的肇事车经检验鉴定为轻便二轮摩托车,属于机动车的范围,必须投保机动车第三者责任强制保险。在肇事车"韩本"牌燃油二轮车未按照法律规定投保机动车第三者责任强制保险的情况下,原审按机动车范围作出的相应处理也是正确的。由于王某原是乡村医生,收入相对比农民高,因此,上诉人要求按农村户口计算其死亡赔偿金理据不足,法院不予支持。在损失方面,王某住院期间的医疗费应为 4728 元,丧葬费 15000 元,原审对此认定有误,上诉人要求将此数目予以更正和确认与事实相符。上述费用与原审查明的死亡赔偿金、交通费、误工费相加,合计为 329728 元。上述损失应由车辆所有人黎某在机动车第三者责任强制保险赔偿责任限额范围内赔偿 120000 元,并由张某承担连带赔偿责任;对于超过机动车第三者责任强制保险赔偿责任限额部分的 209728 元,由张某承担 30% 即 62918.4 元,扣除已经支付的医疗费 4430 元、丧葬费 15000 元后,尚应赔偿 43488.4 元;上诉人黎某将车借给未成年人原审被告林某使用,林某在借到车辆后又转交给同样是未成年人的上诉人张某使用,对此上诉人黎某、原审被告林某应各承担10%的赔偿责任即20972.8元。因上诉人张某、原审被告林某是未成年人,其承担的赔偿责任应由监护人负责赔偿。原审对责任分担上有误,二审法院对此予以纠正。上诉人上诉所提有理部分二审法院予以支持。原审判决事实清楚、证据充分,但在数字计算上存在错误,二审法院对此应予以纠正。依照我国《民事诉讼法》第153条第1款第3项之规定,判决如下:

(1) 撤销某区人民法院民事判决。

(2) 上诉人黎某在交通事故责任强制险赔偿总额数目内赔偿给被上诉人李某、王某美、王某帅120000元;上诉人张某父亲、莫某对于上述赔偿款项承担连带赔偿责任。

(3) 超过机动车第三者责任强制保险赔偿责任限额部分,由上诉人张某父亲、莫某赔偿43488.4元,上诉人黎某赔偿20972.8元、原审被告陆某赔偿20972.8元给李某、王某美、王某帅。

四、分析思考

(一) 机动车交通事故责任的两种归责原则与构成要件

根据《道路交通安全法》第119条第5款的规定,"交通事故",是指车辆在道路上因过错或者意外造成的人身伤亡或者财产损失的事件。机动车交通事故责任是指因机动车交通事故导致他人人身或财产的损害,机动车一方所应承担的侵权责任。在机动车交通事故责任的归责原则上一直存在争议。我国《民法通则》第123条规定:"从事高空、高压、易燃、易爆、剧毒、放射性、高速运输工具等对周围环境有高度危险的作业造成他人损害的,应当承担民事责任;如果能够证明损害是由受害人故意造成的,不承担民事责任。"该条对于高度危险责任采取无过错归责原则,但是对于机动车辆是否属于"高速运输工具"却一直存在争议。2003年《道路交通安全法》第76条第一次对机动车交通事故责任的归责原则作了系统的规定:"机动车发生交通事故造成人身伤亡、财产损失的,由保险公司在机动车第三者责任强制保险责任限额范围内予以赔偿;不足的部分,按照下列规定承担赔偿责任:(一) 机动车之间发生交通事故的,由有过错的一方承担赔偿责任;双方都有过错的,按照各自过错的比例分担责任。(二) 机动车与非机动车驾驶人、行人之间发生交通事故,非机动车驾驶人、行人没有过错的,由机动车一方承担赔偿责任;有证据证明非机动车驾驶人、行人有过错的,根据过错程度适当减轻机动车一方的赔偿责任;机动车一方没有过错的,承担不超过百分之十的赔偿责任。交通事故的损失是由非机动车驾驶人、行人故意碰撞机动车造成的,机动车一方不承担赔偿责任。"该规定将机动车交通事故责任的归责原则根据具体情况区分为两种,即机动车之间发生的交通事故适用过错责任原则,机动车与非机动车驾驶人、行人之间发生的交通事故适用无过错责任原则。我国《侵权责任法》第六章专门规定了"机动车交通事故责任",但并未对归责原则作出新的不同于《道路交通安全法》的规定,因此实务中仍采取《道路交通安全法》上的归责原则。

(二) 本案责任主体及责任分担方式的确定

在构成要件上机动车一方致非机动车、行人损害的构成要件与机动车之间事故责任的构成要件也不相同。前者构成要件包括:机动车一方不需具有过错、机动车一方存在肇事行为、非机动车或行人一方遭受损害、肇事与损害之间具有因果关系。后者构成要件包括:一方或双方有过错、一方或双方肇事、造成一方或双方损害、肇事与损害之间存在因果关系。结合本案看,由于肇事车"韩本"牌燃油二轮车经检验鉴定为轻便二轮摩托车,属于机动车的范围,且双方都存在违法肇事行为,具有主观上的过错,并最终导致交通事故的发生,符合了机动车之间事故责任的构成要件。

本案事故责任构成上看似简单,但由于借用人、实际使用人和车主等不同主体,增加了案件复杂程度。《侵权责任法》第 49 条规定:"因租赁、借用等情形机动车所有人与使用人不是同一人时,发生交通事故后属于该机动车一方责任的,由保险公司在机动车强制保险责任限额范围内予以赔偿。不足部分,由机动车使用人承担赔偿责任;机动车所有人对损害的发生有过错的,承担相应的赔偿责任。"在租赁、借用等情形下发生机动车交通事故的,先由保险公司在机动车强制保险责任限额范围内予以赔偿。根据《道路交通安全法》第 17 条和《机动车交通事故责任强制保险条例》的规定,机动车所有人应当购买机动车交通事故责任强制保险而没有购买的,由机动车交通事故责任强制保险的投保义务人在机动车交通事故责任强制保险责任范围内予以赔偿。[1] 机动车交通事故责任强制保险责任范围以外的赔偿责任再根据《侵权责任法》的有关规定处理,而根据我国《侵权责任法》第 49 条,机动车交通事故责任强制保险责任范围以外的不足部分应当由机动车使用人承担,机动车所有人对损害的发生有过错的,承担相应的赔偿责任。这里的"相应的赔偿责任",张新宝教授认为是与所有人过错大小相对应的赔偿责任,是补充责任而非连带责任。[2] 这意味着机动车交通事故责任强制保险责任范围以外的不足部分,若机动车所有人有过错,则需要分成一定的份额,由机动车所有人和实际使用人按照一定比例分摊。

结合本案看,本案中交警部门认定交通事故双方承担事故的同等责任,肇事

---

[1] 参见王竹:《侵权责任法疑难问题专题研究》,中国人民大学出版社 2012 年版,第 59 页。
[2] 参见张新宝:《侵权责任法》,中国人民大学出版社 2010 年版,第 274 页。

车车主黎某由于没有购买机动车交通事故责任强制保险，因此应当先由其在机动车交通事故责任强制保险责任范围内予以赔偿。不足部分应由交通事故双方各承担50%。由于车主黎某在出借车辆时，将车辆出借给未成年且不具有驾驶执照的林某，林某又借给同样未成年且不具有驾驶执照的张某，具有明显的主观过错，因此机动车交通事故责任强制保险责任范围以外部分的50%应由车主黎某、借用人林某和实际使用人张某按照一定比例予以分摊。

（三）第一借用人林某是否应当承担责任？

本案值得进一步思考的是第一借用人林某是否应当承担责任。在一审中人民法院认为第一借用人林某不是使用人，不是交通事故的当事人，因此不承担责任。而二审法院认为，林某在向黎某借得车辆以后又将该车出借给张某，林某已经处于出借人的地位，因此应当同黎某一样也承担10%的责任。

从《侵权责任法》第49条的立法意图看，就是要确定交通事故责任适用"运行支配为主，运行利益为辅"的主体确定原则，机动车使用人是主要的、常态的责任人，主要理由是机动车的使用人是在实际地支配机动车的运行，也是最能够通过提高注意义务来避免交通事故发生的人。机动车出借人只有在具有过错时才分担责任。出借人在出借时有注意义务对借用人予以选择，否则构成过错，就需要承担责任。林某在借得车辆以后，已经处于控制人的地位，因此其再次将车辆出借时同样有选择其他借用人的注意义务，其将车辆出借给未成年且不具有驾驶执照的张某的行为也明显具有过错。因此，笔者认为，二审法院认定林某也应承担10%的责任更为合理。

案例八:周某某、徐某某诉上海某某医院医疗损害赔偿纠纷案

——医疗损害责任中"损害"的界定

一、基本案情

原告:周某某

原告:徐某某

被告:上海市某某医院

原告周某某、徐某某诉被告上海市某某医院医疗损害赔偿纠纷一案,上海市某区人民法院于2009年12月29日受理后,依法组成合议庭,于2010年9月7日公开开庭进行了审理。本案现已审理终结。

经审理查明,徐某系原告周某某的丈夫、原告徐某某的父亲。徐某于2008年11月16日在被告处进行健康体检。超声检查报告小结为:肝胆胰脾双肾未见明显异常。徐某因肝区疼痛半月余,纳差2—3月于2009年1月5日就诊于某区中心医院。超声多普检查报告(2009年1月5日)提示:中上腹低回声,建议CT。2009年1月12日,影像诊断报告单(上腹部MR平扫+增强)影像学诊断:胰头占位性病变,伴肠系膜上静脉及门静脉受侵,建议CT增强进一步检查。2009年1月10日复旦大学附属中山医院放射科CT报告单(上腹部平扫+增强)影像学诊断:胰头MT伴门静主干受侵。2009年1月15日患者入住复旦大学附属中山医院,并于2009年1月19日进行手术治疗,病理为:(腹膜)转移性腺癌。2009年2月1日出院。出院诊断:胰腺癌晚期,广泛腹腔内转移。2009年2月19日徐某因胰腺癌剖腹探查术后1月,皮肤巩膜黄染半月余入住复旦大学附属肿瘤医院闵行分院,于2009年2月20日行PTCD术,2009年2月23日出院。2009年4月8日,徐某入住上海中医药大学附属龙华医院。2009年4月26日,徐某死亡。死亡原因:胰腺癌Ⅳ期(腹腔转移)。原告认为正是被告草率体检导致漏检,致使徐某错失治疗最佳时机,遂提起本案诉讼。

审理中,上海市某区人民法院委托上海市某区医学会进行医疗事故技术鉴定,该会分析认为:病员在上海市某某医院体检50天后发现胰腺癌,64天后手

术见腹腔广泛转移,说明该患者在体检时已进入晚期。故某某医院 B 超未发现胰腺肿瘤与患者死亡无因果关系。超声检查受多种因素影响,与 CT 及 MRI 相比,它并非检出胰腺癌的金标准。某某医院的体检工作存在一定的粗糙不足之处,在病人因上腹不适提出要求提早体检的情况下,即便未发现可疑病灶,也应给病人一定的建议,作进一步检查,但与病人死亡无因果关系。结论为徐某与上海市某某医院医疗争议不构成医疗事故。

上述事实,除原、被告陈述一致外,另有原告提供的居民死亡医学证明书、健康体检报告、相关病史资料以及上海市黄浦区医学会医疗事故鉴定书等证据所证实,上海市某区人民法院予以认定。

二、争议焦点

本案是一起典型的医疗损害赔偿纠纷案件,案件焦点为如何确定医疗损害责任中的"损害"以及医疗过错与损害之间是否存在因果关系。

1. 医疗损害责任中何为"损害"?

损害是给某人财产、权利或人身造成的不利益。① 这是一个十分宽泛的概念,任何的不利益都可能被认定为损害,这也导致在本案中何为损害具有不同的认识。一种观点认为本案中损害是指患者徐某的死亡;但是,也有学者提出不同的看法,认为医疗机构及其医务人员有过错的诊疗活动增加了患者死亡的几率,或者说是减少了患者存活的几率,这本身就是一种损害。

2. 本案中医院的漏检行为与受害人死亡是否具有因果关系?

因果关系是指加害行为与损害之间或者物的内在危险的实现与损害之间引起与被引起的内在联系。在医疗损害责任中的因果关系是指医疗机构的过错行为与受害人损害之间的内在联系。我国目前主流的观点是侵权责任的因果关系采用"相当因果关系说"。本案的争议之处在于,如果将本案中的损害界定为患者徐某的死亡,则要判断医院体检中的漏检行为与患者徐某的死亡之间是否具有相当因果关系;而如果将损害界定为死亡几率的增加或生存几率的减少,则要判断漏检行为与该损害是否存在相当因果关系。

三、案件处理

上海市某区人民法院经过审理认为,公民的生命健康权受法律保护,被告接收患者治疗,双方形成医患关系,被告应当对患者进行积极妥善的治疗。判定被告承担医疗损害责任,需要确认被告医疗违法行为与患者人身损害后果之间具有因果关系。在本案医疗纠纷中,根据患者徐某治疗的相关病史记载,患者体检

---

① 参见〔德〕U. 马格努斯:《侵权法的统一:损害与损害赔偿》,谢鸿飞译,法律出版社 2009 年版,第 16 页。

后 50 天发现胰腺癌,64 天后手术见腹腔广泛转移,说明患者在体检时已进入晚期,被告的医疗行为与患者的死亡无因果关系,原告要求被告承担民事赔偿责任无事实和法律依据,上海市某区人民法院难以支持。但是,应当指出,在患者徐某因上腹不适提早至被告处进行体检,被告经 B 超检查未发现异常的情况下,虽然医学会也指出超声检查受多种因素影响,但被告在未检出原因后应当给患者建议,作进一步检查为妥。正是被告工作的不足对患者造成误导,进而引起本案诉讼。为平息医患矛盾,本案中可判令被告对原告作出一定经济补偿,并由被告承担相关鉴定及诉讼费用。据此,依照我国《民法通则》第 5 条之规定,判决如下:

(1) 驳回原告周某某、徐某某的全部诉讼请求;

(2) 被告上海市某某医院于本判决生效之日起十日内一次性补偿原告周某某、徐某某 10000 元。

如果未按本判决指定的期间履行给付金钱义务,应当依照我国《民事诉讼法》第 229 条之规定,加倍支付迟延履行期间的债务利息。

本案受理费 1210 元、鉴定费 3500 元,由被告上海市某某医院负担。

四、分析思考

(一) 医疗损害责任的构成要件

医疗损害责任有狭义和广义之分。狭义的医疗损害责任,仅指医疗机构及其医务人员在诊疗活动中过失侵害患者生命权、身体权、健康权的侵权责任。狭义的医疗损害责任属于专家责任。更广义一些的医疗损害责任,是指医疗机构及其医务人员在医疗过程中因过失造成患者人身损害或其他损害,应当承担的以损害赔偿为主要方式的侵权责任。这里侵害的不仅仅是患者的生命权、身体权和健康权,还包括对被侵权人及其家属的财产损害及精神损害。最广义的医疗损害责任,除了包括上述广义的医疗损害责任外,还包括医疗产品责任、侵害患者隐私权责任、不必要检查所致的责任等。从相关规定看,我国《侵权责任法》采取的是最广义的医疗损害责任。在《侵权责任法》专门规定医疗损害责任之前,实践中听到的更多的是"医疗事故责任"。医疗事故责任是根据《医疗事故处理条例》确立的一个概念。《医疗事故处理条例》第 2 条规定:"本条例所称医疗事故,是指医疗机构及其医务人员在医疗活动中,违反医疗卫生管理法律、行政法规、部门规章和诊疗护理规范、常规,过失造成患者人身损害的事故。"《医疗事故处理条例》第 4 条规定,医疗事故分为四级,即便是最轻的四级医疗事故也要求"造成患者明显人身损害的其他后果",可见医疗事故一般会造成比较严重的医疗损害后果。具体来说,医疗损害责任与医疗事故责任存在以下区别:第一,医疗事故责任要求强制鉴定并达到一定程度的损害标准,不达到规定程度不构成医疗事故,而医疗损害责任不要求损害达到一定的程度,只要求有损害即可;第二,医疗事故责任主要是造成患者人身损害,而医疗损害责任除了包括人身损害,还包括财产、精神损害,隐私权侵害,不必要检查所致损害等情形,因此医疗损害责任在适用范围上要广;第三,医疗事故责任的责任形式既包括民事责任也包括行政责任,而医疗损害责任主要是在侵权责任法的领域提出的,是一种民事责任。我国侵权责任法采用医疗损害责任而没有沿用医疗事故责任的提法,就是要纠正以前医疗机构将承担的责任一分为二,即区分为医疗事故责任和医疗过错责任二元结构的弊端。

医疗损害责任的承担一般需要满足以下构成要件:

1. 加害人为医疗机构及其医务人员

这是对责任主体的规定性要求。医疗机构,是指取得《医疗机构执业许可证》,从事医疗活动的机构,根据《医疗机构管理条例实施细则》第3条的规定,包括"(一)综合医院、中医医院、中西医结合医院、民族医院、专科医院、康复医院;(二)妇幼保健院;(三)中心卫生院、乡(镇)卫生院、街道卫生院;(四)疗养院;(五)综合门诊部、专科门诊部、中医门诊部、中西医结合门诊部、民族医院门诊部;(六)诊所、中医诊所、民族医院诊所、卫生所、医务室、卫生保健所、卫生站;(七)村卫生室(所);(八)急救中心、急救站;(九)临床检验中心;(十)专科疾病防治院、专科疾病防治所、专科疾病防治站;(十一)护理院、护理站;(十二)其他诊疗机构"。医务人员,是指经过考核和卫生行政机关批准或承认,取得相应资格的各级各类卫生技术人员以及从事医疗管理等工作的相关人员。[①] 不具有以上资质,未获得许可的医疗机构或人员展开诊疗活动,根据《医疗事故处理条例》和《刑法》的有关规定,构成非法行医。《医疗事故处理条例》第61条规定:"非法行医,造成患者人身损害,不属于医疗事故,触犯刑律的,依法追究刑事责任;有关赔偿,由受害人直接向人民法院提起诉讼。"因此,非法行医若构成犯罪,将按照我国《刑法》第336条非法行医罪处理,民事方面的赔偿按照一般的侵权行为处理,而非医疗损害责任。

2. 患者在诊疗活动中受到损害

(1) 损害产生于诊疗活动

并非任何在医院受到的损害都构成医疗损害责任,对于患者在医院因地板水渍而滑倒受伤、患者及其家属在医院钱财被盗等情形,医院虽然基于相关的安全保障义务要承担侵权责任,但不构成医疗损害责任。只有是在诊疗活动中受到的损害才可能构成医疗损害责任。

根据《医疗机构管理条例实施细则》第88条第1款的规定,诊疗活动是指,

[①] 参见卫生部颁布的《关于〈医疗事故处理办法〉若干问题的说明》。

通过各种检查,使用药物、器械及手术等方法,对疾病作出判断和消除疾病、缓解病情、减轻痛苦、改善功能、延长生命、帮助患者恢复健康的活动。可见,判断医疗机构及其医务人员的活动是否属于诊疗活动的关键是看是否运用了专业的知识和技能。

(2) 损害

损害是所有侵权责任的必备要件,医疗损害责任也不例外。从侵害的客体看,医疗损害责任中的损害包括人身伤亡损害和财产损害。从医疗技术损害责任的类型看,损害包括以下类别:(1) 诊断过失损害,即误诊。一般认为只有根本未进行基本的诊断程序或在进一步的治疗过程中未对初始的诊断发现并加以审查时,才构成误诊。判断误诊的标准是,一个理性的医务人员在疾病诊断中,作出了不符合医疗时的医疗水平的对患者疾病的错误判断。(2) 治疗过失损害,即医疗机构及医务人员在治疗中未遵守医疗规范、规章、规程,未尽到高度注意义务,实施错误的治疗行为,造成的患者人身损害。(3) 护理过失损害,即医护人员在护理中违反高度注意义务造成的患者人身损害。(4) 组织过失损害,即医疗机构在医疗组织中,违反医院管理规范,疏于及时救助义务或延误治疗时间等造成的损害。(5) 孕检生产损害,即孕妇在产检中由于妇产科医院对胎儿状况的检查存在医疗上的疏忽或者懈怠,应当发现胎儿畸形而未发现,导致畸形胎儿出生所发生的损害。[①]

医疗损害中的损害通常需要由受害人承担举证责任。《医疗事故处理条例》要求对于医疗事故强制性鉴定,《侵权责任法》对于是否需鉴定采取自愿原则。

3. 医疗机构及其医务人员存在过错

这里所说的过错主要是指过失,不包括故意的情形,对于故意的情形按照民法上的一般侵权处理。医务人员的诊疗活动是执行医疗机构职务的活动,因此医务人员的过失即为医疗机构的过失。医疗机构不得以已经尽到医务人员的选任责任等为由拒绝承担责任。但若医务人员私自"走穴"即在其他医疗机构兼职造成损害,则医务人员的本职工作医疗机构不承担责任。

在医疗损害责任的归责原则上,不少学者主张采取无过错责任原则。这种观点主要是认为医疗活动本身风险很大,专业性强,但风险是由机构来控制和实施的,损害发生后由患者对医疗过程中的过错举证往往会带来举证困难。也有学者主张采取折中的过错推定,由医疗机构来证明其无过错。《最高人民法院关于民事诉讼证据的若干规定》第 4 条第 8 款也规定:"因医疗行为引起的侵权诉讼,由医疗机构就医疗行为与损害结果之间不存在因果关系及不存在医疗过

---

① 参见杨立新:《侵权损害赔偿》,法律出版社 2010 年版,第 353—354 页。

错承担举证责任。"但《侵权责任法》没有采纳该做法,而是改采一般的过错责任原则,原则上由受害人就医疗机构的过失和医疗行为与损害的因果关系负举证责任,除非法律另有规定,如《侵权责任法》第58条规定了三种情况下对医疗机构采取过错推定。

在医疗机构及其医务人员过错的判断上,《侵权责任法》规定了三项标准:

(1) 违反说明及取得同意之义务

《侵权责任法》第55条规定:"医务人员在诊疗活动中应当向患者说明病情和医疗措施。需要实施手术、特殊检查、特殊治疗的,医务人员应当及时向患者说明医疗风险、替代医疗方案等情况,并取得其书面同意;不宜向患者说明的,应当向患者的近亲属说明,并取得其书面同意。医务人员未尽到前款义务,造成患者损害的,医疗机构应当承担赔偿责任。"因此,医务人员未对有关情况进行说明,或者相关风险、方案等未取得患者或家属同意即实施的应当认定医务人员具有过错。但是也有例外情况,《侵权责任法》第56条规定:"因抢救生命垂危的患者等紧急情况,不能取得患者或者其近亲属意见的,经医疗机构负责人或者授权的负责人批准,可以立即实施相应的医疗措施。"可见在特定的紧急情况下,违反说明及取得同意之义务的不构成过错。

(2) 未尽到与当时的医疗水平相应的诊疗义务

《侵权责任法》第57条规定:"医务人员在诊疗活动中未尽到与当时的医疗水平相应的诊疗义务,造成患者损害的,医疗机构应当承担赔偿责任。"诊疗义务,是指医务人员在对患者进行诊断活动时负有的义务,未尽到与当时的医疗水平相应的诊疗义务实际上是医务人员未尽到注意义务的具体体现,未尽到注意义务构成过失。具体来看,未尽到与当时的医疗水平相应的诊疗义务又可以分为未尽到法定义务和未尽到合理的注意义务。未尽到法定义务,是指相关法律法规、诊疗规范对医务人员的诊疗义务有规定的,未履行该义务则具有过失。未尽到合理的注意义务,是指未尽到在通常情况下,同一医疗活动领域中一位合格的从业人员在同等情况下应有的谨慎、技能和能力。

(3) 推定的过错

《侵权责任法》第58条规定:"患者有损害,因下列情形之一的,推定医疗机构有过错:(一)违反法律、行政法规、规章以及其他有关诊疗规范的规定;(二)隐匿或者拒绝提供与纠纷有关的病历资料;(三)伪造、篡改或者销毁病历资料。"

4. 因果关系

在医疗损害责任中,因果关系是指医疗过错与损害之间的引起与被引起关系。在医疗损害中,引起损害的原因可以是多种多样的,如医疗机构的过失、患者特殊体质、患者的配合程度、药品或医疗器械缺陷等等都可能导致损害,因此在判断医疗损害责任中的因果关系时需要注意区分主要原因和直接原因。

从我国实际看,基本上采纳了相当因果关系说。运用相对因果关系说对案件进行判断需要分为两个步骤。首先,审查其条件上的因果关系或事实上的因果关系。在这一阶段采取的是"but-for"(若无,则不)规则,旨在认定:"若 A 不存在,B 仍然会发生,则 A 非 B 的条件。"①如果构成条件因果关系,则做第二个步骤的判断,即相对性的判断。其判断标准是,有此行为,通常足以生此种损害的,则具有相当性;有此行为,通常亦不生此种损害者,则不具有相当性。具体到本案看,根据患者徐某治疗的相关病史记载,患者体检后 50 天发现胰腺癌,64 天后手术见腹腔广泛转移,说明患者在体检时已进入癌症晚期,因此即便没有被告上海市某某医院在体检上的疏忽、懈怠,患者徐某的死亡仍然是不可避免的,可见上海市某某医院在体检上的疏忽、懈怠不是患者徐某死亡的条件,因此也无须进行第二步的相对性判断。上海市某某医院在体检上的疏忽、懈怠与患者徐某的死亡不具有相对因果关系,因此被告上海市某某医院无须对徐某的死亡承担赔偿责任。

(二) 学者对医疗损害责任中损害的不同看法

虽然从案件分析看,由于上海市某某医院在体检上的疏忽、懈怠与患者徐某的死亡不具有相对因果关系,因此本案不构成被告上海市某某医院对徐某的死亡承担赔偿责任,但是有一点值得进一步思考,那就是本案中的损害到底应当如何认定。法院的认定是本案中患者的死亡即为损害。如果这样认定,本案审判结果无疑是正确的。但有些学者对于医疗损害中的损害有其他的看法。程啸教授认为:"医疗机构及其医务人员有过错的诊疗活动通常只是增加了患者遭受损害的几率,或者说是减少了患者存活的几率。这本身就是一种损害。故此不能以患者即便得到有效的诊疗,其痊愈或存活的几率也很低为由,认定损害与过错的诊疗活动没有因果关系。"②换言之,如果本案中的损害界定为患者存活几率的减少,则上海市某某医院在体检上的疏忽、懈怠与该损害之间无疑是具有因果关系的。

---

① 王泽鉴:《侵权行为法》,中国政法大学出版社 2002 年版,第 193 页。
② 程啸:《侵权责任法教程》,中国人民大学出版社 2011 年版,第 209 页。

案例九:杨某诉某聚酯公司等环境污染侵权纠纷案

——环境污染责任中的因果关系及其证明

一、基本案情

原告:杨某

被告:某聚酯公司、某染坊公司、嘉禾公司等

原告杨某诉被告某聚酯公司、被告某染坊公司、被告嘉禾公司等环境污染侵权纠纷一案,某市某区人民法院于2010年3月25日受理,依法组成合议庭,于5月11日、6月30日两次公开开庭进行了审理,本案现已审理终结。

原告诉称,原告系某市外来瓜农,于2007年12月12日与其他瓜农一起,推举杨广作为代表与某市某区某镇农业技术推广服务中心(以下简称"农技中心")签订《土地租赁合同》。原告认为,作为实际种植人,原告种植的40亩西瓜由于被告的污染造成绝收,被告应依法承担赔偿责任,请求判令被告赔偿因污染环境给原告造成的经济损失370000元,并由被告承担本案诉讼费。各被告也分别提出了答辩意见,原、被告双方均提供了相关证据。

经审核,综合本案原、被告所提供的证据,根据采信的证据及庭审质证意见,某区人民法院确认以下事实:2007年12月12日,案外人杨广与农技中心签订了一份《土地租赁合同》,合同规定,将某区某镇亭东村开发区内300亩左右的土地租赁给其种植西瓜,租赁期限自2007年12月1日至2008年10月30日,租金每亩800元,先付后租,签约后一次性付清,丈量后多退少补。合同签订后,杨广将上述土地转租给了原告杨某等24户农户种植西瓜。2008年4月30日,因种植的西瓜部分受损,经双方协商,农技中心与杨广签订了《关于解除土地租赁合同协议书》,约定农技中心退还240000元的土地租赁费,解除双方于2007年12月12日签订的《土地租赁合同》。同日,杨广签署了承诺书,载明:"以后相关西瓜种植所产生的一切纠纷与亭林镇农业技术推广中心没有任何关系,所产生的一切后果由我本人承担一切法律责任。"原告等20余名种植户亦在此承诺书上签字。由于原告种植的西瓜部分受损,认为

系被告等环境污染所致,协商未果,致涉诉。

二、争议焦点

本案是一起典型的环境污染纠纷诉讼案例,案件争议的焦点为瓜农的损害是否由环境污染所致,即环境污染责任上因果关系的证明问题。

原告认为由于被告排放的工业废水及废气的污染,自2008年3月中旬开始,苗壮成长的瓜藤开始大面积枯萎、死亡。因此,被告的污染与原告西瓜的绝收具有因果关系。

被告认为企业通过了"三同时"环保验收,污水通过排污管网排污,环保监测结论合格,并无初步的证据证明是由于环境污染造成损害后果。同时提供了瓜类种植专家蔡金龙的证人证言,证明原告瓜苗部分是因枯萎病、部分是因根腐病、部分是因蔓枯病等导致死亡。换言之,被告认为原告的损害与被告行为之间无因果关系。

三、案件处理

某市某区人民法院经过审理认为,根据我国《民法通则》《侵权责任法》和《环境保护法》等法律、法规的规定,因污染环境造成损害的,污染者应当承担侵权责任。本案的争议焦点主要是原告种植的西瓜是否遭受了损害、损害是否由环境污染导致、被告是否应承担侵权责任等问题。

关于原告遭受损害问题。首先,原告所种植的西瓜的田亩数,据原告称为40亩,但根据退还给原告的土地租赁费的金额,不能得出原告种植40亩的计算结果,对此原告未提供足够的证据。而根据某镇人民政府相关的调查报告,原告在亭东村种植为20亩,而另20亩种植在红阳村,并非在该涉案工业整合区内,因此原告所述涉案的田亩数不实。其次,综合本案原、被告所提供的证据及证人的陈述,原告等种植的西瓜发生了部分受损,但并非颗粒无收,即如原告所诉的绝收。

关于损害原因问题。原告等种植的西瓜在2008年发生了歉收。2008年媒体报道了某镇工业整合点内相关企业的废气和噪声污染扰民问题,其中讲到染坊公司的二甲胺异味和聚酯公司的噪声、酸雾扰民问题,所散发的气味味道难闻,但也指出其并非属于有毒有害气体,所涉及的问题并非被告单位排放有毒有害废气、废水、废渣,导致损害问题,而是其本身的气味、酸雾等导致的扰民问题。应该说,存在噪声、气味、酸雾等环境扰民问题与造成损害间并非直接等同。各被告均能通过"三同时"环保验收,污水通过排污管网排污,环保监测结论合格,故并无初步的证据证明损害后果是由于环境污染所造成。如果同时存在被告发生环境污染事故和原告西瓜受损两个分别独立的事实,则被告负有证明其间无因果关系的举证责任,否则将超过被告合理的举证能力范围。

被告提供了瓜类种植专家蔡金龙的证人证言,证明蔡在2008年四五月份涉案西瓜种植户瓜苗发生死亡事故后,曾前往位于亭东村的现场查看,发现瓜苗部分是因枯萎病、部分是因根腐病、部分是因蔓枯病等导致死亡,且其证明该三种病不可能由浇了污染的水造成。蔡金龙的陈述内容排除了原告西瓜的受损与被告行为间的因果关系。

环境保护关系到人民群众切身利益,关系到人与自然和谐相处和经济社会永续发展,保护人类赖以生存的环境,就是在保护我们人类自己,责任重大,意义深远,懈怠和疏忽不得。为了给我们的子孙后代留下一片洁净的天空、留下一个绿色的地球,诸被告应以本案之发生作为警示,不断进行技术革新和改造,提高保护环境的意识,努力消除生产经营对土地、水流、空气等环境的污染和破坏,消除对居民生活的干扰,如斯则是利在千秋之事。

综上,原告请求被告赔偿损失,缺乏相应的事实和法律依据,某市某区人民法院难以支持。

四、分析思考

(一)环境污染责任的归责原则、举证责任和构成要件

环境污染责任,是指因污染环境造成他人损害时应当承担的侵权责任。环境污染有广义和狭义之分,狭义的环境污染是指因产业活动或其他人为活动而破坏大气、水、土壤、海洋等自然环境,从而给不特定多数人的生命、身体、健康、财产或者其他民事权益造成损害的行为。[1] 广义的环境污染还包括相邻关系人之间的环境污染,即相邻的不动产权利人之间污染环境给他人造成损害的情形。侵权责任法上的环境污染主要是指狭义上的环境污染,相邻关系人之间的环境污染主要由物权法上的不动产相邻关系调整。环境污染责任具有以下明显的特征:

第一,环境污染责任的归责原则为无过错责任原则。环境污染事故是现代社会里新型的、容易造成大范围严重损害的事故。在环境污染中往往具有不确定性,潜伏周期长,专业性技术性强,由受害人来证明加害人的过错往往存在较大困难。因此,环境污染责任采无过错责任,即不论行为人主观上有无过错,只要客观上环境污染造成了损害后果,就应当承担责任,如此减轻了受害人的证明责任。环境污染责任采取无过错责任原则,要求责任人不论是否存在过错都承担责任,会促使责任人事先采取预防措施,避免损害的发生,间接起到了减少、避

---

[1] 参见〔日〕原田尚彦:《环境法》,于敏译,法律出版社1999年版,第3页。

免污染,保护环境的作用。我国1982年的《海洋环境保护法》第42条首先确定了环境污染的无过错责任,1984年的《水污染防治法》也采取了无过错责任,2009年制定的《侵权责任法》第65条规定:"因污染环境造成损害的,污染者应当承担侵权责任。"可见也是采取无过错责任。另外,我国侵权责任法还规定,即便环境污染是由于第三人的过错造成的,污染者也不因此免责,而应当与该过错第三人向受害人承担不真正连带责任。

第二,环境污染责任不以违法性作为侵权责任构成要件。《侵权责任法》第65条规定:"因污染环境造成损害的,污染者应当承担侵权责任。"从该规定看,该规定并不强调损害是由违反国家规定的排污行为造成的,换言之,因污染环境造成损害的包括合法排污造成的损害和非法排污造成的损害。我国《环境保护法》第10条规定:"国务院环境保护行政主管部门根据国家环境质量标准和国家经济、技术条件,制定国家污染物排放标准。省、自治区、直辖市人民政府对国家污染物排放标准中未作规定的项目,可以制定地方污染物排放标准;对国家污染物排放标准中已作规定的项目,可以制定严于国家污染物排放标准。地方污染物排放标准须报国务院环境保护行政主管部门备案。凡是向已有地方污染物排放标准的区域排放污染物的,应当执行地方污染物排放标准。"因此,凡违反国家规定的相关污染物排放标准的行为,构成污染环境行为。另外,即便污染物的排放符合国家规定的相关污染物排放标准,但只要该排放污染物的行为造成了受害人损害的,也构成污染环境行为。

第三,环境污染责任对于因果关系规定了举证责任倒置规则。《最高人民法院关于民事诉讼证据的若干规定》第4条第3款规定:"因环境污染引起的损害赔偿诉讼,由加害人就法律规定的免责事由及其行为与损害结果之间不存在因果关系承担举证责任。"这就意味着只要发生污染环境纠纷,那么就推定污染行为与损害之间存在因果关系,污染者负有证明不存在因果关系的举证责任,否则将承担举证不能带来的不利后果。因果关系举证责任倒置减轻了受害人的举证负担,强化了对受害人的救济。

构成环境污染责任一般需满足以下三方面构成要件:

1. 污染环境行为

环境污染责任的成立,首先要求有污染环境的行为。污染环境的行为包括大气污染、水污染、环境噪声污染、固体废物污染、海洋环境污染和放射性污染等。大气污染,是指向大气中排放污染物,污染大气的行为,包括燃烧产生的大气污染、机动车排放污染以及废气、烟尘和恶臭污染。水污染,是指水体因某种物质的介入,而导致其化学、物理、生物或者放射性等方面特性的改变,从而影响水的有效利用,危害人体健康或者破坏生态环境,造成水质恶化的现象。环境噪声污染,是指所产生的环境噪声超过国家规定的环境噪声排放标准,并干扰他人正常生活、工作和学习的现象。固体废物污染,是指在生产、生活和其他活动中产生的丧失原有利用价值或者虽未丧失利用价值但被抛弃或者放弃的固态、半固态和置于容器中的气态的物品、物质,以及根据法律、行政法规规定应纳入固体废物管理的物品、物质投放环境造成的环境污染。海洋环境污染损害,是指直接或者间接地把物质或者能量引入海洋环境,产生损害海洋生物资源、危害人体健康、妨害渔业和海上其他合法活动、损害海水使用素质和减损环境质量等有害影响。放射性污染,是指由于人类活动造成物料、人体、场所、环境介质表面或者内部出现超过国家标准的放射性物质或者射线。

污染环境行为的判断标准上文已有论述,既包括违反国家规定的相关污染物排放标准的污染环境行为,也包括虽然污染物的排放符合国家规定的相关污染物排放标准,但造成受害人损害的污染环境行为。

2. 造成他人损害

环境污染案件中的损害可以分为两种类型。一种是污染行为对特定民事主体权益造成损害后果,且此种损害通常是通过环境媒介而形成的。如果没有媒介环境而直接造成民事主体权益损害,则不构成环境污染责任,换言之,先对环境造成了损害,然后由于环境受到损害而使民事主体的权益受到侵害。另外一种是污染行为仅造成环境损害,而没有造成特定主体民事权益的损害,即所谓的"生态损害"。对于"生态损害"是否适用环境污染责任我国理论与实务界曾有过激烈的讨论,最后较为一致的观点是,环境污染责任仅适用于第一种损害,"生态损害"适用环境保护法的有关规定。

3. 污染环境的行为与他人损害存在因果关系

环境污染责任的成立还要求污染环境的行为与他人损害之间存在因果关系。我国《侵权责任法》第66条规定:"因污染环境发生纠纷,污染者应当就法律规定的不承担责任或者减轻责任的情形及其行为与损害之间不存在因果关系承担举证责任。"可见我国《侵权责任法》对环境污染责任采取因果关系举证责任倒置的做法。通过举证责任倒置由侵权人来证明不存在因果关系,若侵权人不能举证证明不存在因果关系,则推定其污染环境的行为与他人损害存在因果关系。

应当注意的是,环境污染责任中实行因果关系举证责任倒置并不意味着受害人不承担任何的举证责任。受害人对于损害事实和加害人存在污染环境的行为依然负有举证责任。另外,对于损害后果是因环境污染所导致的也应提供初步的证据。尤其是加害人污染环境的行为符合国家规定的相关污染物排放标准,但仍造成受害人损害,若要证明其构成环境污染行为,本身就存在证明加害人的排污行为造成受害人损害的初步义务。也就是说,受害人首先要证明污染者的污染行为与其受到的损害之间存在一定的联系,即污染行为具有造成损害的可能性。换言之,在诉讼中,受害人起码应当提出初步的或者达到盖然性程度的证据,用以建立起污染者的环境污染行为与自己受到损害之间的初步联系。当受害人证明了其损害同污染者的污染行为之间具有可能性之后,则再由污染者证明其行为与损害之间不存在因果关系。

(二) 本案中是否存在因果关系的证明

污染者可以通过以下几方面来证明其行为与损害之间没有因果关系:(1) 证明其没有排放任何污染物;(2) 证明其没有排放造成损害的污染物;(3) 证明其排放的污染物不能造成原告受到的损害。① 但对于第二种情形污染者并不能当然免责,还要看其排放的污染物与其他物质结合是否有致害的可能性。② 另外,笔者认为,污染者还可以通过直接证明受害人的损害是由其他原因导致来间接辅证其行为与损害不具有因果关系,但仅仅只能作为辅证,因为证明其他原因导致损害并不能直接排除污染者的行为与损害间具有因果关系,原因在于其他原因与污染者的行为可能构成因果关系的聚合。

从某市某区人民法院的判决看,该判决是通过证明原告的损害不是由被告的行为引起,即证明因果关系不存在,来论证环境污染责任不成立。应当说论证的思路正确,但在具体的推理上笔者认为存在一定的问题。

首先,法院认为:"各被告均能通过三同时环保验收,污水通过排污管网排污,环保监测结论合格,故并无初步的证据证明是由于环境污染造成损害后果……如果同时存在被告发生了环境污染事故和原告西瓜受损两个分别独立的事实,则被告应负有证明其间无因果关系的举证责任,否则将超过被告合理的举证能力范围。"这一论证是有问题的。上文已说明环境污染责任的发生不以违法性为构成要件,更何况媒体还曾报道了某镇工业整合点内相关企业的废气、噪声污染、酸雾等环境扰民问题。因此,即便各被告通过"三同时"环保验收,污水通过排污管网排污,环保监测结论合格,未造成环境污染事故,但其仍有义务证明相关企业的废气、噪声污染、酸雾等环境问题同原告杨某的损害之间不存在因果关系。也就是说,污染者并没有证明其排放的污染物不能造成原告受到的损害,因此不能以此排除因果关系。

其次,瓜类种植专家蔡金龙证明瓜苗部分是因枯萎病、部分是因根腐病、部分是因蔓枯病等导致死亡,且其证明该三种病不可能因浇了污染的水造成。法院通过其陈述内容来排除原告西瓜的受损与被告行为间的因果关系,这一论证也存在问题。上文已有论述证明受害人的损害是由其他原因导致,只能间接辅证其行为与损害间不具有因果关系,而并不能排除其行为与损害间具有因果关

---

① 参见张梓太:《环境法律责任研究》,商务印书馆2005年版,第305页。
② 参见王利明:《侵权责任法研究》(下卷),中国人民大学出版社2011年版,第495—496页。

系,原因在于其他原因与污染者的行为可能构成因果关系聚合。另外,瓜类种植专家证明该三种病不可能因浇了污染的水造成,但并未证明该三种病不可能由相关企业排放的废气、噪声污染、酸雾等造成。

最后,由于存在数家企业排放废气、噪声污染、酸雾等,还需要论证是否存在几种不同排放物混合发生化学反应致害的问题。

案例十：黄某诉某区供电公司高度危险作业致人损害纠纷案

——事发地点对于高压电致害责任的影响

一、基本案情

上诉人(原审被告)：某区供电公司
被上诉人(原审原告)：黄某
委托代理人：田某(黄某之母)

上诉人某区供电公司与被上诉人黄某就高度危险作业致人损害纠纷一案，不服某区人民法院民事判决，向某市中级人民法院提起上诉。某市中级人民法院于 2007 年 2 月 1 日受理后，依法组成合议庭，并于 2007 年 2 月 8 日公开开庭进行了审理。本案现已审理终结。

原审查明，2006 年 5 月 12 日，原告黄某及其父亲等五人准备到邻村的军田坝村水库钓鱼。当行走至该村五组易某家门口时，看见易某坎下有一水坑。原告黄某即站在水坑外沿的堤上，抽出竿子准备钓鱼，不慎碰到上方 35 KV 高压线，电击将原告黄某击倒并燃烧。同行的人立即扑火，随即原告黄某被送往医院抢救。2006 年 9 月 20 日，原告黄某的伤情经过某司法鉴定中心鉴定为九级伤残，后期治疗费约需 15 万元左右。在原告黄某治疗过程中，被告以"借支"名义支付原告黄某 89000 元。原告黄某于 2006 年 10 月 19 日诉至法院，要求被告赔偿 324767.29 元，减去已支付的 74000 元，实际还应赔偿 250767 元。在审理中，原告黄某变更诉讼请求为赔偿 319196.66 元，减去已支付 74000 元，实际还应付 245196.66 元。原审同时查明，原告黄某钓鱼出事地点上方为 35 KV 高压黄龙线 13#，该线路电力设施产权人为被告某区供电公司。出事地点到高压线垂直高度为 5.74 米，事故发生后，某区供电公司于 2006 年 9 月 1 日将该 13 号杆横档上升 0.66 米，并在水坑沿堤上设置了"高压危险""禁止钓鱼"二块警示标志。

二审中双方均未提交新的证据。经审理查明，原审查明的事实属实。

二、争议焦点

本案是一起高压电线导致人身损害赔偿纠纷案件，根据我国《民法通则》的规定属于高度危险作业致人损害案件,案件发生时我国尚未制定《侵权责任法》,按照新制定的《侵权责任法》,该案属于《侵权责任法》第九章规定的高度危险责任案件。本案争议焦点主要为以下问题:

1. 事发区域性质如何认定?

原审法院认为,事发地点属时常有人,车辆到达,房屋稀少的非居民区。某区供电公司认为事发地点属于交通困难区。之所以有此争议,是因为根据中华人民共和国电力行业标准《架空送电线路运行规程》附录 A2 导线与地面的最小距离,35 KV 的线路居民区为 7 m、非居民区为 6 m、交通困难地区为 5 m。不同事发地点对于高压线的架设高度、是否应设置安全标志等有不同的规定。

2. 某区供电公司是否应当承担责任?

基于对事发地点的不同认定,双方当事人及法院对于某区供电公司是否应当承担责任也有不同观点。

三、案件处理

原审法院认为,原告于 2006 年 5 月 12 日在军田坝村易某坎下水坑边触电烧伤,事实清楚。原告触电出事点属时常有人,车辆到达,房屋稀少的非居民区。出事时,所架的高压线与地面之间的距离小于 6 m,违反了电力行业运行规程的规定。同时,在该地点事故发生之前,被告也未设置警示标志。上述是造成原告损害结果的主要原因。原告作为具有完全行为能力人,在高压线下垂钓,应当预见地面与高压线过近的危险性,但没有预见,仍伸竿钓鱼,主观上有过错,依照过失相抵规则,可以减轻赔偿义务人的赔偿责任。原告请求的医疗费应据实认定 74174.46 元。误工费计算至定残日前一天即 130 天,标准应按 5972 元/年计算,误工费认定 2127 元。精神抚慰金据情认定 25000 元。交通费因没有提供正式票据,难予认定。农业损失费不属人身损害赔偿的赔偿范围,不予支持。住院伙食补助费、护理费、残疾赔偿金、后期治疗费、营养费、法医鉴定费符合法律规定,予以支持。确定原告的损失合计 275747.46 元。由被告某区供电公司承担 85% 即 234385.34 元,由原告自行承担 15% 即 41362.12 元。被告某区供电公司以"借支"名义已支付原告黄某 89000 元,还应赔偿 145358.34 元。经调解,双方达不成协议,某区人民法院作出如下判决:由被告某区供电公司赔偿原告黄某各项经济损失 234385.34 元,被告已支付 89000 元,尚欠 145385.34 元,在本判决生效后立即支付。诉讼费 10657 元,由被告某区供电公司负担 9000 元,由原告黄某负担 1657 元,原告黄某负担的部分决定免收。

二审法院认为,出事地点地势平坦,且周围系桔园,原判认定该地区为房屋稀少的非居民区正确。根据《电力设施保护条例实施细则》第 9 条的规定,电力部门应在架空电力线路穿越的人员活动频繁的地区设置安全标志。而在事故发生时，某区供电公司未在出事地点设置警示标志，未尽到法定义务。黄某抽出渔竿准备钓鱼的行为，不属于《电力设施保护条例》第14条第2项规定的向导线抛置物体的行为。综上，某区供电公司的上诉理由均不能成立，其上诉请求本院不予支持。原判认定事实清楚，适用法律正确，判决并无不当。经合议庭评议，二审法院判决驳回上诉，维持原判。

四、分析思考

（一）高度危险责任的归责基础与构成要件

高度危险责任，也称为高度危险作业责任，是指因从事高度危险作业造成他人损害而应当承担的侵权责任。我国《民法通则》第123条规定："从事高空、高压、易燃、易爆、剧毒、放射性、高速运输工具等对周围环境有高度危险的作业造成他人损害的，应当承担民事责任；如果能够证明损害是由受害人故意造成的，不承担民事责任。"《侵权责任法》在总结以前立法和司法经验的基础上在第九章专门规定了"高度危险责任"一章。高度危险责任具体来说又可以分为两大类型：高度危险物品责任和高度危险活动责任。高度危险物品责任是指因某种设施或某种物品具有造成他人损害的高度危险性，从而使该设施、物品的所有人、经营人、管理人、占有人等承担的无过错责任。《侵权责任法》第70条规定的民用核设施致害责任，第71条规定的民用航空器事故责任和第72条规定的易燃、易爆、剧毒、放射性等高度危险物致害责任属于高度危险物品责任，第73条规定的高空、高压、地下挖掘活动致害责任和高速轨道交通工具致害责任属于高度危险活动责任。

高度危险责任具有以下特征：第一，高度危险责任是对高度危险活动或高度危险物的责任。所谓高度危险，是指这种危险已经超出了一定的合理范围，有极高的危险发生的可能性，或者该危险一旦引发事故后果将极其严重。[①] 在英美法国家高度危险责任被称为"异常危险责任"（ultrahazardous activities），德国学者往往将高度危险称为"特别危险"（besondere Gefahr），都说明了其危险程度之高。第二，高度危险责任归责的理论基础是高度危险。任何的民事活动都带有危险性，但危险有高度危险和一般危险之分。一般的危险往往是可以预见和控制的，对于造成危险的一方，由于危险是可预见、可控制的，未能预见和控制危险的发生即构成过错；对于受害方，虽然危险不由其控制，但对于可能的损害、损害的范围等仍可有一定程度的预见，况且任何民事活动都带有一定风险，受害人可根据预见性将风险控制在一定范围之内。因此，对于一般的危险，侵权法上一般采取过错责任原则，法律另有规定的除外。对于高度危险，其危险性不仅大大超

[①] 参见《美国侵权法重述》第520条。

出一般人的可控制范围,甚至无法预见其损害范围、程度等。即便是实际掌控危险物品或从事该危险活动的当事人,该高危险性往往也会超出其可控制的范围,但是这些高度风险性活动或物件又是现代社会所必须的,所以现代各国都对高度危险责任采取无过错责任的归责原则。即只要损害是由于高度危险造成的,不论其有无过错,高度危险物件的控制人或高度危险活动的从事方就应当承担责任。第三,对高度危险责任的免责事由往往也专门作出严格限定。我国《侵权责任法》在第三章规定了"不承担责任和减轻责任的情形",也就是一般所说的免责事由,但对于高危险责任,第九章还针对具体情形规定了不同的免责事由。

成立高度危险责任一般需要具备三个构成要件:从事了高度危险作业、造成他人损害和高度危险作业与损害之间的因果关系。具体到本案来看,本案属于《民法通则》第123条和《侵权责任法》第73条规定的高压电致害责任,即高压电造成他人损害时,电力设施产权人应当承担的侵权责任。成立高压电致害责任也必须具备三个构成要件。第一,高压电的客观存在。《最高人民法院关于审理触电人身损害赔偿案件若干问题的解释》第1条是这样解释"高压电"的:"'高压'包括1千伏(KV)及其以上电压等级的高压电;1千伏(KV)以下电压等级为非高压电。"实际上不管是220 V还是380 V都不是安全电压,都可以导致人身伤亡,但220 V或380 V电压的电流致害的,往往还有施救的可能,而1 KV以上的电流致人损害的,往往会导致严重的伤害,因此司法解释将"高压电"界定为1 KV及以上,只有1 KV及以上的电流致害才能构成高压电致害责任,主张无过错责任,低于1 KV的电流致害只能主张过错责任。第二,造成了损害。《最高人民法院关于审理触电人身损害赔偿案件若干问题的解释》第2条第1款规定:"因高压电造成人身损害的案件,由电力设施产权人依照民法通则第123条的规定承担民事责任。"因此,有学者主张高压电致害责任中的损害应当仅指人身损害。[1] 对此笔者认为不宜拘泥于字面,而应当作扩大解释,高压电致害责任中的损害不仅包括人身损害,还应包括财产损害和精神损害。第三,因果关系,即受害人的损害是因接触高压电所致。

结合本案来看,本案中受害人黄某在军田坝村易某坎下水坑边触电烧伤,电压强度达35 KV,符合高度危险责任的构成要件,构成高压电致害责任。在本案中,高压电线的经营者某区供电公司因高压电致人损害而承担无过错责任,因此不管其是否存在高压电线未达到与地面的法定最小距离的主观过错,根据我国《民法通则》第123条或者《侵权责任法》第73条,都构成侵权责任,除非某区供电公司能根据《民法通则》第123条规定证明受害人存在故意。另外,《侵权责

---

[1] 参见程啸:《侵权责任法教程》,中国人民大学出版社2011年版,第239—240页。

任法》第 73 条还规定了不可抗力作为免责事由,和受害人过失作为减轻责任的事由。

(二) 被告承担侵权责任之再思考

从法院判决看,法院最终判决某区供电公司承担侵权责任,并因受害人存在过失而对侵权责任进行了减免,应当说判决结果是正确的,但推理和法律适用上存在一定问题。法院判决中认为,被告所架设的高压线违反了电力行业运行规程的规定。同时,在该地点事故发生之前,被告又未设置警示标志。从论证上看似乎认为某区供电公司因未尽到法定的注意义务存在主观上的过错而需承担责任,但高压电致害责任属于高度危险责任,是无过错责任,即不论某区供电公司是否尽到了法定的注意义务,即便其所架的高压线与地面之间的距离大于 6 m,且设置了警示标志,其仍应当承担侵权责任。只是在责任承担范围上,有无过错会影响到侵权赔偿数额。

案例十一：张某某诉王某某饲养动物致人损害赔偿纠纷案

——《民法通则》和《侵权责任法》对动物损害责任的不同规定

一、基本案情

原告：张某某

被告：王某某

原告张某某与被告王某某因饲养动物致人损害赔偿纠纷一案，某县人民法院于2009年10月9日立案受理，依法适用简易程序公开开庭进行了审理。本案现已审理终结。

根据对原、被告双方证据的分析、认证及原、被告的陈述，某县人民法院对案件的主要事实作如下认定：

被告家养狗，原告父亲在被告房屋旁边有块宅基地。2009年8月31日下午1时许，原告去其父亲宅基地，经过被告房屋时被被告饲养的狗咬伤。原告当即被送往某县防疫站打了两针疫苗，医生建议原告去省疾病控制中心注射免疫球蛋白。后原告被送往某县医院治疗。经医生诊断：多处被狗咬伤，多处皮肤撕裂伤伴缺损。9月1日，原、被告双方一起到省疾病控制中心，原告注射了五针免疫球蛋白。回来后，原告又继续在某县医院治疗，9月19日出院，住院天数合计20天。原告因此受到的经济损失为：医疗费3486.47元，误工费616元，护理费1200元，住院伙食补助费300元。以上损失被告已经支付给原告1800元。另外，被告已为原告支付狂犬疫苗以及注射免疫球蛋白等费用合计1783元。

二、争议焦点

本案是一起饲养动物致人损害责任案件，争议的焦点有两个：

1. 原告是否被被告所养的狗咬伤？

原告认为，由于被告对其饲养的狗看管不严并毫无责任心地任其在有陌生人经过的通道内活动，进而导致原告被其狗咬伤，不但给原告带来肉体上的痛苦,耽误工作,更造成了原告精神上的极大伤害。被告否认自己饲养过狗,原告也没证据证明其是被被告饲养的狗咬伤的,因此,原告主张被被告饲养的狗咬伤的事实依据不足,其主张不能成立,应当承担举证不能的法律后果。

2. 原告自身是否有过错?

被告认为原告未经被告许可,擅自进入被告圈养动物的范围,而被狗咬伤,其本身也有过错,应当承担本案的主要责任。原告认为,原告去父亲的宅基地必须经过被告的房屋,原告不知道被告家的狗会伤人,被告家门口也没有挂警示牌。被告家的狗当时就在原告父亲的宅基地上,没有用铁链拴起来,原告一推门进去,狗就冲出来了,原告没有故意激怒狗的行为。因此,原告自身没有过错,不应承担本案责任。

三、案件处理

某县人民法院认为,本案是饲养动物致人损害的侵权诉讼,被告不能举证证明原告被狗咬伤是因原告或者第三人的过错造成的,故被告应承担赔偿原告被其狗咬伤所造成损失的民事责任。因此,被告应赔偿原告医疗费3486.47元,误工费616元,护理费1200元,住院伙食补助费300元。另外,原告身上多处被被告的狗咬伤,现原告手腕背侧、左大腿、右小腿等处留下永久性疤痕,给原告带来了精神痛苦,从原告的年龄、性别及疤痕部位等因素考虑,某县人民法院酌定被告赔偿精神损害抚慰金5000元。依照我国《民法通则》第127条,最高人民法院《关于审理人身损害赔偿案件适用法律若干问题的解释》第19条、第20条、第21条、第23条,最高人民法院《关于确定民事侵权精神损害赔偿责任若干问题的解释》第1条、第8条第2款、第10条,《民事诉讼法》第64条第1款,最高人民法院《关于民事诉讼证据的若干规定》第2条、第4条第5项之规定,判决如下:(1)被告王某某应赔偿原告张某某医疗费3486.47元,误工费616元,护理费1200元,住院伙食补助费300元,精神损害抚慰金5000元,合计10602.47元。扣除被告已支付的1800元,被告还应支付8802.47元。该款应于本判决生效之日起十日内支付。(2)驳回原告张某某其他诉讼请求。

四、分析思考

(一)《民法通则》和《侵权责任法》对于饲养动物损害责任的不同规定

饲养动物致人损害责任是指饲养的动物造成他人人身或财产权益损害时,动物的饲养人或管理人依法应当承担的侵权责任。在饲养动物致人损害责任中,饲养人或管理人并没有对造成他人损害实施某种积极的行为,如果饲养人或管理人故意"教唆"、使唤动物伤人,则动物只是伤害的工具,不构成饲养动物致人损害责任。在饲养动物致人损害责任中,动物自身的举动是造成损害的直接原因,但造成的损害后果由动物饲养人或管理人承担。

我国《民法通则》和《侵权责任法》对于饲养动物致人损害责任的规定略有差异。第一,《侵权责任法》专门用了一章来规定饲养动物致人损害责任,比起《民法通则》仅用了一个条文来说要详细得多。第二,两部法律对于饲养动物致人损害责任的归责原则的规定有细微差别。《民法通则》规定的是无过错责任,《民法通则》第 127 条规定:"饲养的动物造成他人损害的,动物饲养人或者管理人应当承担民事责任;由于受害人的过错造成损害的,动物饲养人或者管理人不承担民事责任;由于第三人的过错造成损害的,第三人应当承担民事责任。"而《侵权责任法》则对饲养动物致人损害责任采取了混合归责原则,对于一般的饲养动物致人损害责任适用无过错责任,而对于动物园饲养的动物造成他人损害的,根据《侵权责任法》第 81 条的规定适用过错推定责任。第三,在对于饲养人或管理人的责任减免事由上,两部法律规定也有所不同。《民法通则》第 127 条规定,"由于受害人的过错造成损害的,动物饲养人或者管理人不承担民事责任",不区分故意和过失,受害人有过错,责任人均免责。结合《侵权责任法》第 27 条、第 78—81 条看,在一般的饲养动物致人损害责任中,受害人有故意或重大过失的可以减轻或免除责任;在饲养人违反管理规定未对动物采取安全措施致害和禁止饲养的烈性犬等危险动物致害中未规定减轻责任的事由,仅以受害人故意作为免责事由;动物园饲养动物致害责任中,受害人重大过失为减轻责任事由,受害人故意和动物园尽到管理职责为免责事由。第四,在第三人过错致害的问题上,也有所不同。《民法通则》第 127 条规定:"由于第三人的过错造成损害的,第三人应当承担民事责任。"而《侵权责任法》第 83 条规定:"因第三人的过错致使动物造成他人损害的,被侵权人可以向动物饲养人或者管理人请求赔偿,也可以向第三人请求赔偿。动物饲养人或者管理人赔偿后,有权向第三人追偿。"因此,按照《民法通则》和《侵权责任法》处理这类案件,会有一些不同之处。由于本案发生时,《侵权责任法》尚未开始实施,因此仍应适用《民法通则》的有关规定。

(二) 原告是否被被告所养的狗咬伤的问题

原告主张从被告对原告被狗咬后的行为,可以看出狗确实是被告所养。原告当时也有到派出所报案,并作了笔录,说明是被被告的狗咬伤的。为此,原告提供照片一张,证明被告的房屋是原告去父亲的宅基地的必经之路。

被告承认其家养了狗,原告的父亲在其房屋旁边有块空地。当时原告去派出所报案,派出所打电话叫他去派出所,他不知道什么事,就去派出所聊了一会儿。被告认为,原告是不是在经过被告房屋时被狗咬伤,原告没有证据能够证明。被告在不知情的情况下对原告的帮助行为不能作为对其不利的证据。原告也没有在举证期限内提供报案的笔录,且报案笔录只是一个记录,不能作为认定事实的证据使用。

从原、被告在庭审中的陈述、答辩以及原告提供的照片可认定如下事实:被告家养了狗;原告父亲在被告房屋旁边有块宅基地,原告去其父亲的宅基地必须经过被告房屋;原告被狗咬后即去派出所报案,派出所打电话通知被告去了派出所;原、被告双方一起到了省疾病预防控制中心,原告注射了五针免疫球蛋白,被告为原告支付了狂犬疫苗以及免疫球蛋白等费用合计1783元,后又支付1800元给原告。综上事实,结合日常生活经验分析,可认定原告主张的"原告在经过被告房屋时被被告所养的狗咬伤"的事实具有高度盖然性,且被告也不能就否定原告主张的事实提供证据,所以对原告所主张的事实应当予以确认。

(三)关于原告自身有无过错的问题

我国《民法通则》第127条明确了在动物致人损害赔偿纠纷中,不是以动物饲养人或者管理人有无过错作为承担民事责任的条件,而是在受害人有过错并且是其过错造成损害的情形下,动物饲养人或管理人才可以不承担责任或由受害人承担主要责任。因此,被告是否有警示牌或拴养狗,不能作为免除或减轻被告赔偿责任的理由。根据最高人民法院《关于民事诉讼证据的若干规定》第4条第1款第5项的规定,"饲养动物致人损害的侵权诉讼,由动物饲养人或者管理人就受害人有过错或者第三人有过错承担举证责任"。本案被告不能提供充分的证据证明原告或第三人有故意殴打、挑逗狗等过错行为,因此,被告主张原告自身有过错,无法成立,要求原告承担本案主要责任的诉讼请求也缺乏事实和法律依据。被告无法证明原告有过错,应当承担无过错责任。

(四)对《侵权责任法》第78条的理解

对于《侵权责任法》第78条规定的"但能够证明损害是因被侵权人故意或者重大过失造成的,可以不承担或者减轻责任"应当如何理解和适用?是分开对应着故意为免责事由,重大过失为减责事由,还是故意与重大过失既可为免责事由也可为减责事由?程啸教授认为,结合《侵权责任法》第27条的规定看,《侵权责任法》第78条的规定应当理解为,受害人故意为免责事由,受害人重大过失为减责事由。[①]杨立新教授则认为,受害人故意免责是《侵权责任法》第27条规定的一般规则,而受害人的重大过失既可以作为免责事由也可以作为减责事由。"被侵权人的重大过失是造成损害的全部原因,动物饲养人或管理人毫无过失,被侵权人的重大过失就是免除责任的事由。被侵权人的重大过失是造成损害的主要原因,动物饲养人或者管理人在管束动物中也有一定的疏忽、尚未善尽管束职责,则应当属于减轻责任的事由,实行过失相抵。"[②]笔者认为杨立新

[①] 参见程啸:《侵权责任法教程》,中国人民大学出版社2011年版,第245页。
[②] 杨立新:《侵权损害赔偿》,法律出版社2010年版,第419页。

教授的观点更有说服力。因此,在具体操作中,若受害人主张其重大过失仅为动物饲养人或管理人的减责事由,不能免除动物饲养人或管理人侵权责任的,受害人有义务证明动物饲养人或管理人具有过失。如能证明动物饲养人或管理人具有过失,则受害人重大过失构成动物饲养人或管理人的减责事由;如不能证明动物饲养人或管理人具有过失,则受害人重大过失构成动物饲养人或管理人的免责事由。

案例十二：杨某某诉中国电信股份有限公司某区局物件脱落、坠落损害责任纠纷案

——如何区分物件致害责任与机动车交通事故责任

一、基本案情

上诉人(原审被告)：中国电信股份有限公司某区局
被上诉人(原审原告)：杨某某

上诉人中国电信股份有限公司某区局(以下简称"电信某区局")因物件脱落、坠落损害责任纠纷一案，不服某区人民法院民事判决，向某市中级人民法院提起上诉。某市中级人民法院受理后，依法组成合议庭公开开庭审理了本案。本案现已审理终结。

原审法院认定：2010年7月20日早上4点多钟，原告杨某某无证驾驶摩托车从长岭岗乡古堤溶村往长岭岗墟场行驶，当行至长黄路长岭岗乡桂花堰村荷花堰组路段时，被告电信某区局断裂下垂至地面的通信电缆线绊倒受伤。原告受伤后即用手机与家人和朋友联系，原告与家人和朋友的通讯记录清楚显示了通讯时间。原告受伤后即被人送至某市第一中医院救治，用去医药费14999元。原告受伤后的当天，被告方工作人员即将断裂下垂的通讯电缆线重新接上。

在二审举证期限内，上诉人电信某区局向本院提交了对证人张某某和陈某的调查笔录各一份，同时申请了上述两位证人出庭作证。证人张某某证实了2010年7月20日修复电缆时所看到的现场情况；证人陈某证实了某区长岭岗范围内通信电缆的管理情况和本案断裂电缆的有关情况。在二审举证期限内，被上诉人杨某某未向本院提交新的证据材料。

经庭审质证，上诉人电信某区局认为两位证人证实了通信电缆线被挂断后上诉人的分支机构立即采取了补救措施，并于第二天上午修复；电缆线的下垂位置是被上诉人前往某区长岭岗墟场方向行车的左边；还证实电缆比较粗，并有相应的硬度，一般情况下是不可能缠在摩托车车轮底下的，对于两位证人证词的真

实性、合法性、关联性均无异议。被上诉人杨某某认为证人张某某证实断裂电缆线掉在某区长岭岗往墟场方向路的左边不属实,而是路的右边,对于所证实的其他情况没有异议。对于证人陈某的证词认为部分不属实,一是电缆线并不是事发前一天断裂的,而是断了很多天;二是证人陈述将断裂的电缆线绑在路边的茶树上不属实;三是电缆线断裂在路的左边也不属实,而是断裂在路的右边。同时,被上诉人认为两位证人陈述的断裂的电缆线脱落在路面上的情况不一致。

二、争议焦点

本案的争议焦点是本案是因交通事故引起的赔偿纠纷还是物件脱落、坠落造成的损害责任纠纷,对于案件的性质应如何确定。

电信某区局认为本案应定性为道路交通事故人身损害赔偿纠纷,本案发生在机动车道路上,根据我国《道路交通安全法》第119条第5项的规定,"'交通事故',是指车辆在道路上因过错或者意外造成的人身伤亡或者财产损失的事件",本案应当定性为道路交通事故人身损害赔偿纠纷。普通人身损害与交通事故人身损害的处理程序、伤情鉴定的标准在法律上的要求完全不同,赔偿的金额也不同。

杨某某认为是电信某区局具有所有权和管理义务的通信电缆线脱落下垂导致自己受伤,属于静态物致人损害。我国《侵权责任法》第85条规定:"建筑物、构筑物或者其他设施及其搁置物、悬挂物发生脱落、坠落造成他人损害,所有人、管理人或者使用人不能证明自己没有过错的,应当承担侵权责任。所有人、管理人或者使用人赔偿后,有其他责任人的,有权向其他责任人追偿。"本案应当属于《侵权责任法》第85条规定的情形。

三、案件处理

一审法院认为:原告杨某某在道路骑车行走时被被告所有的落地电缆缠绕绊倒受伤致残,被告是落地电缆线所有人,电缆线落地后,一段时间内被告均疏忽对电缆线的管理,未及时修复整理,也未设置安全警示标志,未尽到监管责任。根据我国《侵权责任法》第85条的规定,对原告杨某某请求被告承担侵权责任的诉讼请求予以支持。原告杨某某无证驾驶摩托车,自己未注意安全防护义务,也是导致自身受损害的原因,根据《侵权责任法》第26条之规定,"被侵权人对损害的发生也有过错的,可以减轻侵权人的责任",原告杨某某自己也应承担损害的部分责任。原告杨某某请求赔偿精神损害抚慰金符合法律规定,但请求过高,予以适当支持。本案原告所受人身损害虽然是发生在道路上,但致原告受损害的原因是被告对其所有的电缆线管理不够造成的,是静态的物造成的人身损害,属于责任竞合,原告直接起诉请求侵权赔偿符合法律规定,故对被告请求本案按道路交通事故处理的抗辩主张不予支持。遂判决:(1) 原告杨某某的经济损失为:医药费15477.1元、鉴定费700元、误工费8000元(80元/天×100天)、护理费330元(30元/天×11天)、交通费500元、住院生活补助费132元(12元/天×11天)、精神抚慰金1000元、伤残赔偿金19640元(4910元/年×20年×20%)、被抚养人生活费42219.13元,共计87998.23元,由被告电信某区局赔偿52798.94元。上述赔偿款项须在本判决生效后十日内付清。(2) 驳回原告杨某某的其他诉讼请求。如未按期履行本判决书确定的义务,依照我国《民事诉讼法》第229条之规定,将加倍支付迟延履行期间的债务利息。案件受理费2460元,由原告杨某某承担984元,被告电信某区局承担1476元。

二审法院认为,本案中杨某某所受人身损害虽然发生在道路上,但其致害原因系电信某区局断裂脱落的电缆线引起,属于静态物造成的人身损害,符合我国《侵权责任法》第85条所规定的建筑物、构筑物或者其他设施及其搁置物、悬挂物致害责任的构成要件,依照最高人民法院《民事案件案由规定》,本案案由应确定为物件脱落、坠落损害责任纠纷。原审法院判决虽对本案案由确定不当,但认定事实清楚,适用法律正确,实体处理恰当,本院予以维持。电信某区局上诉所提理由经查均不能成立,本院不予支持。据此,依照我国《民事诉讼法》第153条第1款第1项之规定,判决如下:驳回上诉,维持原判。本案二审案件受理费2460元,由上诉人电信某区局负担。本判决为终审判决。

四、分析思考

(一) 关于本案属于机动车交通事故责任还是物件损害责任的问题

由于本案受害人有驾驶摩托车的行为,且案件发生地点在机动车道路上,且其是因电信某区局断裂下垂至地面的通信电缆线绊倒受伤,因此案件双方当事人对于案件是定性为交通事故责任还是物件损害责任存在争议。这一争议不无道理。我国《道路交通安全法》第119条第5项规定:"'交通事故',是指车辆在道路上因过错或者意外造成的人身伤亡或者财产损失的事件。"2012年12月21日起开始施行的《最高人民法院关于审理道路交通事故损害赔偿案件适用法律若干问题的解释》第10条也规定:"因在道路上堆放、倾倒、遗撒物品等妨碍通行的行为,导致交通事故造成损害,当事人请求行为人承担赔偿责任的,人民法院应予支持。道路管理者不能证明已按照法律、法规、规章、国家标准、行业标准或者地方标准尽到清理、防护、警示等义务的,应当承担相应的赔偿责任。"从以上规定看,本案中电信某区局断裂下垂至地面的通信电缆线似乎也符合妨碍通行造成交通事故损害情形。然而,根据《侵权责任法》第85条的规定以及第89条"在公共道路上堆放、倾倒、遗撒妨碍通行的物品造成他人损害的,有关单位或者个人应当承担侵权责任"的规定,本案中电信某区局断裂下垂至地面的通信电缆线绊倒致人受伤似乎也符合物件损害责任。

笔者认为,在本案的特殊背景下,机动车交通事故责任与物件损害责任似乎有交叉或竞合的情形,但如果采取德国学者的"法规目的说"来对机动车交通事故责任与物件损害责任进行分析可以发现,两者其实可以清晰地区分。法规目的说主张侵权行为所生损害赔偿责任应探究侵权行为法规之目的而决定,也就是说要探究法条背后的规范目的然后来判断某项损害应否归于行为人负担。[①] 侵权责任法规定机动车交通事故责任与物件损害责任从规范目的看主要是针对两者致害的不同危险性。在机动车交通事故责任中,不管是机动车一方致非机动车、行人损害责任,还是机动车之间的事故责任,机动车交通事故责任这种侵权责任类型规范的对象都是机动车作为一种高速运动物体的危险性,在机动车交通事故责任里,受害人所受损害一般由对方的机动车的危险性所致,不是由机动车的危险性导致的损害虽然与机动车有密切联系,可能也发生在机动车道路上,但不能作为机动车交通事故责任看待。而在物件损害责任中,主要是针对物而非行为造成损害的责任,是对建筑物及其悬挂物、搁置物脱落、坠落以及堆放物倒塌等危险进行规范。

另外,对比《最高人民法院关于审理道路交通事故损害赔偿案件适用法律若干问题的解释》第10条和《侵权责任法》第89条,两者虽然相似,但有着根本的不同。《最高人民法院关于审理道路交通事故损害赔偿案件适用法律若干问题的解释》第10条规定的是"在道路上堆放、倾倒、遗撒物品等妨碍通行的行为,导致交通事故造成损害",可见损害的直接原因是交通事故,妨碍交通的行为是间接原因。而《侵权责任法》第89条规定的是妨碍通行的物品直接导致他人损害,物件是损害的直接原因。另外,《最高人民法院关于审理道路交通事故损害赔偿案件适用法律若干问题的解释》第10条规定的是"堆放、倾倒、遗撒物品等妨碍通行的行为",而《侵权责任法》第89条规定的是"堆放、倾倒、遗撒妨碍通行的物品造成他人损害的",前者比后者多了一个"等"字,因此前者是有限列举加概括式的立法技巧,后者是一种穷尽列举。

综合本案事实看,本案受害人所受损害不是由于机动车高速运动的危险性带来的,不符合机动车交通事故责任的规范目的性。相反,电信某区局断裂下垂至地面的通信电缆线是致害的直接原因和主要原因,换言之,本案是由于静态的物件对交通的妨碍造成的损害,是由静态物的危险性引起的,符合物件损害责任规范的目的性。同样从规范的目的性看,《最高人民法院关于审理道路交通事故损害赔偿案件适用法律若干问题的解释》第10条规定的"堆放、倾倒、遗撒物品等妨碍通行的行为,导致交通事故造成损害",强调的是行为人堆放、倾倒、遗

[①] 参见王泽鉴:《侵权行为法》(第一册),中国政法大学出版社2001年版,第221—222页。

撒物品等"行为",应当不包括物品自然脱落等"事实"。

(二) 本案能否适用《侵权责任法》第 89 条?

值得思考的是,本案也发生在公共道路上,但为何不适用《侵权责任法》第 89 条的障碍通行物损害责任? 理由其实在上文中已有说明。首先,《侵权责任法》第 89 条采取的是一种穷尽的列举的做法,"堆放、倾倒、遗撒妨碍通行的物品"不包括本案自然脱落的情形。其次,如上文所言,从法规目的性上看,《侵权责任法》第 89 条主要规范的是"行为",而不包括自然脱落的"事实"。杨立新教授进一步指出,在堆放、倾倒等行为中,行为人的主观心理状态可能是放任损害发生的间接故意或者是懈怠的过失,而遗撒行为人的主观心理状态则为过失,不可能是放任的间接故意。[①] 因此,本案不适用《侵权责任法》第 89 条,而是适用《侵权责任法》第 85 条。

[①] 参见杨立新:《侵权损害赔偿》,法律出版社 2010 年版,第 447—448 页。

案例十三：南方数据公司诉福步数科侵害商业秘密案

——各种侵权责任方式的适用范围

一、基本案情

原告：南方数据公司

被告：福步数科

原告南方数据公司是从事计算机软、硬件开发及销售，互联网信息服务，经济信息咨询等业务的企业。2007年11月，经南方数据公司申请，上海市信息化办公室对其开发的《Intelle300资讯导航系统》《Discus金融管理系统》《Discus数据维护系统》《Discus数据库复制系统》等软件产品进行了登记，并发给软件登记证书。

被告福步数科的经营范围为计算机软、硬件的技术开发及信息咨询。2009年5月，南方数据公司诉称福步数科采取不正当手段，非法获取其大量的技术信息和经营信息，构成商业秘密侵权，并向某市中级人民法院申请诉讼证据保全。2009年5月20日，法院依法对福步数科采取了证据保全措施，复制了涉嫌与南方数据公司商业秘密有关的1856份计算机文档，并查封、扣押了涉嫌侵权的计算机主机。

经法院组织双方当事人对被保全的部分计算机文档进行质证，双方确认其中的技术信息部分与原告南方数据公司提交的前述四套软件的文件目录名称相同，但文件的字节数、更改时间不同。在质证过程中，为确定被保全的计算机文档内容是否与原告的前述四套软件一致，或者是在原告四套软件的基础上修改而来，法院拟委托有关鉴定机构对软件专业技术问题进行鉴定并通知双方当事人预交鉴定费用，原告预交了6万元鉴定费用，但被告拒绝预交鉴定费用，使鉴定工作无法进行。在质证过程中，打开被保全的计算机中的有关文档，在电脑中显示的内容包括：原告南方数据公司的Discus证券市场数据库介绍、Discus服务标准、原告的华东地区客户资料、原告为客户做的项目分析报告、原告的员工保密协议等。在上述保密协议的格式条款中，原告将其软件技术资料、经营策略、财务数据、客户资料等均列为商业秘密,要求员工不得复制、泄露。

被告福步数科认为法院保全的计算机文档,系原告派人或者通过远程操作复制到被告计算机上的,但没有提供证据证明。

某市中级人民法院作出判决以后,南方数据公司不服原审判决,向某省高院提起上诉认为:原审认定福步数科未通过合法途径取得南方数据公司内容繁多的技术信息和经营信息,侵犯南方数据公司的商业秘密正确,但判决福步数科赔偿南方数据公司经济损失50万元明显偏低。《反不正当竞争法》虽未明确规定侵权应承担的民事责任方式,但《民法通则》第134条明确规定了民事责任的几种方式,其中包括赔礼道歉和赔偿损失。原审以公开赔礼道歉缺乏法律依据,驳回南方数据公司对该方面的诉讼请求显属错误。福步数科亦不服原审判决,向某省高院提起上诉认为:原审法院在福步数科处保全到计算机硬盘里存储的南方数据公司的文档,是福步数科遭他人栽赃陷害的结果,故原审认定福步数科侵犯南方数据公司商业秘密无事实依据;原审判决福步数科赔偿南方数据公司50万元损失缺乏事实依据等。

二、争议焦点

本案是一起商业秘密侵权纠纷案件,案件争议的焦点是是否构成商业秘密侵害和侵权责任的责任承担方式。

1. 本案是否构成侵害商业秘密?

原告南方数据公司认为被告福步数科采取不正当手段,非法获取了其大量的技术信息和经营信息,构成商业秘密侵权。被告福步数科认为法院保全的计算机文档,系原告派人或者通过远程操作复制到被告计算机上的,是南方数据公司栽赃陷害的结果,认定福步数科侵犯南方数据公司商业秘密无事实依据,但没有提供证据证明。本案是否构成侵害商业秘密,首先需要对商业秘密作出界定,再按照侵害商业秘密的构成要件作出判断。

2. 本案应承担的侵权责任方式有哪些?

上诉中上诉人南方数据公司认为判决福步数科赔偿南方数据公司经济损失50万元明显偏低;《反不正当竞争法》虽未明确规定侵权应承担的民事责任方式,但《民法通则》第134条明确规定了民事责任的几种方式,其中包括赔礼道歉和赔偿损失,要求停止侵害,增加损害赔偿数额,并赔礼道歉。而原审法院认为公开赔礼道歉缺乏法律依据,驳回南方数据公司该方面的诉讼请求。本案中侵害商业秘密的侵权责任方式到底有哪些也是当事人争议的焦点之一。

三、案件处理

某市中级人民法院认为,原告南方数据公司所有的四套软件技术没有公开为社会公众或同行业者知悉,具有一定的实用性和市场价值,且原告采取了必要的保密措施。因此,应认定原告请求保护的有关商业技术信息和经营信息属于法律保护的商业秘密。

就法院从被告福步数科处保全所得的计算机文档资料,已经当庭质证的部分文件均属于原告南方数据公司主张的商业秘密内容。在被告拒绝预交鉴定费用,无法对软件的内容作专业技术鉴定的情况下,被告应承担举证不能的责任。因此,可以确认法院保全的被告计算机文档资料是原告主张的商业秘密。被告认为原告在起诉前已事先将有关文档复制到被告的计算机上,栽赃被告的主张缺乏证据支持,法院不予认定。同时,被告没有举证证明其通过合法途径取得了原告上述商业秘密,故可认定其侵犯了原告的合法权益,应立即停止侵权,不得使用并销毁存储在其电脑中的原告的商业秘密。结合原告软件技术的市场价值、被告侵占原告商业秘密内容、被告作为同行业竞争对手已知悉原告的大量商业秘密信息等情况,并考虑原告调查侵权和诉讼的合理成本,法院酌情确定被告赔偿原告经济损失50万元。

综上,某市中级人民法院判决:被告福步数科立即停止侵犯原告的商业秘密,不得使用并销毁其电脑中与原告商业秘密有关的文档资料;在判决生效之日起五日内赔偿原告损失50万元。

当事人提起上诉,某省高院经审理后认为:根据相关证据,南方数据公司的软件技术信息及财务、人事及客户资料等储存在其电脑硬盘中的经营信息符合商业秘密的三个构成要件,属于法律意义上的商业秘密。根据原审法院从福步数科处保全取得的计算机软件文档资料,经庭审质证,部分文件属南方数据公司主张的商业秘密内容。由于福步数科拒绝预交鉴定费,原审法院无法委托有关鉴定机构对软件内容进行专业技术鉴定,在这种情况下,福步数科应承担举证不能的法律责任。因此,原审法院保全取得的福步数科计算机文档资料可以确认为南方数据公司的商业秘密。对于福步数科称南方数据公司在起诉前将被控侵权的有关文档资料复制到福步数科的计算机上,栽赃福步数科的主张,由于福步数科未提供相应的证据予以证实,理由不充分,法院不予支持。综合本案已掌握的证据,可以认定福步数科未通过合法的途径取得了南方数据公司的商业秘密,侵犯了南方数据公司的合法权益,依法应承担相应的民事责任。

针对南方数据公司称原判判处的赔款额明显偏低的上诉理由,由于南方数据公司未提供充分的证据予以证实,判决福步数科酌情赔偿南方数据公司经济损失50万元并无不当。另外,南方数据公司称原审法院以赔礼道歉缺乏法律依据,驳回其该诉讼请求显属错误的上诉主张。我国《民法通则》第134条虽规定承担民事责任的方式包括赔礼道歉,但本案属侵犯商业秘密纠纷案件,侵犯的是财产权,并未损害南方数据公司的商誉等,原审法院不适用《民法通则》的有关规定,未支持南方数据公司要求福步数科在有关报刊上公开赔礼道歉的诉讼请求并无不当。同时,福步数科侵权行为影响并不大,未达到要赔礼道歉才能消除影响的程度。因此,南方数据公司要求福步数科在有关报刊上公开赔礼道歉的诉讼请求,理由不充分,法院不予支持。

综上所述,某省高院作出了驳回上诉,维持原判的二审判决。

四、分析思考

(一) 关于商业秘密的界定及侵害商业秘密的构成要件

关于商业秘密,我国《反不正当竞争法》第10条第3款是这样界定的:"本条所称的商业秘密,是指不为公众所知悉、能为权利人带来经济利益、具有实用性并经权利人采取保密措施的技术信息和经营信息。"构成商业秘密必须符合三个构成要件:第一,秘密性,是指作为商业秘密的信息是不为公众所知悉的。如果一种技术信息或经营信息是相关领域的技术人员或经营者能够在公共渠道以普通方式获得的,且任何人都可以自由使用,那么这样的技术信息或经营信息就是公共信息,而不属于商业秘密。第二,价值性,是指作为商业秘密的信息能够为权利人带来经济利益。商业秘密区别于理论成果,是一种相对独立、完整的可操作性方案,能给持有者带来现实的和潜在的竞争优势,为企业创造利润。第三,保密性,是指商业秘密的持有人对其技术信息或经营信息采取了合理的保密措施。保密措施是商业秘密的持有人为了防止第三人得知秘密而采取的各种物质措施,如电子监控措施、软环境保密措施,以及保密协议等的总和。① 从本案看,南方数据公司的技术信息和经营信息不是公共渠道可以自由获得的一种信息,这些信息有些本身即为该公司的产品,有些是客户资料、销售策略等,这些都能给企业带来利润,是一个企业生存的根本,而且南方数据公司也采取了保密协议等措施防止这些秘密外泄。因此,福步数科取得的南方数据公司内容繁多的技术信息和经营信息符合商业秘密的三要件,构成商业秘密。由于被告福步数科计算机中文档资料是原告主张的商业秘密,且被告不能证明通过合法途径取得这些商业秘密,而被告主张的原告栽赃的请求也无法证实,根据我国《反不正当竞争法》第10条第1款第1项的规定,本案中被告符合"以盗窃、利诱、胁迫或者其他不正当手段获取权利人的商业秘密"的规定,构成商业秘密侵权。

---

① 参见吴汉东主编:《知识产权法》,法律出版社2011年版,第327—328页。

(二) 侵权责任的责任方式及本案侵权人应当承担的责任方式

1. 侵权责任的责任方式

我国《反不正当竞争法》没有规定商业秘密侵权责任的责任方式,但我国《民法通则》和《侵权责任法》分别规定了民事责任和侵权责任的责任方式。我国《民法通则》第 134 条规定:"承担民事责任的方式主要有:(一) 停止侵害;(二) 排除妨碍;(三) 消除危险;(四) 返还财产;(五) 恢复原状;(六) 修理、重作、更换;(七) 赔偿损失;(八) 支付违约金;(九) 消除影响、恢复名誉;(十) 赔礼道歉。以上承担民事责任的方式,可以单独适用,也可以合并适用。人民法院审理民事案件,除适用上述规定外,还可以予以训诫、责令具结悔过、收缴进行非法活动的财物和非法所得,并可以依照法律规定处以罚款、拘留。"我国《侵权责任法》第 15 条也规定:"承担侵权责任的方式主要有:(一) 停止侵害;(二) 排除妨碍;(三) 消除危险;(四) 返还财产;(五) 恢复原状;(六) 赔偿损失;(七) 赔礼道歉;(八) 消除影响、恢复名誉。以上承担侵权责任的方式,可以单独适用,也可以合并适用。"对比两者可以发现,《民法通则》是对民事责任方式的规定,既包括侵权责任方式也包括违约责任方式。

在英美法系国家,侵权责任方式主要是损害赔偿;在大陆法系国家,以德国法为典型,侵权责任方式主要是恢复原状和适当条件下的损害赔偿。[1] 从我国相关法律规定看,我国法律规定了多种侵权责任的承担方式可供选择,并可选择单独适用或合并适用。

所谓停止侵害,是指侵权人实施的侵害他人财产或人身的行为仍在继续进行中,受害人有权依法请求法院责令侵权人停止其侵权行为。停止侵害适用于各种正在进行的侵权行为,对于已经终止和尚未实施的侵权行为不适用停止侵害的侵权责任方式。停止侵害的适用范围非常广泛,它几乎可以适用于所有具有绝对性的民事权益遭受侵害的情形。实践中,停止侵害责任承担方式大量适用于商业侵权、侵犯知识产权和侵犯人格权的情形,如不正当竞争。

排除妨碍,也称排除妨害,是指依被侵权人的请求,人民法院判令侵权人以一定的积极行为除去妨碍,使被侵权人正常行使合法权益的侵权责任承担方式。排除妨碍是一种预防性的责任方式,排除妨碍的适用并不要求实际损害的发生。妨碍是指对权利行使的障碍,通常指行使物权、知识产权等绝对权益时所受到的障碍。

消除危险,是指依人身或财产受到现实危险的被侵权人的请求,法院判令造成此等威胁或对此等威胁负有排除义务的侵权人消除危险状况,保障被侵权人人身、财产安全的侵权责任方式。消除危险也是一种预防性的责任方式,也不要

---

[1] 参见张新宝:《侵权责任法》,中国人民大学出版社 2010 年版,第 92 页。

求实际损害的发生。消除危险的侵权责任方式通常适用于污染环境,对他人权利或合法利益造成威胁的情况,危旧的建筑物、道路、桥梁、有倒塌危险的树木等对他人正常通行构成的危险,以及高度危险作业对他人人身、财产安全造成的威胁等情况。消除危险与排除妨碍存在区别,妨碍只是对权利行使造成障碍,但危险则具有对权利造成损害的可能性。

返还财产,是指人民法院根据被侵权人的请求,判令非法侵占他人财产的侵权人将侵占的财产返还给被侵权人的一种侵权责任方式。作为侵权责任方式的返还财产与物权请求权存在竞合的情况。适用返还财产的前提是被侵占的财产尚存在并具有返还的价值。返还财产主要适用于非法侵占他人财产的情形,对于合法占有不适用。《物权法》上有返还原物请求权,《合同法》上合同无效或撤销后也会发生返还财产请求权,不当得利制度上也存在不当得利返还请求权,这些制度与侵权责任方式中的返还财产十分相似,主要区别在于请求权基础不同。

恢复原状,是指法院根据被侵权人的请求,判令毁坏他人财产的侵权人通过修理等手段,使受到毁坏的财产恢复到受损前状态的侵权责任承担方式。适用恢复原状侵权责任方式要求首先在事实上有恢复原状之可能,另外恢复原状在经济上具有合理性。如果被侵占的财产已经不存在或者进行修复在经济上花费甚巨,甚至超过重做的花费等,则在经济上不具有合理性,不适用恢复原状。

赔偿损失,是指侵权人通过支付一定数额金钱的方式对被侵权人所遭受的损害予以救济的侵权责任承担方式。赔偿损失的适用范围既包括财产损害的赔偿也包括人身损害赔偿,还包括对死亡和残疾损害后果的赔偿以及各种精神损害赔偿。我国法律法规还在很多地方规定了赔偿损失数额的具体计算规则。如我国《著作权法》第49条规定:"侵犯著作权或者与著作权有关的权利的,侵权人应当按照权利人的实际损失给予赔偿;实际损失难以计算的,可以按照侵权人的违法所得给予赔偿。赔偿数额还应当包括权利人为制止侵权行为所支付的合理开支。权利人的实际损失或者侵权人的违法所得不能确定的,由人民法院根据侵权行为的情节,判决给予五十万元以下的赔偿。"

赔礼道歉,是指侵权人通过口头或书面等方式向被侵权人承认错误,表示道歉,以取得其谅解的一种侵权责任方式。消除影响、恢复名誉是指根据被侵权人请求,法院责令侵权人在一定范围内采取适当方式消除对被侵权人名誉的不利影响,以使其名誉得到恢复的一种侵权责任方式。张新宝教授认为,赔礼道歉、消除影响、恢复名誉主要适用于人格权受到侵害的情况,尤其适用于自然人名誉权、姓名权、肖像权、人身自由受侵害的情况;侵害法人和其他组织的名誉、商誉,诽谤其财产和服务及侵害其他权益的,也可使用赔礼道歉、消除影响、恢复名誉的侵权责任方式。①

2. 本案侵权人应当承担的责任方式

结合本案看,案件涉及停止侵害、赔偿损失、赔礼道歉等侵权责任方式。

首先,在判定被告构成商业秘密侵权时,侵权行为仍处于继续的状态,因此停止侵害的责任方式适用正确且具有必要性。

其次,本案中被告非法获取并使用原告商业秘密的行为给原告造成了经济损失,因此被告应当对原告的损失予以赔偿,但在赔偿数额上原告存在争议,认为数额偏低。根据《最高人民法院关于审理不正当竞争民事案件应用法律若干问题的解释》的规定,在确定商业秘密侵权赔偿数额上既有客观的计算规则,也规定了法院具有一定的自由裁量权,在当事人没有证据支持其请求时,法院可根据自由裁量权判定一个赔偿数额。

最后,在赔礼道歉的适用上,如上文所言,赔礼道歉主要适用于自然人人格权受到侵害,或者法人和其他组织的名誉、商誉受到侵害的情形。由于本案中被告虽侵害了原告的商业秘密,但并未对被告的商誉、名誉等构成侵害,因此,一审法院判定不适用赔礼道歉侵权责任方式并无不妥。

(三) 侵犯商业秘密的损害赔偿数额计算

对于侵犯商业秘密的赔偿数额计算方法,我国司法解释有计算规则。根据《最高人民法院关于审理不正当竞争民事案件应用法律若干问题的解释》的规定,确定《反不正当竞争法》第 10 条规定的侵犯商业秘密行为的损害赔偿额,可以参照确定侵犯专利权的损害赔偿额的方法进行;因侵权行为导致商业秘密已为公众所知悉的,应当根据该项商业秘密的商业价值确定损害赔偿额。商业秘密的商业价值,根据其研究开发成本、实施该项商业秘密的收益、可得利益、可保持竞争优势的时间等因素确定。

根据上述规定,所确定的侵犯商业秘密的损害赔偿额的方法,可归纳为:

1. 以商业秘密权利人因侵权行为遭受的损失为赔偿额。这种赔偿的计算方式要求侵害人对于商业秘密权利人可计算的财产、收入方面的损失,应全部予以赔偿。

2. 以侵权人因侵权行为获得的利润为赔偿额。对于违法将商业秘密出卖给他人的,以其违法、出卖的收入为赔偿额;对于违法使用商业秘密进行生产经营活动的,以其获得或增加的利润为赔偿额。当利润无法查明时,可委托知识产权评估机构或者专家进行评估。

3. 以不低于商业秘密使用许可的合理使用费为赔偿额。一般适用于善意取得商业秘密的第三人所应承担的责任。使用该方法计算赔偿数额,应防止商

---

① 参见张新宝:《侵权责任法》,中国人民大学出版社 2010 年版,第 134 页。

业秘密权利人与他人相串通虚构许可使用合同及许可使用费,以向侵权人收取巨额赔偿。

4. 定额赔偿。对于已查明侵权事实,但原告损失和被告获利均不能确认的案件,可以采用定额赔偿的方法来确定损害赔偿额。定额赔偿的具体数额由人民法院根据被侵害的知识产权类型、评估价值、侵权持续时间、权利人因侵权所受到的商誉损失等因素在定额赔偿的幅度内确定。

5. 当事人自愿协商赔偿额。这也是实践中常用的一种方式。因为民事权利是一种私权,当事人有权决定自己合法权利的取舍,只要这种取舍不损害国家、社会或者第三人的合法权益。

案例十四：汪某诉某文化公司损害赔偿纠纷案

——侵权损害赔偿与违约损害赔偿的选择

一、基本案情

原告：汪某

被告：某文化公司

2011年1月15日，原告汪某与被告某文化公司签订了一份《服务合同书》。双方在该合同中约定：汪某物品参加某文化公司艺术品展览或指定的大拍活动，某文化公司为汪某的物品参加拍卖提供相应的服务；汪某应当支付某文化公司基础服务费（即展览展示、图录、宣传推广服务费）人民币13000元；汪某的物品一经展销或拍卖成交，汪某应再向某文化公司支付拍卖中介服务费，具体金额为汪某物品拍卖成交额的8%；双方应当按照各自实际所得依法缴纳税费，汪某物品成交后的实际所得由某文化公司代扣3%的个人所得税。另外，关于双方责任有如下约定：汪某物品由某文化公司签收保管的，某文化公司保证物品安全；服务期间内，由于某文化公司过错造成单件物品破损或灭失的，某文化公司将按照该单件物品基础服务费的双倍进行赔偿；按照约定或法律规定由某文化公司承担赔偿责任的，双方应在合同解除或合同终止后15个工作日内办理相关赔偿手续。

双方签订上述《服务合同书》的当日，汪某向某文化公司缴纳了13000元咨询服务费，并将证书为蒋某的茶具一套五件（茶壶一只、茶杯两只、茶杯碟两只）交予某文化公司。之后，上述茶具参加拍卖未成功。2011年7月4日，汪某至某文化公司取回茶具时，发现茶壶盖上有缺损，遂将茶具暂时存放在某文化公司处，未取回。2011年7月6日，某文化公司向汪某出具了一份书面说明，内容为："客户汪某取货发现物品紫砂壶盖损坏，本公司负全责任，于2011.7.15日来解决。"之后，双方协商未成，茶具一直存放于某文化公司处。

审理期间，法院根据原告的申请，并征得被告同意，委托宜兴陶瓷协会及现为陶艺工艺师的蒋某的女儿女婿对涉案紫砂茶具鉴定评估。该协会会长及蒋某的女儿女婿明确表示，涉案茶具不是蒋某的作品，所谓的证书也不是蒋某书写的，茶具和证书均为仿冒。

二、争议焦点

本案是一起财产损害赔偿纠纷案件,由于当事人之间存在合同关系并对损害赔偿作了约定,而原告在受到损害以后提起的却是侵权之诉,并要求按照实际损害进行赔偿,因此本案的主要焦点问题是:

1. 系争茶具的损坏是否由被告造成?

2011年1月15日,原告与被告签订了《服务合同书》,委托被告拍卖一套"蒋蓉紫砂青蛙荷叶壶"茶具,并将物品交予被告保管。之后,被告通知原告拍卖未成。原告在取回物品时,发现茶壶盖损坏。双方对赔偿事宜协商多次未果,原告遂起诉至法院。原告认为,被告在受托为原告进行拍卖事宜过程中,未尽妥善保管义务,因此才造成物品受损。被告认为系争物品发生损害与本公司之间不存在必然的因果关系,可能是由于自然原因造成,也可能是交于本公司之前就发生。

2. 被告应当承担违约责任还是侵权责任?

原告与被告某文化公司虽然签订了《服务合同书》,并且合同中对于服务期间内,由于某文化公司过错造成单件物品破损或灭失的损害赔偿责任进行了约定,但原告并未以此提起违约责任之诉,而是按照实际损失提起了侵权责任之诉。被告认为合同当事人已经就物品破损或灭失的损害赔偿责任进行了约定,所以即使因本公司过错发生物品破损,也应按此约定以服务费13000元的双倍即26000元进行赔偿。被告主张承担违约责任而不是侵权责任。

3. 损害赔偿金额应当如何确定?

原告认为,某文化公司在受托为本人进行拍卖事宜过程中,未尽妥善保管义务,造成物品受损贬值,贬值范围为人民币10万元至20万元之间,该贬值范围即为实际损失,某文化公司应在实际损失范围内承担财产损害赔偿的责任。原告要求某文化公司赔偿财产损失10万元,并按中国人民银行同期贷款利率赔偿该10万元自2011年6月28日起至判决生效之日止的利息。被告某文化公司认为,双方签订的《服务合同书》明确约定,如发生物品损坏,按基础服务费的双倍进行赔偿,故即使因本公司过错发生物品破损,也应按此约定以服务费13000元的双倍即26000元进行赔偿。且该26000元系最高赔偿额,系争物品受损有限,实际损失额应在26000元以内。

三、案件处理

法院经审理后认为,双方争议焦点为:(1)系争茶具的损坏是否由某文化公司的过错造成;(2)如茶具的损坏应由某文化公司承担责任,其承担的是违约责任,还是侵权责任;(3)如某文化公司需承担赔偿责任,其应赔偿金额是多少。

关于第一项争议焦点,法院认为,根据双方的一致陈述和现有证据,系争茶具在交予某文化公司时完好无损,汪某在取回物品时才发现茶壶盖有损坏,由此可见,损坏应发生在某文化公司保管期间。某文化公司主张茶具的损坏可能因自然原因,也可能是交予本公司前就发生,对此未能提供任何证据证明,法院难以采信。某文化公司于 2011 年 7 月 6 日出具的书面说明则进一步明确了对茶具的损坏"本公司负全责任",法院由此认定系争茶具的损坏由某文化公司的过错造成,某文化公司应对此承担民事责任。

关于第二项争议焦点,法院认为,因当事人一方的违约行为,侵害对方财产权益的,受损害方有权选择要求其承担违约责任或者依照其他法律要求承担侵权责任。某文化公司在为汪某拍卖茶具提供服务过程中,一旦签收系争茶具,就负有保证物品安全的义务,应保持茶具与签收时相同的完好状态,但茶具在交还时发生损坏,某文化公司违反了合同约定的妥善保管义务,造成了汪某物品的损坏,汪某现选择要求某文化公司承担侵权赔偿责任,有事实和法律依据。

关于第三项争议焦点,法院认为,汪某主张茶壶盖受损,使整套茶具贬值 10 万元,本人因此受到经济损失 10 万元,汪某应对此提供证据证明,但其未能提供系争茶具含有较高价值的有效证据,法院无法认定汪某关于 10 万元经济损失的主张。由于双方在《服务合同书》中明确约定,"服务期间内,由于某文化公司过错造成单件物品破损或灭失的,某文化公司将按照该单件物品基础服务费的双倍进行赔偿",该约定系双方基于系争茶具现状而一致作出的真实意思表示,合法有效,某文化公司应依此承担侵权赔偿责任。由于双方就赔偿金额发生争议并涉讼,并非某文化公司故意拖延不赔偿,汪某诉请要求赔偿款的利息损失,于法无据,对此不予支持。

综上,依照我国《民法通则》第 106 条、《合同法》第 122 条的规定,判决:(1) 被告某公司于本判决生效之日起五日内赔偿原告汪某 26000 元;(2) 驳回原告汪某其余诉讼请求。

四、分析思考

(一) 关于本案是违约责任之诉还是侵权责任之诉

在本案中,双方当事人对于物品安全责任已有约定:"关于双方责任有如下约定:汪某物品由某文化公司签收保管的,某文化公司保证物品安全;服务期间内,由于某文化公司过错造成单件物品破损或灭失的,某文化公司将按照该单件物品基础服务费的双倍进行赔偿。"从案件事实看,某文化公司无法提供证据证明茶具的损坏因自然原因引起或交付前就发生损坏,因此可以推定其对茶具的损坏具有过错。某文化公司未按照约定尽到对物品的安全保障义务,基于过错造成了损害,这符合违约责任的构成要件。另外,某文化公司基于主观过错对他人交付保管的物品造成损害,非法侵害了他人所有权,也符合侵权责任的构成要件。可见本案构成违约责任与侵权责任的竞合,受害人因此具有违约损害赔偿请求权或者侵权损害赔偿请求权。本案中汪某选择提起侵权之诉,符合法律规定,法院应当受理。

(二) 损害赔偿的赔偿范围

所谓损害赔偿是指侵权人侵害他人民事权益造成他人财产损害和精神损害,或者合同一方或双方当事人违反合同约定或法律规定给对方造成财产损害而应当承担的赔偿责任。对于违约损害赔偿,当事人可以约定,但应当遵循"可预见性"规则,即当事人约定的损害赔偿金额数不得超过当事人作出约定时所能预见的将来造成的损失。对于侵权损害赔偿,一般遵循的是完全赔偿原则或全部赔偿原则,"对赔偿受到的损害而必须给予的赔偿金,应当按照损害(本身)的价值来计算,(行为人)的过错程度对这种赔偿金的数额不能产生任何影响"[1]。也就是说,侵权人必须对被侵权人所遭受的全部经济利益损失予以补偿,填补被侵权人遭受的损失。

侵权损害赔偿又可以细分为财产损害赔偿和精神损害赔偿。精神损害赔偿,又称"非财产损害赔偿",是指因侵害他人的人身权益造成严重的精神损害时,侵权人应当向被侵权人支付精神损害抚慰金。《最高人民法院关于确定民事侵权精神损害赔偿责任若干问题的解释》第10条规定:"精神损害的赔偿数额根据以下因素确定:(一) 侵权人的过错程度,法律另有规定的除外;(二) 侵害的手段、场合、行为方式等具体情节;(三) 侵权行为所造成的后果;(四) 侵权人的获利情况;(五) 侵权人承担责任的经济能力;(六) 受诉法院所在地平均生活水平。法律、行政法规对残疾赔偿金、死亡赔偿金等有明确规定的,适用法律、行政法规的规定。"

财产损害赔偿又可以分为侵犯人身权益的财产损害赔偿和侵犯财产权益的财产损害赔偿。被侵权人的生命权、健康权或身体权受到不法侵害后,根据《最高人民法院关于审理人身损害赔偿案件适用法律若干问题的解释》第17条的规定,侵权人应当对如下财产损失进行赔偿:"受害人遭受人身损害,因就医治疗支出的各项费用以及因误工减少的收入,包括医疗费、误工费、护理费、交通费、住宿费、住院伙食补助费、必要的营养费,赔偿义务人应当予以赔偿。受害人因伤致残的,其因增加生活上需要所支出的必要费用以及因丧失劳动能力导致的收入损失,包括残疾赔偿金、残疾辅助器具费、被扶养人生活费,以及因康复护理、继续治疗实际发生的必要的康复费、护理费、后续治疗费,赔偿义务人也应当予以赔偿。受害人死亡的,赔偿义务人除应当根据抢救治疗情况赔偿本条第一

---

[1] 参见《法国民法典》(下册),罗结珍译,法律出版社2005年版,第1092页。

款规定的相关费用外,还应当赔偿丧葬费、被扶养人生活费、死亡补偿费以及受害人亲属办理丧葬事宜支出的交通费、住宿费和误工损失等其他合理费用。"被侵权人的姓名权、名誉权、肖像权、隐私权、人格尊严、婚姻自主权等人身权益受到侵害的,既可能造成财产损害也可能造成精神损害,但一般来说这些人身权益只有用于商业化利用时才会造成财产损失,因此,对于这些人身权益受到侵害的财产损害赔偿范围,可以参考侵权人在商业化利用中所获得的利益来确定。

侵害所有权、用益物权、担保物权、知识产权、股权等财产权益的损害赔偿范围包括直接损害和间接损害。直接损害是指现有财产价值的减少,包括因财产毁损或灭失而直接减少的价值和财产被毁损后贬值的价值,也包括被侵权人因财产权益受到侵害而增加支出的费用。间接损失,是指被侵权人因财产权益被侵害导致本应获得的利益无法获得。也就是说,如果财产权益没有遭受侵害,按照事物通常的发展过程或被侵权人所做的准备等,被侵权人有极大的可能通过该财产而获得其他利益,现在由于侵权行为而使得该部分利益无法获得的,侵权人应当承担赔偿责任。对于侵害财产权益的损害赔偿数额,我国《侵权责任法》第19条规定了如下计算规则:首先损害赔偿数额的计算时间点为"损失发生时",其次计算的标准是"市场价格或者其他方式"。市场价格比较容易理解,其他方式主要是指两种情况:第一,法律直接规定损失计算方式或数额的,如《著作权法》第49条规定:"侵犯著作权或者与著作权有关的权利的,侵权人应当按照权利人的实际损失给予赔偿;实际损失难以计算的,可以按照侵权人的违法所得给予赔偿。赔偿数额还应当包括权利人为制止侵权行为所支付的合理开支。权利人的实际损失或者侵权人的违法所得不能确定的,由人民法院根据侵权行为的情节,判决给予五十万元以下的赔偿。"第二,不存在市场价格的情形。主要是指古董、文物等独一无二的无法确定市场价格的物品,一般按照投保价格、专业评估机构的评估价格、专家鉴定的价格等来计算损失数额。

具体到本案看,本案原告提起的是侵害财产权益的财产损害赔偿之诉。根据财产损害赔偿的"完全赔偿原则",原告要求按照实际损失进行赔偿合法合理,应当予以支持。但本案的关键问题是,该实际损失应当如何计算,原告主张10万元的实际损失,但无相关证据予以证明;另外,由于本案所涉物品属于独一无二的物品,也无法通过市场价格来确定其损失。审理期间,法院根据原告的申请,并征得被告同意,委托宜兴陶瓷协会及现为陶艺工艺师的蒋某的女儿女婿对涉案紫砂茶具进行了鉴定评估。法院在委托专家鉴定的基础上通过自由裁量确定一个赔偿数额的做法也是合法的。

(三)关于本案中确定赔偿数额的依据

本案审理中,关于确定赔偿依据有两个难点:

第一,汪某选择侵权方式要求某文化公司承担责任,是以实际损失作为赔偿标准还是按照合同约定作为赔偿标准？

第二，如果以实际损失作为赔偿标准，如何确定系争茶具的贬值价格？

关于第一个难点，在审理过程中，对于赔偿标准有两种不同的意见：第一种意见认为，双方当事人已经就系争茶具损坏的赔偿进行了明确约定，虽然汪某有权选择侵权或者违约要求某文化公司承担责任，但无论选择何种方式，都不应该超过双方事先就系争茶杯损坏赔偿做的约定，赔偿金额应以合同约定为准，也就是基础服务费的两倍即26000元。第二种意见认为，汪某既然选择侵权之诉要求某文化公司承担责任，那么就应该适用侵权方面的相关规定，以实际损失作为赔偿的标准，而不应再适用双方合同中关于损害赔偿的约定。

本案承办法官认为汪某有权选择侵权要求某文化公司承担责任，但是对于赔偿的标准，并不能简单地将双方签订合同中对于损害赔偿的约定与物品受到的实际损失割裂开来，对适用标准非此即彼。法官既参考拍卖合同中对于损害物品赔偿的约定，又听取了专业人士关于系争茶具的实际价值的意见，对于赔偿标准进行了综合考量。

关于第二个难点，要确定系争茶具的市场价格，审判实践中采取的方式是进行司法鉴定，但是目前我国司法鉴定主要涉及建筑工程造价、法医临床等领域，而对于具有艺术品附加值的收藏品尚无明确权威机构进行鉴定，且该类标的物涉及面广，钱币、邮票、书画、瓷器等种类繁多，鉴定机构不明确，使得评估鉴定工作无法顺利开展。另外，我国收藏品市场并无标准的价格体系，市场询价随意性较大，而且受市场影响，即使是真品，有些收藏品也往往有价无市，导致估值困难，市场询价的证明力也颇有争议。

虽然困难很大，但是本案法官还是找到了相关的专业人员即宜兴陶瓷协会会长以及现为陶艺工艺师的蒋某的女儿女婿对涉案紫砂茶具出具鉴定意见，上述人员查看茶具后均表示系争茶具非蒋某之作品。虽然上述专业人员意见并不能成为法律意义上的断案依据，但是本案承办法官凭借多年审理类似案件经验，以及在紫砂协会、紫砂市场的调查走访，结合当事人举证材料，形成自由心证，将实际损失的举证责任分配给原告，认为汪某主张整套茶具贬值10万元，但未能提供系争茶具含有较高价值的有效证据，因此无法认定汪某关于10万元经济损失的主张。在无法确定系争茶具市场价格的情况下，本案承办法官准确适用了法律，参考合同中对于损害物品赔偿的约定，给出了一个双方均认可的赔偿数额，实现了实质公平正义，取得了良好的社会效果和法律效果。

案例十五：李某某等诉某水电段等高度危险作业致人损害案

——高度危险责任的免责事由

一、基本案情

原告：李某某（死者朱某某之妻）、朱某诗（死者朱某某之女）、张某娥（死者朱某某之母）

被告：某水电段

被告：某村委会

2001年6月7日下午，受害人朱某某在为李某刚修建房屋帮工时，不幸接触房屋顶端架设的电线而触电身亡。经调查该电线由某水电段所有并负责管理。2001年6月8日李某某向某水电段提出申请，承认造成事故的完全责任在原告方，请求某水电段给予其救助。同日，李某某与某水电段签订救济协议，共同确认造成李某某丈夫触电坠落死亡的责任完全由原告自行承担，某水电段出于人道主义的考虑，于协议生效后三日内一次性救济原告8000元，原告接到救济款后不得再因此事向某水电段提出任何要求。当日，李某某接受某水电段给予的救济款8000元。后原告李某某等反悔，并向某区人民法院提起侵权之诉，请求被告某水电段和某村委会就其管理、控制的电线造成朱某某触电身亡的损害承担赔偿责任。

二、争议焦点

本案是一起高压电致害责任纠纷案件，案件争议焦点主要有以下两个：

1. 本案是否构成高度危险责任？

原告李某某等诉称，被告某水电段穿越10余家村民住宅上空架设的高压线实际运行的电流电压高达1万伏，但被告未设置任何安全标志，且电线距屋顶垂直高度仅有1米，原告及附近村民也从不知道该电线为高压线。10余家村民在此高压线下生活，一直存在安全隐患，被告亦未采取任何防范措施。受害人朱某某在为李某刚修建房屋帮工时，不幸接触房屋顶端架设的电线而触电身亡，本案构成高压电致害责任。被告某水电段认为事后已与原告李某某等达成协议,共同确认造成朱某某触电死亡的责任完全由原告方自行承担,且出于人道主义的考虑支付了原告 8000 元。

2. 被告是否应当承担责任?

原告主张被告某水电段构成高压电致害责任,应当依法承担侵权责任。被告某水电段辩称:朱某某触电死亡是朱某某违反我国《电力法》第 52 条、《电力设施保护条例》第 15 条第 3 项的规定,在架空电力线路保护区内兴建建筑物、构筑物造成的,且原告建造房屋未经审批是非法的,损害后果应由受害人自己承担,某水电段不承担赔偿责任。被告某村委会辩称:村里的人都知道这是高压线。李某刚建造房屋未经村委会报镇规划科批准是违法的。被告某水电段架设的高压线并未穿越李某刚房屋,李某刚的新宅建设时向西错了 5 米,才导致建筑过程中触电事故的发生。某村委会不是电线的所有者或管理控制者,与朱某某的死亡没有任何关系,不应承担赔偿责任。

三、案件处理

某区人民法院认为,此案中李某刚的房屋在翻建前电线与地面的垂直距离、电线与建筑物的水平距离等均符合铁路电力设备安装规范的要求。受害人朱某某是在进入电力设施保护区帮助李某刚修建房屋时触电身亡的,其行为违反了我国《电力法》《电力设施保护条例》不得在电力设施保护区内兴建建筑物、构筑物的禁止性规定,因此对造成的损害后果某水电段不承担赔偿责任。设立安全标志,是从保护电力设施的目的出发,对电力管理部门提出的要求,而不是承担民事责任的依据;由于高压线无论是外表还是在架设高度上均有明显不同于一般电线的特征,且该高压线在村里已存在近二十年,其仍称不知该线为高压线,不予采信;原告方在翻建房屋前,电力设施符合各项法定安全标准,本案中损害结果是由于受害人违反法律禁止性规定,侵入电力设施保护区修建建筑物造成的,与设立安全标志无必然因果关系。原告据此请求被告某水电段承担民事赔偿责任的理由不能成立,不予支持。被告某村委会既不是电力设施的产权人,又不是电力设施的管理人,在本案中没有过错,不承担任何赔偿责任。原告要求二被告承担赔偿责任于法无据,不予支持。依照我国《民法通则》第 123 条,《电力法》第 53 条第 1 款、第 2 款,《电力设施保护条例》第 15 条第 3 项,《最高人民法院关于审理触电人身损害赔偿案件若干问题的解释》第 3 条第 4 项,判决驳回原告的诉讼请求。

四、分析思考

（一）关于本案是否构成高压电致害责任的问题

本案是高度危险作业损害赔偿纠纷案，作为特殊侵权行为的一种，根据我国《民法通则》第123条和《侵权责任法》第73条的规定，受害人往往只需要证明作业人从事高度危险作业、发生了损害后果、高度危险作业与损害后果之间存在因果关系这三项要件，就可以成立高度危险责任。同时，高压电致人损害是无过错责任，不要求高压电线的所有人或控制管理人具有主观的过错。在本案中客观上有高达1万伏的高压电线在运营、发生了受害人朱某某死亡的损害并且该死亡是因接触高压电导致的，因此符合高度危险责任的构成要件。

然而，符合侵权责任的构成要件并不一定就必须承担侵权责任，我国侵权法理论和实务上还规定了侵权责任的抗辩事由。侵权责任的抗辩事由有广义和狭义之分，广义上的抗辩事由是指在侵权案件中，侵权人一方针对被侵权人一方的指控和请求，提出的一切有关不承担或者减轻责任的对抗理由，既包括不符合侵权责任的构成要件，也包括符合构成要件但不需要承担责任或减轻责任的理由。狭义的抗辩事由，又称免责事由和减责事由，是指法律规定的对于虽符合侵权责任的构成要件，但可以减轻或不承担责任的特定事由。我国《民法通则》、最高人民法院的很多司法解释等都规定了法定的抗辩事由，如《民法通则》第131条规定："受害人对于损害的发生也有过错的，可以减轻侵害人的民事责任。"我国《侵权责任法》第三章专门规定了"不承担责任和减轻责任的情形"等，总结起来包括以下情形：被侵权人过错的；受害人故意的；第三人原因的；不可抗力；正当防卫；紧急避险。另外，《侵权责任法》还在很多具体条款中规定了具体的免责事由，如《侵权责任法》第70条规定："民用核设施发生核事故造成他人损害的，民用核设施的经营者应当承担侵权责任，但能够证明损害是因战争等情形或者受害人故意造成的，不承担责任。"

（二）关于高压电致害责任的免责事由

对于本案涉及的高压电致害责任，我国《民法通则》第123条规定："从事高空、高压、易燃、易爆、剧毒、放射性、高速运输工具等对周围环境有高度危险的作业造成他人损害的，应当承担民事责任；如果能够证明损害是由受害人故意造成的，不承担民事责任。"我国《侵权责任法》第73条也规定："从事高空、高压、地下挖掘活动或者使用高速轨道运输工具造成他人损害的，经营者应当承担侵权责任，但能够证明损害是因受害人故意或者不可抗力造成的，不承担责任。被侵权人对损害的发生有过失的，可以减轻经营者的责任。"可见虽然符合高压电致害责任的构成要件，但是如果损害是由于不可抗力或受害人故意造成的，高压电线所有人或管理、控制人不承担责任，受害人有过失的，减轻经营者责任。我国

《电力设施保护条例》第 15 条也规定:"任何单位或个人在架空电力线路保护区内,必须遵守下列规定:(一) 不得堆放谷物、草料、垃圾、矿渣、易燃物、易爆物及其他影响安全供电的物品;(二) 不得烧窑、烧荒;(三) 不得兴建建筑物、构筑物;(四) 不得种植可能危及电力设施安全的植物。"《最高人民法院关于审理触电人身损害赔偿案件若干问题的解释》第 3 条也规定:"因高压电造成他人人身损害有下列情形之一的,电力设施产权人不承担民事责任:(一) 不可抗力;(二) 受害人以触电方式自杀、自伤;(三) 受害人盗窃电能,盗窃、破坏电力设施或者因其他犯罪行为而引起触电事故;(四) 受害人在电力设施保护区从事法律、行政法规所禁止的行为。"从对案情的分析可以得知,原房屋的产权人在申报宅基地时,有比较详细的记载,此时房屋距高压线导线水平距离 4 米,高压线导线距地面垂直距离 7.5 米。根据我国《电力法》和《电力设施保护条例》的相关规定,此时导线与地面的垂直距离、导线与建筑物的水平距离符合铁路电力设备安装规范的要求,也就是说在房屋翻盖前被告某水电段对高压电的架设是合法的。然而,住宅现主人李某刚未经批准,私自翻建住宅时将房增高,又将正房向西延伸至高压线下,使房屋顶部距高压线导线垂直距离仅 1 米多,此时的标准就不符合相关的法律了。但是,此时不符合法律规定是由李某刚所造成的,并非由被告某水电段的行为引起。而本案朱某某的死亡正是因为在翻盖房屋的过程中接触到高压电线死亡,因此,很显然,本案朱某某的死亡是因为其自身的故意而造成的,这里的故意不是指其故意致自身死亡,而是指其在电力设施保护区从事法律、行政法规所禁止的行为。

综上所述,朱某某的死亡虽由高压电所致,但朱某某的死亡是由于其故意违背法律、行政法规在电力设施保护区兴建建筑物、构筑物导致的,因此高压电的经营者不承担责任。

(三) 学理上的其他免责事由

除了以上法律直接规定的免责事由,在学理上学者们认为以下事由也可以作为免责事由:

第一,职务授权行为。也称依法执行职务,是指依照法律的授权或者法律的规定,在必要时因行使职权而损坏他人的财产和人身的行为。为了保护社会公共利益和公民的合法权益,法律允许工作人员在必要时执行自己的职务,"损害"他人的财产和人身。执行职务的行为是合法行为,行为人对执行职务所造成的损害不负赔偿责任,但是,如果执行职务不正当而造成损害,则应当负赔偿责任。[①]

第二,受害人同意。受害人同意是指受害人事前明确作出自愿承担某种结

---

① 参见杨立新:《侵权损害赔偿》,法律出版社 2010 年版,第 121 页。

果的意思表示。受害人同意可以作为加害人免责的一种事由,因为按照私法自治原则,除了依法不能处分的权益以外,受害人有权处分自己的权利和利益,只要这种处分不违反法律的强制性和善良风俗就是合法的,否则在法律上是无效的。受害人同意可以表现为免责条款和受害人单方允诺。①

第三,自助行为。自助行为是指行为人于情势紧急无法求助于公权力保护自己的合法权益时,而对债务人的财产或人身实施的一种符合必要限度要求的强制性措施。作为抗辩事由之一的自助行为应当具备以下要件:(1) 目的要件,行为人实施自助行为的目的是保护自己的合法权益;(2) 情势要件,自助行为必须于情势危急而无法求助于公权力救济时方可为之,如有机会和渠道求助于公权力机关保护,则不得实施自助行为;(3) 对象要件,自助行为针对的对象是债务人的财产或人身,不包括债务人以外的人的财产或人身;(4) 限度要件,对债务人财产实施扣押以保护债权人财产为限,对债务人人身实施强制,以足以控制债务人,防止其逃脱为限。②

另外,还有学者认为,非因当事人的故意或过失而偶然发生的意外事故也可以作为抗辩事由。

---

① 参见王利明:《侵权责任法研究》(上卷),中国人民大学出版社2010年版,第459—466页。
② 参见张新宝:《侵权责任法》,中国人民大学出版社2010年版,第74页。

后　记

　　法律硕士专业学位的培养目标是为法律职业部门培养具有社会主义法治理念、德才兼备、高层次的专门型、实务型法律人才。要达到这一目标，在日常的教学中必须加强对学生的法律实践能力的培养，而案例教学是培养学生获得法律实践能力的一个较好方法。本书的编写希望通过大量案例的分析和研究，帮助学生理解相关法律内容，并且不断提高分析问题和解决问题的能力。

　　本书共四个部分，包括了民法总论、物权法、债法、侵权责任法，每个部分各有十至十五个案例，共计五十二个案例，每个案例均包括基本案情、争议焦点、案件处理、分析思考四个部分。在案例的分析中，既有法律法规和相关司法解释的适用，也有一些学理的分析。但是，由于本书是在2013年的暑期编写的，其中所选部分案例也比较早，之后相关的法律和司法解释不断在变化，所以一些内容可能会有滞后，为此，敬请读者谅解。

　　本书可以用作法律硕士研究生的教材，同时对于法学本科生也是一本很好的学习民法知识的书籍。

　　由于作者水平有限，在写作中难免出现错误，请读者提出批评和建议。

作者
2015年11月2日